广东第二师范学院

校史

(2005—2015)

《广东第二师范学院校史》编写组　编

暨南大学出版社
JINAN UNIVERSITY PRESS

中国·广州

图书在版编目（CIP）数据

广东第二师范学院校史：2005—2015/《广东第二师范学院校史》编写组编 . —广州：暨南大学出版社，2015. 12
ISBN 978 - 7 - 5668 - 1709 - 9

I. ①广…　　II. ①广…　　III. ①广东第二师范学院—校史—2005—2015　　IV. ①G659. 286. 51

中国版本图书馆 CIP 数据核字（2015）第 299939 号

出版发行：暨南大学出版社

出 版 人：徐义雄
责任编辑：黄圣英　吴筱颖　郑晓玲　冯　琳
责任校对：黄志波　高　婷

地　　址：中国广州暨南大学
电　　话：总编室（8620）85221601
　　　　　营销部（8620）85225284　85228291　85228292（邮购）
传　　真：（8620）85221583（办公室）　85223774（营销部）
邮　　编：510630
网　　址：http：//www. jnupress. com　http：//press. jnu. edu. cn

排　　版：广州市天河星辰文化发展部照排中心
印　　刷：广东广州日报传媒股份有限公司印务分公司

开　　本：787mm×1092mm　1/16
印　　张：15. 75
字　　数：355 千
版　　次：2015 年 12 月第 1 版
印　　次：2015 年 12 月第 1 次
印　　数：1—4000 册

定　　价：68. 00 元

（暨大版图书如有印装质量问题，请与出版社总编室联系调换）

2005 年 12 月 25 日，海珠校区 23 层综合大楼落成

2005 年 12 月 25 日，学校 50 周年校庆庆典大会现场

2005 年，第三期汉语汉文化泰国留学生班结业典礼

2006 年 7 月 11 日，广东省中小学德育研究与指导中心揭牌

2006 年 10 月 11 日，泰国皇家那空素旺大学考察团来学校参观考察

2008 年 3 月 7 日，学校举行"中华文化传承基地"挂牌仪式，学校是
广东省首批"中华文化传承基地"之一

2008 年 11 月，田家炳基金会教育考察团成员与学校领导交流

2009 年 12 月 25—26 日，国家高等学校设置评议委员会专家组考察学校改制工作

中华人民共和国教育部

教发函〔2010〕29 号

教育部关于同意在广东教育学院基础上建立
广东第二师范学院的通知

广东省人民政府：

你省《关于申请将广东教育学院升格为普通本科院校的函》（粤府函〔2009〕202 号）和广东省教育厅《关于更改广东高等师范学院名称的函》（粤教规函〔2010〕15 号）收悉。

根据《高等教育法》和《普通本科学校设置暂行规定》的有关规定以及全国高等学校设置评议委员会五届四次会议的评议结果，经研究，同意广东教育学院改制为广东第二师范学院，学校代码为：14278，同时撤消广东教育学院的建制。现将有关事项通知如下：

一、广东第二师范学院系本科层次的普通高等学校，学校应逐步过渡到以实施普通本科教育为主。

二、学校由你省领导和管理，学校发展所需经费由你省统筹安排解决。

三、学校全日制在校生规模暂定为 5300 人左右。

四、为支持学校发展,政府承诺的用于学校建设与发展的经费和银行贷款 3 亿元人民币,须落实到位。

五、学校本科专业的增设问题,按我部有关规定办理。同意首批设置本科专业 5 个,即:汉语言文学、美术学、应用心理学、数学与应用数学、生物科学。

六、我部将适时对学校办学情况进行评估。

望你省加强对该校的领导,加大投资力度,落实资金投入,加强该校的师资队伍建设和教学基础设施建设,不断提高教育质量、科研水平和办学效益。同时,要紧密结合地方经济社会发展需要,加强该校的学科专业建设,特别是要进一步加强教师教育,把培养培训中小学教师作为学校的主要任务,尽快把学校建设成合格的本科学校,为广东省的经济发展和社会进步做出更大贡献。

主题词:教育　高校　设置　广东　通知

抄　　送:广东省教育厅
部内发送:有关部领导,办公厅、高教司、师范司、学生司、学位办

教育部办公厅　　　　主动公开　　　2010 年 3 月 22 日印发

2010 年 3 月,教育部致函省政府,同意我校改建为广东第二师范学院

2010 年 10 月 26 日，广东第二师范学院揭牌暨花都校区落成庆典举行（图为庆典现场）

2010 年 10 月 26 日，广东第二师范学院揭牌暨花都校区落成庆典举行（图为揭牌仪式）

2010 年 9 月 1 日，广东第二师范学院番禺附属中学举行揭牌仪式

2012 年 7 月 2 日，广东第二师范学院基础教育课程与教学研究中心成立

2012 年 10 月 18 日，广东第二师范学院揭阳市榕城区教育实验区揭牌

2013 年 11 月，我校与印尼亚洲国际友好学院缔结姐妹学校

2014 年 4 月 16—17 日，广东省学位委员会评审组专家对我校申请新增学士学位授予单位进行实地评审，最终我校获得学士学位授予权，应用心理学等五个专业成为我校首批学士学位授予专业

2014 年 6 月 27 日，首次学士学位授予仪式举行

广 东 省 教 育 厅

广东省教育厅高等学校章程核准书第 4 号

广东第二师范学院：

根据《中华人民共和国高等教育法》《高等学校章程制定暂行办法》，你校第 1 届 2014 年第 18 次学校党委会审议通过并报我厅核准的《广东第二师范学院章程》，经广东省教育厅高校章程核准委员会第 1 次会议评议，2014 年 12 月 11 日广东省教育厅第 8 次厅长办公会议审议通过，现予核准。

核准书所附章程为最终文本，请学校在 2014 年 12 月 31 日前向学校和社会公布，公布之日起生效，未经法定程序不得修改。你校应以章程作为依法办学、实施管理和履行公共职能的基本准则和依据，按照建设中国特色现代大学制度的要求，完善法人治理机构，健全内部管理体制，依法治校、科学发展。

广东省教育厅

2014 年 12 月 24 日

2014 年 12 月，学校章程获省教育厅核准，系广东省首批核准章程的四所试点高校之一

2015 年 5 月 17 日，广东第二师范学院潮州校友会揭牌

2005 年学校领导班子

2009 年学校领导班子

2015 年学校领导班子

中国共产党广东教育学院第七次代表大会于 2006 年 11 月 30 日至 12 月 1 日举行，图为中共广东教育学院第七届党委委员

中国共产党广东第二师范学院第一次代表大会于 2011 年 11 月 25—27 日举行，图为广东第二师范学院第一届党委委员

2010 年 11 月 27 日，学校 316 名同学在亚运会闭幕式上演出

2011 年 6 月 24 日，学校举行纪念建党 90 周年文艺晚会

2013 年 3 月，相声艺术大师黄俊英、何宝文登台献艺

2014 年 8 月，学校合唱团参加第一届新加坡国际合唱节并获得两项银奖

2014 年 8 月，音乐系合唱团在新加坡圣淘沙鱼尾狮公园进行户外演出

2014 年，学校足球队第一次代表广东省参加中国大学生足球联赛

2015 年 5 月，体育系黎思颜获广东省第九届大学生运动会武术比赛女子长拳冠军

军训会操：分列式

军训会操：战术表演

音乐系学生在排练舞蹈

美术系学生在写生

校运会：学生跨栏

序

    写校史难，写广东第二师范学院校史更难。一是60年风云变幻、跌宕起伏、错综复杂、史料残缺，不容易全面、真实地反映历史原貌，不容易准确、简明地揭示历史关系；二是50周年校庆时编撰过一部校史，如何处理两者的关系，很考验人；三是时间紧迫，要赶在60周年纪念活动日前出书，留给作者仔细斟酌的时间有限。赖有陈涵平、张兴成、郝朝帅、王曙光四君，勇负重任，克成其功。我们感念他们的贡献！

    60年来，学校的发展有顺时、有逆境，但学校依然坚毅前行。进德修业，为人师表；学为君子，兼善天下。无数校友感念她的哺育和引导，许多同事感念她的供养和推动，广大中小学校感念她输送的清新和活力，社会感念她贡献的爱心和光芒。

    赋之曰：

    建国伊始，大兴清流。文教干城，是所渴求。省委远瞩，设学育秀。初置珠阳，继迁龟丘。教育行政，中南劲道；名师摇篮，云集名宿；学风纯雅，如璞如璎；承雨沐露，十载成就；岭表风尚，城乡领袖。万物欣欣，旷野啾啾；雷霆突袭，损折杨柳；师遣干校，校落荒丘；裹衣褰裳，荡然无留；惊时怵势，一秩困囚。草创肇师，文锦化绣；茕茕劳苦，日夜不休；殷实无华，可甘可馐。霹雳开春，错偏皆纠。

    先辈雀跃，复办获救。规制半半，故校旧旧；夙兴夜寐，树绩建道；养训一体，德业共修；研育丰硕，华夏风流；廿有五载，双创成就。高教众化，成高有咎；世纪新难，体制拗扭；如山阻压，自决去留；八岁改制，始得出岫。二师六年，如韭如榴；海花同心，集腋成裘；二次创业，谱写春秋。嗟我广教，孤苦风流。接力奋进，是以不朽。

    从广东教育行政学院（1955）到广东教育学院（1960），再到广东第二师范学院（2010），学校风雨兼程，与时俱进。我们为她自豪，为她骄傲，当然，我们也会为她更大的辉煌而努力奋斗！

    衷心祝贺学校六十华诞！

    衷心祝福学校鸿运绵长！

校长：曾建榜

2015 年 12 月

contents
目录

contents 目录

绪　论

一、初创与起步（1955—1965）

广东第二师范学院最初名为广东教育行政学院，创办于1955年，是新中国成立后最早开办的专门培训中学校长和教育行政干部的成人高等师范院校之一。早在1954年初，广东省委即决定创办广东教育行政学院，并于当年9月开始筹建。1955年7月，广东教育行政学院正式挂牌成立，校址设在广州市天河区石牌村岗顶，即现在的中山大学附属第三医院所在地。

学校创办时定位为教育行政干部的进修机关，主要任务是对全省高级中学、完全中学、师范学校的校长、副校长以及教导主任、行署教育科长、股长、区文教助理员等进行政治和业务两方面的培训。第一任院（校）长由时任广东省教育厅厅长的梁威林同志兼任，副院（校）长、党委书记由省教育厅副厅长史丹同志担任，教学骨干大都从省内一流高校及各机构中抽调。1955年8月底，学校首届学员陆续到达，9月9日正式开学，来自全省各市（县）中学、师范学校的在职校长、教导主任共251人成为学校的首批学员。随后几年，学校办学规模逐渐扩大。至1959年底，学校共培训了学员2 994人。

1960年，广东省委为增强学校的办学实力，决定将当年停办的广东工农师范学院并入广东教育行政学院，并决定把广东教育行政学院更名为广东教育学院。与广东工农师范学院合并改名后的新广东教育学院，教学机构扩大为四个部，分别是：教育行政干部培训部；政治教师培训部；高中语文、数学、物理、化学、英语教师培训部；工矿业余教师培训部。此外，学校还开办了大专院校政治课助教培训班、"高教六十条"学习班、农业师资培训班、外事干部培训班等。这些教学机构与原广东教育行政学院相比，明显扩大了培训范围，实现了由以培训教育行政干部为主转轨为以培训中学各科骨干教师为主的办学重心的转变。

随着办学规模的扩大，位于石牌村岗顶的原校址已不能适应学校发展的需要。1962年，学校获准迁址到海珠区客村。广东教育学院的客村新校址，东起赤岗塔新中国造船厂，西至鹭江广州市工交干部学校，南临新港路，北濒珠江，校园面积有40多万平方米。新校址面积广大，地理位置优越，为广东教育学院的进一步发展提供了良好的条件。随后几年，学校一方面紧抓校园建设、改善办学条件，另一方面紧抓教学质量、扩大培训规模，学校事业发展稳步推进。

1965年8月，受当时政治形势的影响，广东省委宣传部下达文件，改广东教育学院为广东政治学院，并要求学校9月开学后的教学任务除训练中学领导干部外，还增加培训文教卫生等系统的政治工作干部。改办政治学院的要求，使学校的办学方向过度政治化，极大地冲击了原已建立的教学机构和培训体制，给学校的后续发展带来了危机。

二、停办与更名（1966—1977）

1966年5月，"文化大革命"这一政治风暴在全国刮起。当时学校正开办第一期"毛泽东思想讲习班"，800余名学员被有关部门遣散回原单位"闹革命"，学校领导被打成"头号走资派"或"三反分子"，一律"靠边站"，学校在短时间内就陷于瘫痪状态。1968年5月，广东省革命委员会下发指示，强令学校全体教职工下放到英德县"五七干校"参加生产劳动。至此，学校的正常教学全部停顿，所有教师都离开了教学岗位，广东教育学院实际上已名存实亡。

1970年3月，广东省革命委员会以核心组的名义向广东教育学院正式下达停办的指令文件，要求学校从广州迁出，到肇庆地区新兴县稔村公社高村大队办学。1971年5月，学校被迫整体搬迁到高村后，以学校教职工为主体，组建了肇庆地区师范学校。几年中，尽管学校教职工在精神和物质上受到严重挫折，但他们仍本着为肇庆地区教育事业作贡献的精神，克服重重困难，艰苦奋斗，开办多种形式的培训班，艰难地延续着学校的职能。

1975年6月，广东省委发函批示，同意肇庆地区师范学校改办为肇庆地区五七师范学院。这次更改校名，使学校上升至师范专科学校的层次。1977年8月，广东省革命委员会发文同意学校改名为肇庆师范专科学校，由广东省和肇庆地区双重领导。

1966—1977年，在身处厄运、异常困难的条件下，学校教职工仍然坚持办学，为肇庆地区培养、培训了一大批干部和教师，为地方教育事业和社会经济的发展作出了难能可贵的贡献。

三、重生与探索（1978—1995）

1976年，随着"文化大革命"的结束，学校复办出现生机。当年，原广东教育学院的教职工向广东省革命委员会提出了恢复广东教育学院的请求。1977年10月，广东省科学教育工作会议决定恢复广东教育学院。1977年11月，广东省教育局给省科教办及省委提出《关于复办广东教育学院的报告》。报告认为，广东教育学院在教育革命中起了积极的作用，创办以来共为全省培训各级行政领导干部及中学负责人5 000多名，各科教学骨干8 000余名，省内许多教育行政领导及教育工作者对这所学校被砍掉都深为惋惜，因此建议广东教育学院复办后，仍是高等院校性质的干部学校，担负培训市（县）教育局、中学、师范学校领导及高中教师的任务。1978年7月，广东省召开教育工作会议，李嘉人副省长传达全国教育工作会议精神，省委副书记习仲勋同志主持会议并亲自宣布省委年内复办教育学院的决定。根据习仲勋同志在全省教育工作会议上的讲话精神，1978年9月，广东省革命委员会发文《关于复办广东教育学院的批复》，同意复办广东教育学院。

1978年10月，广东教育学院筹备办公室成立。1979年9月，省委决定：卢思谋同志任广东教育学院筹备办公室负责人，筹备办公室由卢思谋、涂沙、陈庆明、宋学雅等人组成。不过，卢思谋一直没有到位，后改由古子坚担任筹备办公室主任。1980年3月，广东省教育厅向教育部呈送《关于复办广东教育学院的报告》和《关于复办广东教育学院请予核准的报告》，请求教育部对复办广东教育学院予以核准备案和核准批复。

1981年3月，广东省委组织部同意学校成立临时党委，广东省教育厅厅长杨子江兼任临时党委书记。同年5月，学校党委制定了《广东教育学院总体规划》。10月，广东省人民政府下发《关于广东教育学院总体规划的批复》。在批复中，省人民政府同意总体规划纲要确定的广东教育学院的性质和任务，属厅局级单位，科系设置可设中文、教育、政治、外语、数学、物理、化学、生物和体育九个系，教育科学研究室、马列主义研究室、史地教学研究室、电化教学研究室、资料室五个室和一个函授部，学制两年；五年后学校的发展规模为在校学员 2 000 人，文理科各占 50%，教职工总数为 690 人，学校的基建总面积应严格控制在 68 000 平方米以内。这个批复文件对广东教育学院的生存和发展起到了重要的推动作用。

如果说复办后，前一阶段的工作主要是重建校园、构建发展蓝图的话，那么，接下来的工作就是具体落实规划。这一时期，学校除了建设校园、校舍、运动场地，购置教学仪器设备与图书资料外，还开启了学校制度建设和师资队伍建设工作。在此期间，学校乘着我国大力推行改革的春风，革新行政领导体制，实行了管理体制的改革；在全国较早创办了两年制专科起点本科班，初步形成了多形式、多渠道办学的格局；成立了广东教育学院教师职务评审委员会，实行了教师职务聘任制；制定了教学、科研、教师管理、图书、仪器设备等方面的常规管理制度。这些基础工作的建设，为学校的发展奠定了良好的基础。

在师资队伍建设方面，复办初期，原教育学院归队及新调入的教职工仅 100 余人，队伍残缺不全，教师缺口较大。1982 年 3 月，学校向广东省教育厅党组提交《关于请求从中学抽调教师的报告》，请求省教育厅从各地、市中学抽调 50 名适合到学校工作的骨干教师，充实学校的师资队伍。学校还从高校吸收一些优秀毕业生当助教，达到补缺和充实各系、各学科教学力量的目的；同时，重视对现有教师的培养，通过各种途径使他们得到进修的机会，以适应教学的需要。1983 年到 1984 年两年时间，学校仅讲师就调入 24 人。经过几年的补充，到 1985 年 5 月，学校已有教职工 488 人，基本上能适应当时开办本科班及多种形式办学的要求。

在大力进行制度建设和师资队伍建设的同时，学校在办学内涵和办学形式上不断探索。从 1980 年开始，学校先后举办了各种培训班，其中重要的有教育系举办的全省县级以上重点中学校长培训班、师专函授辅导教师培训班。1981 年 7 月，学校举办广东省英语教师培训班。1982 年秋，学校创办两年制脱产本科学历班。本科班的开设是学校办学体制上的重要创新，因为在广东教育学院历史上办这种层次的班还是第一次，即使在全国，当时也只有少数教育学院在试办。这一尝试改变了学校办学的形式与层次，使学校的培训工作由短期、零散培训逐步向正规化发展，办学层次从办专科班逐步过渡到办本科班，学历教育也由函授本科发展为脱产本科。此后，由于学校办学形式坚持以办好本科班为主，并向多层次、多渠道、多形式办学的方向发展，一个既有短训也有系统化培训，既有脱产也有业余函授，既有专科也有本科，既有校内也有校外的多层次、多渠道办学的格局初步形成。

如果说 20 世纪 80 年代是学校建章立制求发展的时期，那么，20 世纪 90 年代初则是学校改革体制谋新路的时期。这一时期，学校在全国教育学院中率先试办四年制普通本科教育，在办学模式上突破了成人教育的框架，丰富了学校办学的形式，为学校的发展找到了新突破口。与此同时，学校还开办了大规模的自学考试助学班、发展教师继续教育以及开办各种形式的非师范专业，并采取联合办学或合作办学的模式，开辟许多办学新途径。在校长培训方面，学校开展了大规模的校长岗位培训班，成立了校长岗位培训指导中心，使校长培训工作向科学化、规范化和制度化的方向发展。也是在这一期间，学校把"进德修业，为人师表"定为校训。校训的确立，既是对学校办学性质的彰显，也是对广大教职工的鞭策和鼓励，并对形成学校良好的校风和学风起着十分重要的促进作用。

1992 年，学校被国家教委评为"全国成人高等教育先进学校"。

四、积累与开拓（1996—2005）

1996 年，以新一届领导班子的上任为标志，学校事业发展进入了新的阶段。在此阶段中，学校领导提出了"一服务、二结合、多元化"的办学思路，并设计了"六大工程"作为这一思路在具体实践中的主要内容。"一服务"就是一心一意为基础教育服务；"二结合"就是培养和培训相结合，以培训为主，以继续教育为主；"多元化"就是多形式、多层次、多渠道办学，灵活务实求高效，不拘一格育人才。"六大工程"即师德教育、强化大学英语教学、课程评估、调整教学计划、推广与学习现代化教学手段和方法、继续教育的研究与办班。随后十年间，在上述办学思路的指导下，学校在学历教育、继续教育、内部建设及转型发展等方面均取得了重大成就。

（1）学校多年来坚持开办以本科为主的学历教育，在全省已经形成独具特色的品牌。作为一所成人本科高等师范院校，学校学历教育的发展，经历了从成人高等教育到普通高等教育的发展过程，但在培养的规格上始终坚持以本科为主。学校从 1982 年开始招收第一届成人高等教育本科学历班，1990 年开始招收普通四年制本科师范生，1998 年开办学历文凭班。根据 2004 年 5 月 30 日的统计数据，学校的学历教育中，成人高等教育的学生占在校生总数的 83%。而按照学生的层次来看，学校本科班学生（包括普通高等教育四年本科、成人高等教育的专升本学生）占在校生总数的 86%。这两个数字充分体现了学校学历教育的特点：以成人高等教育为主，以本科教育为主。其中本科学生比例如此之大，在全国成人高等学校中也是绝无仅有的。同时，举办学历教育不仅使学校保持了一定的办学规模，而且使学校在规范化管理、教师队伍建设、专业设置开发等方面有了更为严格的要求，获得了更多的实践机会，从而使培养和培训形成相辅相成的态势，有效促进了学校的整体办学水平和办学效益的不断提高。

在培养和培训齐头并进的过程中，学校始终坚持素质培养的全面性、适应性和时代性，按照"加强基础、拓宽口径、提高素质、增强能力"的人才培养模式，优化教育理念，改革教学方法，在强化对学生思维方式、实践能力、创新能力和创业精神的综合培养与培训的前提下，实行分类指导，努力提高人才培养质量。对四年制本科学生，学校重点加强了扎实的专业基础、正确的世界观和职业道德观念、创新精神和实践能力的培养。2001 年学校实行了学分制，2002 年实行了主辅修制。"九五"以来，学校加大了对公共选修课建设的力度，大幅度地增加了公选课的数量，并对师范类专业的本科学生在普通话、外语和计算机等基本技能的培养方面提出了更高的要求。对专科起点的本科学生，学校着重保障学生在教育教学能力、教育科研能力和专业发展方面获得切实的提升。

学校这种高素质、严要求的办学标准，保证了学校的人才培养达到了较高水准，也使学校获得了良好的办学声誉。1996 年以来，学校的普高招生年年超额完成任务，录取新生 95% 以上是第一志愿的考生。成高本科考生报考数每年都在学校招生计划数的一倍以上，2002—2004 年，此类学生的报考人数更是录取人数的四倍以上。2004 年，学校办学规模大大扩充。这一年是学校四年制本科招生人数最多的一年，学校全日制学生接近 5 000 人，函授生接近 10 000 人。学校通过租借场地的方法设立了两个分校区（南校区和琶洲校区），把两年制脱产本科和函授学生全部放在分校区，使当年度的办学规模达到了历史新高。与此同时，学校毕业生就业率也屡创佳绩，从 2001 年省教育厅开始统计全省各高校就业率以来，学校毕业生就业率年年高出全省平均水平。

（2）学校十余年来一直将继续教育摆在重要位置，已成为广东省中小学教师继续教育的龙头单位。对中小学教师的培训是学校的一项重要任务。新的办学思路把培养和培训作为学校的两条"腿"来推动学校事业的发展。20 世纪 90 年代初期，学校将中小学教师的学历补偿教育和"三沟通"培训作为重要任务，组织大量人力、物力投入此项工程。当时，全省小学教师的学历达标率只有 49.9%，初中教师的学历达标率只有 12.7%，高中教师的学历达标率只有 30% 左右。到 1998 年，全省小学教师的学历达标率已达 95%，初中教师的学历达标率已达 86%，高中教师的学历达标率已达 63.5%。上述达标率的变化，与学校的努力是分不开的，甚至可以说，学校在全省中小学教师的学历补偿教育中，立下了汗马功劳，作出了历史性的贡献。20 世纪 90 年代后期，中小学教师接受继续教育更是作为国家的法律被规定下来，自此，学校中小学教师继续教育进入高速发展时期，无论是从观念上还是从行动上，无论是院系领导还是普通教职工，都把中小学教师继续教育作为重要任务来抓。学校为此投入了大量的人力、物力和财力，用于中小学教师继续教育工作。仅在 2000—2003 年，学校在各种类型的省级培训中就先后培训了近 3 万人次，其中脱产培训的接近 1 万人次。上述努力有力地推动了广东省中小学教师继续教育工作，从而进一步确立了学校在全省中小学教师继续教育中的龙头地位。

从 2000 年开始，学校凭借自身丰富的培训经验和较为雄厚的培训实力，先后承担了多个国家级和跨省的培训项目。其中，国家级的培训项目包括全国教育学院协作项目"培训者培训"工程、全国千名中小学骨干校长培训工程、全国万名中小学骨干教师国家级培训工程、基础教育新课程改革骨干培训者国家级培训工程等，学校均在其中承担了重要任务。在 2003 年 11 月广州举办的广东省人文社会科学成就展上，学校作为成人高校参展，重点展示了学校在培训工作中的成果，获得了省、市领导的充分肯定。

（3）学校在教育管理干部培训方面的成就已使学校成为广东省中小学校长培训基地。20 世纪 90 年代中期，国家对中小学校长的培训进一步加强，要求中小学校长持证上岗，因此中小学校长的培训工作逐步走上了规范化、制度化的轨道。学校作为全省中小学校长培训基地的有关职能也相应发生了变化，培训工作由单一培训转变为多层次的培训和多方面的指导相结合。为此，学校继续承担对全省中小学校长进行培训和指导的任务，并在前期基础上逐步构建出包括校长任职资格培训、提高培训和高级研修在内的三个层次的科学体系。在1996—2005年的十年中，学校共培训校长和教育行政干部近6 000人。尤其是2000年以来，学校共完成校长任职资格培训2 534人，校长提高培训599人，校长高级研修399人。2000年，学校还承担了全国千名骨干校长培训的部分任务。此后，学校连续多次接受国家级培训任务，成为颇有影响力的国家级校长培训基地。

（4）学校在内部建设方面十年来坚持不懈、成效显著。主要表现在：

一是进一步加强教学管理的制度化。在学校事业发展的推动下，从20世纪90年代中期开始，学校加快了规范教学管理的步伐，着手建立符合学校实际的教学管理规章制度体系。1996—2005年，学校共颁布了《广东教育学院教师教学工作规程》《广东教育学院毕业论文（设计）工作规程》《广东教育学院业余（函授）教育院外面授点管理规定》《广东教育学院学分制实施办法》《广东教育学院系级教学工作评估方案（试行）》《广东教育学院全日制学生学籍管理办法》等30余个文件、制度，使学校教学管理逐步走上科学化、规范化、法制化的轨道。

二是大力开展学科建设。学校从20世纪70年代末复办以来，不断根据社会经济发展的需求和自身发展的需要来创设或调整学科专业。至1995年，学校已拥有11个本科专业、7个专科专业。进入"九五"之后，学科与专业建设继续向前发展。1998年，经广东省教育厅同意和广东省高等教育厅批准，学校试办高等教育学历文凭考试班，共开设了会计电算化、电子装备维修技术、计算机应用、英语4个专业的考试课程。1999年3月，教育部批准学校增设计算机科学与技术专业。2002年，学校新申报的生物科学、法学、电子信息工程等非师范类办学专业获得批准。2003年，学校又新增了小学语文教育和社会体育2个专业。2004年，学校在原来音乐教研室的基础上组建了音乐系，新增了音乐教育专业（专科），该专业已于2005年秋季招生。至2005年上半年，学校已经拥有12个教学系，设有49个专业，其中本科专业18个，专科专业31个，涵盖了文、理、工、教育、管理、经济、历史、法学等学科门类，初步形成了文、理、教育三大优势学科平衡发展的合理格局。

三是继续强化师资队伍建设。十年里，学校根据教师队伍的实际情况，主要采取研究生主干课程进修、骨干教师培养、派遣访问学者、培养在职定向或委培研究生、学术进修、专业技能培训和岗前培训等方式来优化教师素质，提高教师队伍水平。其中，学校有计划地选派94名青年教师到国内重点大学和国外有关大学进行访学深造，其中选派到国外学习、进修的有9人。培养在职定向或委培研究生23名，其中博士研究生13名，硕士研究生10名。另外，接受岗前培训的教师和干部达到100%，参加校内各种技能培训的教师超1 000人次。与此同时，学校加大人才引进力度，不断充实帅资队伍。学校于1997年专门拟定了《广东教育学院关于引进高层次专业技术人才的暂行规定》，制定了"三高一低"（即高学历、高职称、高水平、低年龄）的人才引进原则，为有计划地引进急需的高层次和紧缺人才提供了政策保障。1995年，学校在编教职工529人，其中专任教师 238 人。专任教师中，教授 12 人，副教授 67 人，讲师 119 人，助教 40 人。高、中、初级职称人数比例为 3.3：5：1.7。2005 年 8 月底统计，全校在编教职工 550 人，其中专任教师 323 人，约占 59%，生师比为 16：1。在专任教师中，具有研究生学历和学位的 173 人（其中博士 12 人，另有在读博士 22 人），约占专任教师的 54%；教授 29 人，约占专任教师的 9%；副教授 107 人，约占专任教师的 33%；副高以上人员占专任教师总数的 42%；有享受政府特殊津贴专家 8 人，全国模范教师 2 人，全国优秀教师 2 人，南粤杰出教师 2 人，南粤教书育人优秀教师 8 人，南粤教坛新秀 4 人。十年发展说明，学校师资队伍中专任教师占全体教职工人数的比重越来越大，专任教师的职称结构越来越合理，获得高学历的教师人数也越来越多。

四是推进人事与分配制度的改革。2000 年 2 月，学校公布实施《广东教育学院教职工全员聘任暂行办法》《广东教育学院党政机关定岗定编方案》《广东教育学院教辅、科研机构设置方案》《广东教育学院科级以下管理岗位竞争上岗工作方案》《广东教育学院教辅、科研单位领导职位竞争上岗工作方案》，在校内实行多层级、全方位的干部竞争上岗制度，全面推行校内管理体制改革，进一步完善人事管理制度。此次改革按照精干、高效的原则，精简了机关人员，建立了层次分明、职责分明、效率鲜明的组织管理系统，淡化了身份管理，加强了岗位管理，提高了管理效率和管理水平，初步达到了减员增效的预期目的。同时，由于所有干部岗位都是通过竞争择优上岗，因此机关工作人员的精神面貌焕然一新，工作效率明显提高。2000 年 4 月，学校制订后勤改革方案，颁布《后勤服务实体人员管理暂行办法》等制度，确定了后勤改革的指导思想、总体目标与步骤、主要内容、应对措施等，由此展开了后勤社会化的进程。2002 年 1 月，学校顺利通过省高校后勤社会化改革验收，在综合考评中获得 90.62 分的高分。全省共有 53 所高校通过此项验收，其中 20 所高校得分在 90 分以上，学校居于前列。这一成绩也标志着学校后勤社会化改革取得明显成效。

五是完成校园网的创建。20 世纪 90 年代后期，学校作出了投资兴建校园网、装备多媒体课室、推广现代教育技术、实行行政管理办公系统自动化等多项信息化工程的决策，几个项目共投资 500 多万元，初步形成了教学与行政管理信息化体系，使学校的教育现代化向前迈进了一大步。2004 年，校园网第三期工程全部完成，全面进入办公室、课室、图书馆、教师和学生宿舍，并且开通了第二出口。同时，分校区通过宽带与校本部联网。校园网的建立使学校教育教学、管理及服务全面进入网络化流程。

（5）因应形势变化，学校及时提出改制思路，有效开展了前期工作。进入 21 世纪以后，全国尤其是广东省的经济社会以及教育的形势都发生了新的变化，这给学校的发展既带来了新的挑战，也带来了新的机遇。一方面，广东省高等教育要实现跨越式发展，即在"十五"期间，广东省普通高等教育的总规模要从当时的 46.78 万人增加到 80 万人以上；高等教育毛入学率要从当时的 15.3% 提高到 20% 以上，并争取在 2010 年提高到 25%；普通高校数要有明显增加。另一方面，20 世纪 90 年代以来，随着高等教育体系的改革发展，一个开放的、培养培训一体化、职前职后相贯通的新的教师教育体系的基本框架已经建立，原来独立设置的以培训教师为主要职能的广东教育学院已经走到了历史发展的十字路口。面对形势的变化，早在 2000 年初，学校领导就在工作报告中指出："高校合并成风，扩招大势所趋，就业双向选择，地方高校升格，中小学教师来源多样化与培养途径多样化，以上形势迫使我们不能只坚守原来的阵地。不进则退，拓宽办学渠道成为当务之急。"于是，改制问题被摆上了学校领导的重要议事日程。

2002 年 11 月，在深入考察调研的基础上，学校决定成立发展战略研究小组，以课题研究的形式就学校的发展战略问题开展专题研究工作。2003 年 1 月，学校向省教育厅提交《关于我院改制为普通本科院校的请示》；2003 年 4 月，省教育厅发文同意学校创造条件改制为普通本科院校，按全日制在校生 7 000 人的规模筹建。2004 年 9 月 28 日，"广东文理学院（筹）"挂牌。2005 年 7 月 14 日，广东省高等学校设置评议委员会投票通过学校的改制计划。

从此，学校发展进入了又一个关键时期。随着改制工作的顺利进行，学校的事业发展将迎来崭新局面。

第一章

艰难的改制历程

作为成人高等师范本科院校的广东教育学院改制成为普通本科院校的广东第二师范学院，是学校几十年办学历史的必然选择，也是顺应大势的根本出路，更是全体教职工群策群力共谋发展的方向。从2002年提出改制到2010年改制成功，八年奋斗，八年心血，无不展示出全校上下对推动改革的热切期盼与开拓新天地的卓绝努力。

第一节　学校的困境与改制要求的提出

广东教育学院作为新中国成立以后广东省较早设立的高校之一，经过几十年的发展，积累了较丰富的本科教育的办学经验，基本达到了普通本科院校的标准和条件。随着社会经济的发展，20世纪90年代开始的全国高等教育改革，尤其是广东教育学院所处的困境、挑战，促使广教人开始思考学校的发展和前途。

一、全国性的教育学院的生存困境是促使学校思考体制创新的主要因素

20世纪90年代以来，随着开放的、培养培训一体化、职前职后相贯通的新的教师教育体系逐步改革创新，教师资格制度逐渐建立健全，广东教育学院作为承担中小学校长、教师继续教育和成人学历提升任务的成人本科院校，生存空间受到大幅度挤压。各类普通高校和研究机构均可以参与中小学校长、教师继续教育和成人学历提升，而学校却由于体制，不仅固有的继续教育、培训业务面临缩小的尴尬局面，而且普通本科招生资格的缺失使学校陷入生存困境。2005年，教育部明令学校停止招收普通本科师范生，这使学校的办学业务范围进一步收窄。学校承担的省级中小学校长、教师继续教育项目份额，由20世纪八九十年代的95%下降到2009年的40%左右。中小学校长、教师培训量的减少和成人高等学历教育的变化使这一块教育资源难以发挥既有效益，这一点严重影响了教师队伍的稳定。因此，通过改制来谋求新的生存空间就成了现实的必然选择。

二、建设人力资源强省的客观需要成为学校改制的有力引擎

改革开放几十年的发展中，广东社会经济一直保持高速增长，进入21世纪后，广东省正处于全面转入科学发展轨道的关键时期。在新形势下，国家赋予广东省新的改革发展任务，要求广东省各级各类教育尤其是高等教育加快发展壮大，为广东省争当实践科学发展观排头兵，建设人力资源强省，不断提高经济社会综合实力和国际竞争力，提供坚强有力的人才保证、智力支持和科技支撑。

当时，广东省高等教育虽然取得了长足发展，但高等教育大众化水平仍然很低，尚不能满足实施国家发展战略的需要，与广东省作为全国人口大省和经济大省的地位很不相称，与建设人力资源强省的要求很不适应，与先进兄弟省、市的发展水平也有较大差距。2008年，广东省每500万人仅有5.9所普通高等学校，在全国排名第26位；高等教育毛入学率为27%，比2007年的江苏省、浙江省分别低10个和11个百分点，也低于吉林、湖北、黑龙江等省份；按常住人口9500万计算，每万人口普通专科在校生仅

128.73 人，比全国平均水平少 24.23 人，在全国排名第 22 位。随着高中阶段教育普及程度的不断提高，高中阶段毕业生对高等教育的需求也越来越旺盛。2005 年广东省普通高考报考人数为 45.2 万人，2006 年为 51.7 万人，2007 年为 55.3 万人，2008 年为 61.6 万人，2009 年为 64.4 万人，年均增长 9.29%，高等教育学龄人口直至 2016 年都将持续攀升。而 2002 年当年，广东省具有大专及以上学历的人才仅占劳动年龄人口的 5.1%，在全国排名第 12 位，其中具有本科以上学历的人才占人才总量不足 15%，广东省当时拥有的普通高校尤其是普通本科院校亟须进一步扩大办学空间，充实办学资源。因此，广东省必须在着力提高高等教育质量的同时，保持高等教育规模合理增长。把广东教育学院改制为普通本科院校，符合广东建设人力资源强省，促进经济社会科学发展的战略需要。

三、优化广东省高等教育结构的需要是学校改制的良好契机

广东省自 2005 年到 2009 年底，拥有普通高校 112 所，其中本科院校仅 37 所，占全省普通高校总数的 33.04%，比全国平均水平 47.68% 低 14.64 个百分点。普通本科师范院校平均每校服务人口比重畸高，现有的独立设置的普通本科师范院校平均每校服务人口有 2 000 多万，远高于全国普通本科师范院校平均每校服务人口 1 405 万。广东省师范教育规模也偏小，2008 年全省普通高校师范类学生只占学生总数的 8.51%，达不到全国的平均水平（8.96%），与各级各类教育尤其是基础教育改革发展对高素质教师的需求不相适应。2002 年之前，这一差距更大，因此，广东教育学院改制为普通本科师范院校，既有助于满足人民群众对普通本科教育的需求，也有利于优化高等教育结构，促进高等教育和基础教育科学发展。

四、变革、创新、发展办学体制是学校提出改制的迫切要求

2002 年省委九届二次全会提出了广东高等教育要实现跨越式发展的要求，经济社会发展对人力资源的需求更加迫切，当时第一轮全员性的高中教师继续教育已接近尾声，后续的培训难以为继，学校的危机日益突出。在此形势下，改制问题被摆上了学校领导的重要议事日程。学校领导敏锐地抓住这一契机，迅速部署，就办学前途问题进行深入研究，并立即启动改制的实质性工作。

2002 年 8 月 28—29 日，学校举办中层干部读书班，对学校的办学定位和改革发展进行了广泛深入的讨论，在改制问题上达成了初步共识。

2002 年 11 月 11 日，在对近半年的考察调研进行总结的基础上，学校行政会议决定，落实党委扩大会议精神，部署成立发展战略研究小组，以课题研究的形式就学校发展战略问题开展专题研究。研究小组成员是：组长肖建彬；成员王颖、林志荣、赵丹凌、施铁如、古立新。发展战略研究小组的成立标志着学校改制迈出了实质性的一步。

2002 年 11 月 20 日下午，学校召开老干部座谈会，党委书记潘炬和院（校）长刘劲予向老干部们介绍了全国省级教育学校改革动向和学校对自身改革发展的思考，并征求了各位老干部们的意见。

2002 年 11 月 27 日下午，学校党委书记潘炬向发展战略研究小组传达了省教育厅高校工作会议精神，要求发展战略研究小组根据广东高等教育改革发展的新形势和学校的现状，以十六大精神为指导，起草关于学校改革发展基本认识的汇报材料。一周后，学校党委会议对起草的汇报材料《唯改制方能实现跨越式发展》进行研究讨论。12 月 5 日，学校将经过认真讨论修改后的汇报材料《唯改制方能实现跨越式发展》报送省教育厅，正式表达了学校要求改制的意愿。

2002 年 12 月 28 日，《关于我院改制为普通本科院校的请示》（粤教院〔2002〕49 号）呈送省教育厅并获得批复。

此后，学校开始了长达八年的艰苦卓绝的改制之路。

第二节 改制工作小组的成立与征地工作

一、改制工作的组织保证：改制工作小组的成立与运行

2002 年 11 月，学校行政会议决定成立发展战略研究小组。研究小组在学校改制过程中，从前期的改制汇报材料、论证报告到改制过程的申报材料撰写、改制迎评建档以及改制工作的决策等，发挥了重要的作用。

2002 年底，学校提交改制的请示，向上级主管部门表达了学校强烈要求创新变革，为生存求发展的诉求，同时立即组建征地小组，先期切入征地工作。

2003 年 3 月 11 日，中共广东教育学院委员会会议召开，党委会进行了具体工作的分工：潘炬书记负责舆论宣传和全面的组织协调分工；刘劲予院（校）长负责经费筹措、教师队伍建设和机构调整；韩东才副书记负责征地和新校区的建设规划；李龙图副院（校）长负责分校区的筹建、学校建设和具体申报材料的准备；党委会委员肖建彬处长负责改制的论证报告和学校事业发展规划。

2003 年 4 月 18 日上午，学校召开改制工作研究会议，参加会议的人员有党委书记潘炬、院（校）长刘劲予、副院（校）长李龙图和发展战略研究小组成员。会议决定成立学校改制工作领导小组，加大工作力度，力争在当年 10 月底使各项办学指标基本达到国家规定的办学标准，迎接国家高等学校设置评议委员会专家组的评估。学校改制工作领导小组下设三个工作小组：一是发展战略研究小组，组长肖建彬，负责改制申报材料的写作工作；二是教学评估小组，组长李龙图，负责了解学校教学现状和进一步规范教学行为等工作；三是办学基本保障小组，组长韩东才，负责新校区建设、经费筹措和师资队伍建设等工作。11 月 27 日的学校行政会议上，新校区征地工作领导小组成立，吴富存副院（校）长负责征地的具体工作和可行性研究报告的出台。

2005 年 1 月 20 日，中共广东教育学院委员会会议讨论通过学校改制工作机构，决定成立改制筹备工作领导小组，下设三个工作小组：对外联络组、建设组、办公室，李龙图副院（校）长负责协调。为了保障改制筹备工作领导小组顺利开展工作，学校第一

期先下拨十万元专款，同时要求改制筹备工作领导小组尽快拿出改制工作方案。2月28日，广东教育学院改制筹备工作方案公布，正式成立改制筹备工作组织机构，包括学校改制筹备工作领导小组，党委书记钟康模（2004年到任）、院（校）长刘劲予为组长，领导小组下设三个工作小组：钟康模、刘劲予负责对外联络组；肖建彬、吴富存负责建设组；韩东才、李龙图负责办公室。钟康模书记率领建设组全力主攻新校区的征地工作，李龙图副院（校）长领导改制办公室成员夜以继日地起草和编制改制文件。学校广大教职工也倾注了极大热情，改制工作进度明显加快。

2005年3月25日，为了更好地开展改制工作，各系成立以系领导为组长的改制筹备工作小组。5月17日，中共广东教育学院委员会会议决定：学校改制筹备工作领导小组增设黄庆鸿为副秘书长，黄可波为办公室副主任。

2009年3月6日，领导班子调整后，学校再次下发《关于成立学院及各系、各部门改制工作组织机构的通知》。学校改制工作领导小组顾问：钟康模、刘劲予；组长：谢练高、肖建彬；副组长：韩东才、李龙图、曾小龙、张路。学校改制工作领导小组下设四个工作小组。征地小组：主管领导李龙图，组长黄庆鸿；材料与申报小组：主管领导张路，组长林志荣；迎评工作督导组：主管领导曾小龙，组长洪华精；新校区建设小组：主管领导张路，组长林建华。各系、各部门也成立以行政主要负责人为组长的改制工作小组。

新成立的改制工作组织机构加强了领导，分工明确，责任清晰，为改制成功提供了有力的组织保障。

二、历尽坎坷的新校区征地选址工作

在改制愿景提出之初，学校对照普通本科院校标准，认为影响改制的瓶颈就是征地问题。因此。2002年底学校就组建征地小组，立即开始征地选址工作，最初选定的合适地块有白云区的钟落潭和竹料镇两处。

2003年4月16日，由广东省教育厅组织的专家组对学校的改制条件和筹备工作进行了全面的考察评估，同意学校创造条件尽早实现改制。4月18日，《关于广东教育学院改制后新校区建设征地立项的申请》（粤教院〔2003〕7号）呈报广东省发展计划委员会。为抢抓机遇，学校以拟在竹料镇征地作为建设新校区的建设立项，申请办理有关手续。

2003年5月13日，广东省教育厅下发《关于广东教育学院征地立项的意见函》（粤教财〔2003〕46号），同意学校征地1 000亩建设新校区，并报广东省发展计划委员会。5月15日，广东省发展计划委员会下达《关于广东教育学院新校区项目的批复》（粤计社〔2003〕452号），批复主要内容如下："一、为满足你校改制为普通本科院校并扩大办学规模，同意你校征地建设新校区。二、项目建设内容包括：新校区征地1 000亩左右，新建教学楼、实验楼、图书馆、办公用房、体育馆等约12万平方米。三、征地及前期基建资金约1.92亿元，由省财政贴息贷款及自筹解决。"由此，学校改制工作中的关键环节——征地工作，获得政策保障。

2003 年 6 月 25—27 日，学校行政会议讨论了关于新校区征地问题：钟落潭地块议定价格为每亩 8.84 万元，市国土局提出用"征地拆迁"的办法解决，但市规划局不同意，需要做工作；竹料地块议定价格每亩 9 万元，加上补偿等费用合计每亩 11 万元，用地需广州市用地会议批准。会议决定首选竹料地块上报广州市用地会议。

2003 年 6 月 28 日，学校拟在白云区竹料镇科技创业园征地 1 020 亩建设新校区的《关于广东教育学院征用竹料镇土地建设新校区的申请》上报市规划局并呈广州市政府用地会议审批。

2003 年 9 月 30 日，为了赶在 10 月 15 日前将明确的选址上报主管部门，学校还向黄埔开发区管委会致征地函，请求支持学校征地建设新校区。

2003 年 11 月 12 日，学校将经过省教育厅同意，拟在竹料镇"广州市越秀综合经济发展区管理委员会科技创业园"的地块中征用空置的 1 020 亩地建设新校区的申请再次呈报市规划局。

2003 年 11 月 27 日，学校行政会议通报新校区征地情况，同意把相关条款修改后与白云区竹料镇签订用地协议（9 万元）。会后，学校迅速签订了《征地协议书》并预付定金 50 万元。

2004 年 2 月 18 日，在不能确定选址成功的情况下，学校致函广州市教育局和规划局南沙分局，寻求给予大力支持，征用南沙开发区土地建设"广东文理学院"新校区。

2004 年 8 月 30 日，《关于我校省财政贴息贷款"新校区征地及校区建设"项目情况的说明》（粤教院〔2004〕20 号）送呈广东省发展和改革委员会社会发展处，汇报学校征收竹料镇土地（已交定金 50 万元）一事在呈报市规划局时，由于不合要求而未获批准，只能转入新的选址工作的情况。

2004 年 9 月 17 日，根据省政府和省教育厅关于同意筹备改制为"广东文理学院"的指示（粤教规〔2003〕69 号），学校征地一直是个瓶颈。离申报不到半年时间，得知正在筹划组织第二批高校进入大学城，学校特向省教育厅申请要求进入第二期大学城。这一请求很快被否决，选址工作再次陷入僵局。

2005 年 3 月 1 日，中共广东教育学院委员会会议讨论选址番禺化龙地块问题。因为化龙地块为番禺丽江明珠有限公司所有，该公司草拟了一份承包合同给学校。学校认为应改为征地委托合同，而且初步拟定的协议中，每亩定价 25 万元太高，合同内容也不规范，双方需要再进行谈判。3 月 7 日，中共广东教育学院委员会会议决定，"广州市召开了高校用地会议，学校还未上报，省教育厅已经催促。为争取时间，党委决定上报钟落潭地块，化龙地块继续争取，等有了眉目再作计划"。经与市规划局、市食品集团和钟落潭镇有关人员协商，学校拟定在钟落潭征地 1 200 亩。3 月 8 日，学校新校区选址钟落潭的报告呈送省教育厅。

学校一直在紧锣密鼓地抓紧征地工作，希望取得突破。从 2003 年起，学校就开始接触于 2005 年作为新校区选址上报省教育厅的钟落潭地块，被市规划局列入教育科学城规划，广东教育学院作为即将入驻的主要学校位列其中。但是，由于涉事地块多方债务等问题，始终没有进展，后因时间紧迫，学校只能与其就此失之交臂。为此，学校只能再次寻找其他地块。

2005 年 6 月 8 日，中共广东教育学院委员会会议召开，讨论新校址问题。党委对筹备小组提供的花都和高明两个地块进行了比较，最后一致认为将新校区定在花都。花都地理位置优势明显，交通便利。最大的好处是征地手续相对简单，当年就可以上报。当天，学校致函花都区人民政府，征询关于征用花都区新华街土地建设广东教育学院新校区一事，拟在广东行政职业学院 206 亩（当时省委党校已同意转让）的基础上新征 400 亩左右的土地，建设容纳一万名学生的规模。在不能确定最终地块的情况下，6 月 25 日，学校同时致函佛山市高明区人民政府，请求支持我校在高明区科教园新征约 1 200 亩土地建设新校区。

2005 年 8 月 1 日，学校《关于广东教育学院选址广州市花都区新华街道建设新校区的请示》呈送省教育厅，拟在新华街征地约 460 亩建设新校区。8 月 2 日，报送市规划局。

2005 年 9 月 28 日，中共广东教育学院委员会会议决定，因为征地进窗口的手续材料及银行贷款需要新校区规划设计，党委讨论决定，新校区总体规划以议标的方法确定设计单位，设计费控制在 50 万元以下。

2005 年 11 月 28 日，中共广东教育学院委员会会议召开，讨论新校址问题。党委认为，在互相信任、符合法律效力的基础上，应加快实施花都区新华街的征地合同，具体由征地小组落实。12 月 19 日，学校与新华街委托的代表宏碁实业有限公司签署征地补偿合同。征地合同的签订标志着学校改制工作取得关键性的突破，也意味着学校改制工作最为关键的瓶颈问题被攻克。

三、漫长而繁杂的征地手续的办理

在成功签订征地合同后，学校迅速启动征地手续办理的工作。

2005 年 12 月 23 日，学校将《关于我院新校区建设申请使用省财政贴息贷款的请示》报送省教育厅，申请贴息贷款计划为：2006 年 1 月支付 6 000 万元首期征地费；3 月申请 5 000 万元，用于平整土地和开工前的"三通一平"以及总体规划设计费、单件建筑物设计费和部分工程备料款；5 月申请贴息贷款 5 000 万元，支付前期工程备料款。

2006 年 2 月 28 日，学校收到了省政府办公厅批文，省政府近期会将学校的改制申请上报教育部。3 月 1 日，学校《关于广东教育学院改制筹备工作的汇报》呈报广州市人民政府办公厅，学校已明确新校区选址花都区新华街，希望市政府敦促相关部门加快征地审批手续。

2006 年 4 月 4 日，《广东教育学院在花都区新华街征地建立新校区的请示》再次呈送省教育厅，请求批准拟在花都征地约 450 亩建设新校区。

2006 年 4 月 28 日，学校与广州市城市规划勘测设计研究院签署《广东教育学院新校区建设项目前期设计服务合同》，包括编制建设项目选址评估报告、填报广东省建设项目选址意见申请表、协助向市规划局及省建设厅申报工作等。

2006 年 10 月，经广州市用地会议批准，广州市规划局于 2006 年 11 月 8 日发文

《关于办理〈建设项目选址意见书〉问题的复函》（穗规函〔2006〕8133 号），同意学校在花都区新华街征地建设新校区。复函指出：经核查，申请项目选址建设新校区符合广州市城市规划管理要求，按建设项目规划管理规定，需向省建设厅申请《建设项目选址意见书》。11 月 22 日，学校向广东省建设厅递交《关于办理广东教育学院在广州市花都区新华街新校区〈建设项目选址意见书〉申请报告》。

2007 年 1 月 29 日，学校征用的花都区新华街 300 多亩教育科技土地，广州市规划局和广东省建设厅已予以办理《建设项目选址意见书》，申请建设项目用地预审的报告《关于办理广东教育学院在广州市花都区新华街新校区〈建设项目选址意见书〉申请报告》同时递交至广州市国土资源和房屋管理局。

2007 年 3 月，学校花都征地建设新校区项目被定为省"十一五"重点建设项目。3 月 30 日，学校向市规划局提交《关于广东教育学院在广州市花都区新华街建设新校区〈建设用地规划许可证〉的申请报告》，同时向市规划局申请《建设用地规划许可证》。

2007 年 4 月 4 日，省国土资源厅通过学校花都校区项目用地的预审意见。

2007 年 4 月 10 日，广州市国土资源和房屋管理局转送省国土资源厅关于广东教育学院花都校区项目用地的预审意见的函，要求学校持省国土资源厅《关于广东教育学院花都校区项目用地的预审意见》〔粤国土资（预）函〔2007〕43 号，附件〕办理其他用地手续。因为拟建项目属于重要建设项目，必须进行地质灾害危险性评估，并在申办建设用地批准书前向市国土局提交地质环境灾害评估报告和专家组评审意见。

2007 年 4 月 12 日，广州市环境保护局作出《关于广东教育学院花都区新华街新校区建设项目环境影响报告表的批复》（穗环管影〔2007〕138 号）。

2007 年 4 月中旬，学校花都校区在办理《建设用地规划许可证》过程中，碰到"新增建设用地土地有偿使用费"的问题。花都校区用地是 2006 年 10 月广州市用地会议批准的，由于 2006 年底财政部、国土资源部、中国人民银行联合签发了《关于调整新增建设用地有偿使用费政策等有关问题的通知》（财综〔2006〕48 号），规定"各级国土资源管理部门在收到各级人民政府足额缴纳的新增建设用地土地有偿使用费后，才能依法办理用地批准手续"。照此规定，学校新校区新增建设用地的有偿使用费（约 1 000 万元）必须由广州市财政支付。但是，广州市财政部门尚未安排学校新校区的新增建设用地土地有偿使用费的经费预算，无法缴纳该项费用，从而导致征地工作陷于停顿。更为严重的是，如果缴费问题不能在短期内解决，不仅学校的征地工作无法推进，而且学校历尽艰辛方才办妥的《建设项目选址意见书》和《用地预审意见书》等手续也将过期作废。为此，学校多次与广州市财政等部门协商解决，但收效甚微。学校甚至提出由自筹资金缴纳，但因为缴纳主体不符而不被接受。眼看历经数年、费尽心血开展的征地和建设新校区工作即将毁于一旦，原计划 2009 年迎接教育部三年一度的改制评估将成泡影，2007 年 4 月 19 日，学校就关于缴纳新增建设用地有偿使用费问题致函请示林木声副省长、苏泽群副市长，请求这笔费用延迟办理。

2007 年 4 月 28 日，学校将《关于广东教育学院在广州市花都区新华街建设新校区征地的经济发展留用地指标的申请报告》提交市国土局，申请学校在花都区新华街征地的经济发展留用地指标，以便尽快完成建校和改制任务。

2007 年 6 月 8 日，学校就花都新校区征地建设中碰到"新增建设用地土地有偿使用费"的问题等情况致函时任广东省委书记的张德江同志，恳请省委领导拨冗过问有关事宜，督促有关部门尽快按政策安排和缴纳学校新校区的新增建设用地土地有偿使用费，并在该项经费落实之前，请有关部门继续依法受理学校的报批事项。

2007 年 6 月 25 日，学校收到广州市城市规划局《关于广东教育学院改制和花都新校区建设问题的复函》。根据苏泽群副市长办公室转来的学校《关于广东教育学院征地建设新校区工作的请示》（粤教院〔2007〕31 号）、有关领导的批示（泽群批 436 号、591 号），以及 2007 年第一次市建设用地审批领导小组会议对同类问题的审议意见，缴纳新增建设用地土地有偿使用费问题，未被列入当年度广州市财政支出计划，需向财政部门落实此项费用，并取得有关书面意见后再向市规划局申请办理用地手续；需同步解决项目涉及的农民留用地指标后，再申请办理建设用地规划许可的手续。同年 8 月 7 日，学校再次致市规划局《关于核定农村集体经济发展留用地指标的函》，申请核定广东教育学院新校区项目征收花都区新华街农民集体经济发展留用地指标。

2007 年 7 月 3 日，花都区新华街道办事处向学校发来有关征地情况的函，要求学校尽快付清青苗补偿费的余款；同时根据国家对征用农村集体土地政策的变化情况，即征地的价格可能很快要提高，希望学校在 8 月中旬能够付清征地补偿款总额的剩余款。因此，学校领导和改制工作小组的主要成员一方面积极加紧筹措款项，另一方面前往花都与当地政府联系，共同研究解决农民留用地和征用边角地等事宜。8 月 23 日，经研究，学校决定一次性支付完征地补偿款总额的剩余款（含青苗补偿费）。8 月 24 日，在钟康模书记的带领下，学校与花都区新华街签订了《〈征地补偿合同〉的补充协议》，并付清了市规划局批准的 385 亩地的全部补偿款。至此，学校征地工作又向前推进了一大步。

2008 年 5 月 15 日，学校鉴于年底前必须完成征地工作相关手续，向广州市规划局提交《关于广东教育学校急需办妥花都新校区〈建设用地规划许可证〉的请示》，请求支持。很快，市规划局核发给学校花都校区《建设用地规划许可证》（穗规地证〔2008〕203 号）。5 月 20 日，学校向广州市国土资源和房屋管理局提交《关于广东教育学院在广州市花都区新华街建设新校区〈建设用地批准书〉的申请报告》，申请批准学校在花都区新华街地块的《建设用地批准书》，以便尽快推进建校和改制进度。

2008 年 6 月 25 日，学校与广州市城市规划勘测设计研究院签署花都校区填土及场地平整工程的建设工程设计合同；7 月 12 日，学校与广东省地质物探工程勘察院签署花都校区农民留用地地质灾害评估的建设工程勘察合同；7 月 24 日，学校再次向市国土资源和房屋管理局提交《关于广东教育学院花都校区经济留用地预审手续的申请报告》，申请对留用地 3.848 6 公顷和代征用地 1.395 8 公顷进行预审。

2008 年 11 月 10 日，广州市建设委员会送达《关于同意将广东教育学院花都校区建设工程纳入市重点项目报批绿色通道的复函》（穗建计函〔2008〕1895 号）。此函为学校加快花都校区征地手续的办理开通了绿色通道，极大地加快了学校相关手续的报批速度。

2008 年 12 月 9 日，广州市国土资源和房屋管理局下发土地案件处理通知书：2007

年12月到2008年11月的卫星遥感监测图片显示，学校218.10亩土地建设已基本使用，但是有关用地手续未完成，要求学校迅速完善手续并报送市国土资源和房屋管理局备案。

2009年2月11日，市国土资源和房屋管理局下发《关于广州市广东教育学院花都新校区村经济发展用地项目用地审查意见的复函》［穗国房（预审）函〔2009〕6号］，审查、确定该项目选址符合花都区土地利用总体规划；要求学校落实好征地补偿安置，委托具备地质灾害色阶性评估资质的单位开展评估工作，并在申办建设用地批准书之前向市国土资源和房屋管理局提交评估报告和专家级评审意见；要求学校对占用的耕地和可调整农用地需缴纳耕地开垦费（20元/平方米）予以补充，3月30日前到市国土资源和房屋管理局缴纳相关费用，办理报批手续。

2009年3月31日，学校将《关于被征地农民的养老保险金缴付问题的咨询函》呈送广东省劳动与社会保障厅。学校花都校区征用385亩教育用地建设新校区，在办理征地手续过程出现了被征地农民保险金支付问题。学校根据穗府〔2008〕12号文所提的养老办法，认为政府资助部分应由花都区财政支付，而花都区政府认为不应如此，因此学校特致函问询。花都区劳动和社会保障局4月2日发出《关于预存广东教育学院花都新校区用地项目被征地农民养老保险费用的函》（花劳社函〔2009〕15号），要求学校于收函后10个工作日内缴纳被征地农民15年养老保险金24 550 200元，以确保征地项目报批资料能及时报市有关部门审批。

2009年7月20日，广东省国土资源厅下发《关于广东教育学院用地申请免收征地管理费的批复》（粤国土资财务函〔2009〕1160号），同意广州市国土资源和房屋管理局报送的《关于广东教育学院用地免收征地管理费的申请》（穗国房业务〔2009〕690号），免收学校花都校区项目用地征地管理费。

2009年8月6日，广州市国土资源和房屋管理局下发《关于配合办理农转用、征收土地批后实施手续的通知》（以下简称《通知》）。《通知》指出，经广东省人民政府批准，2009年7月28日，广东省国土资源厅以粤国土资（建）字〔2009〕407号文批复，同意将花都校区项目用地转为建设用地，并办理征收土地手续；经完善征收土地手续后同意按规划安排作为花都区城镇建设用地。《通知》还要求学校依法在三个月内全额支付各项征地补偿费，落实各项安置措施；申请办理土地有偿使用手续和《建设用地批准书》。同日，广州市人民政府征收土地公告发布。经省人民政府批准（见粤国土资（建）字〔2009〕407号文），广州市同意将花都区九潭村、乐同村属下的集体土地30.960 8公顷（合464.412亩）征收为国有土地，并将经依法批准的《征收土地方案》和市人民政府批准的《征地补偿安置方案》内容及有关事项予以公告。

2009年8月21日，学校花都校区建设用地得到广州市人民政府的批准。8月24日，《中华人民共和国国有建设用地划拨决定书》（电子监管号：4401002009A00863，编号：440100-2009-0053）签发。该决定书确定学校花都校区总面积为309 608平方米，要求建设项目于2010年8月24日之前开工建设，并于2012年8月24日之前竣工。8月27日，花都区国土局办理了《国有土地使用证》（花国用〔2009〕721761号）。

至此，学校花都校区征地工作的所有手续办理完结。学校改制进程攻克了最为困难的一关。

第三节 坎坷曲折的迎评过程

2002 年 12 月 28 日，《关于我院改制为普通本科院校的请示》（粤教院〔2002〕49 号）呈送广东省教育厅，学校恳请上级主管部门同意将学校改制为普通本科院校。2003 年 4 月 7 日，《关于同意广东教育学院改制的复函》（粤教规〔2003〕69 号）下达，省教育厅同意广东教育学院创造条件改制为普通本科院校，按全日制在校生 7 000 人规模筹建。这一函告，可以说正式拉开了学校改制迎评的序幕。

此前，即 2003 年 3 月 10 日，学校领导一行赴省教育厅汇报了学校改制的工作情况，得到了厅领导的肯定。厅领导提出了重要意见：①省教育厅支持广东教育学院的改制工作，并在报告上明确批复同意；省教育厅规划处已经将学校的改制列入 2003 年的工作计划。②加快改制工作步伐，最好 3 月将改制论证报告报送省教育厅，4 月接受广东省高等学校设置评议委员会专家组的评审，下半年接受国家高等学校设置评议委员会专家组的评估。③一定要抓住机遇，思想要解放一点儿，不要等，定下时间表，全力以赴做好工作。次日下午，学校召开了党委扩大会议，传达了省教育厅的指示精神，研究部署了学校改制的申报工作。

2003 年 3 月 27 日，省教育厅规划处的郑荣周、刘建伟两位同志来校指导申报材料的撰写。4 月 14 日，《广东教育学院改制为普通本科院校申报材料》报省教育厅规划处。申报材料主要内容有：①关于学校改制为普通本科院校的请示；②广东教育学院改制为普通本科院校的可行性报告；③广东文理学院章程；④学校发展总体规划纲要；⑤学校办学基本情况介绍；⑥相关附件。这是一份在省教育厅直接指导下，凝聚全校上下众多智慧和辛勤劳动的具有较高水平的申报材料，在学校改制工作中发挥了重要作用。

2003 年 4 月 16 日，根据省教育厅的安排，广东省高等学校设置评议委员会专家组来学校考察论证。经过一天紧张有序的工作，专家组同意学校积极创造条件改制为普通本科院校，并将申报材料提交广东省高等学校设置评议委员会评议。

2003 年 4 月 18 日上午，学校召开改制工作研究会议，会议主题是根据专家组的建议和学校的实际情况，确定下一阶段工作的指导思想、基本策略和具体措施。会议决定成立学校改制工作领导小组，加强组织领导，加大工作力度，力争在当年 10 月底使各项办学指标基本达到国家规定的标准，以崭新的面貌迎接国家高等学校设置评议委员会专家组的评估。

2003 年 5 月 27 日，省教育厅副厅长张泰岭向学校领导班子传达了厅党组扩大会议的决定，广东教育学院改制问题暂不提交广东省高等学校设置评议委员会讨论。当晚，学校领导召开紧急会议研究对策，决定必须尽最大努力争取上级有关部门的理解和支持，力图避免改制工作陷入停滞局面。5 月 28 日，学校领导致函省教育厅，强烈要求将学校改制问题提交至 6 月 3 日广东省高等学校设置评议委员会会议讨论。同日，修改后的《广东教育学院改制为普通本科院校申报材料》再次报送省教育厅规划处。6 月 2 日，省教育厅召开党组会议，对学校改制问题进行复议，经讨论同意将学校改制问题提交广东省高等学校设置评议委员会讨论。6月3日，在省教育厅的部署下，广东省高等学校设置评议委员会专家组来学校进行全面考察评估，最后通过投票表决，以2/3赞成票通过了学校改制筹建新的普通本科院校的决议。

2003年6月25日，修改后的《广东教育学院改制为普通本科院校申报材料》报省教育厅规划处。在随后的大半年中，学校按照改制要求有条不紊地开展各项工作。然而，征地工作的难以解决，使原定于2003年下半年迎接国家高等学校设置评议委员会评估的工作无法进行。学校改制工作一时陷入困境。

2004年1月3日，学校根据粤教高〔2003〕123号文《关于对我省成人高等学历教育单位进行办学评估的通知》的要求，为顺利做好学校办学水平评估工作，以评促改，并为2005年接受教育部的改制评估打下良好基础，决定成立"广东教育学院办学水平评估领导小组和评估小组"。

2005年初，上级主管部门通知，学校四年制本科招生因成人高校无法获得电子注册资格，不能继续进行。开办了多年的四年制本科班陡然中断，学校生源一时骤减，改制工作显得尤为紧迫。

2005年2月28日，学校公布《广东教育学院改制筹备工作方案》，重新调整改制筹备工作组织机构，进一步落实各项筹备工作。改制工作力度加大，工作进度迅速加快。省教育厅也更加关注和支持学校的改制工作。省教育厅郑德涛厅长明确指出："将省教育学院改制为普通本科院校也是省厅2005年的一项工作。"2005年上半年，征地工作有了新的进展。在花都区委、区政府和新华镇（街）的支持下，学校在花都区新华镇（街）找到合适地块，开始征地工作。

2005年6月29日，在省教育厅的安排下，广东省高等学校设置评议委员会专家组再次来学校进行考察论证，听取了学校改制工作情况汇报，并对学校改制申报材料进行审阅。专家组在认真评审后一致同意学校改制。7月14日，广东省高等学校设置评议委员会对学校改制工作正式进行投票，同意学校改制。

2005年8月25日，学校召开党委扩大会议，通报省专家组的评估意见。10月18日，学校将《广东教育学院与教育部开设普通本科院校标准的对比情况及征地建设新校区进展情况的汇报》呈送省政府办公厅综合二处。

2006年2月28日，省政府办公厅批文下发至学校，批文中指出，省政府将在近期把学校的改制申请上报教育部，要求学校加快征地建设的步伐，在2006年7月前完成《建设项目选址意见书》的批复、《建设项目用地预审》和《建设用地规划许可证》等相关手续，以确保在教育部专家组考察前达到教育部规定的设置标准。为加快相关征地审批手续，学校于3月1日致函市政府办公厅，请求敦促相关部门加快审批手续。

2006年4月5日，省政府同意学校改制为普通本科院校，并将《关于请求批准广东教育学院改制为普通本科院校的函》（粤府函〔2006〕70号）报送教育部。但因校区征地建设没有完成，不符合评估条件，学校未能接受教育部评估。

此后两年，学校全力投入征地工作，同时迎评工作依然加紧进行。

2009 年 3 月 27 日，学校再次向省教育厅呈送《广东教育学院关于改制为普通本科院校的请示》（粤教院〔2009〕25 号），请求批准改制为普通本科院校。学校花都校区一期工程力争 2010 年秋季基本完成，校区面积达到普通本科院校的标准。

2009 年 5 月 18 日，广东省高校设置评议委员会专家组莅临学校实地考察，听取了校领导的汇报。通过实地考察调研后，专家组对学校几年来"一心一意求改制，群策群力搞建设"的决心和已经取得的进展表示赞赏，并就学校征地工作、新校区建设以及改制迎评工作提出了具体的指导意见和建议。

2009 年 7 月 6 日，学校召开改制发展战略工作研讨会。学校改制工作领导小组成员、各系党总支书记（副书记）和各改制工作小组成员共 70 多人参加了研讨会。会议由肖建彬院（校）长主持。研讨会上，征地小组、新校区建设小组、材料与申报小组和迎评工作督导组分别介绍了各自的工作进展情况，查摆了在改制迎评过程中所面临的主要困难和问题，讨论并提出了克服困难、解决问题的措施。党委书记谢练高在研讨会上指出，改制迎评工作已经进入了最关键的阶段，希望大家抓紧时间，坚持不懈，再接再厉，按质完成各项工作任务。

2009 年 8 月 28—29 日，学校迎评工作督导组进行了第一次改制迎评资料建档工作检查。本次检查目的在于了解各教学系和机关部门资料建档基本情况，为下一步改制迎评工作做好准备。曾小龙副院（校）长参加了检查工作预备会议和总结大会，并对本次改制迎评资料建档工作给予肯定。

2009 年 8 月 30 日下午，学校召开新学期中层干部会议，会议由谢练高书记主持，肖建彬院（校）长作了《抓住机遇　攻关克难　为学院实现科学发展奠定基础》的工作报告。报告指出："按年初的工作计划继续抓好落实，围绕教学转型、改制迎评、建设花都校区这三大工程，持续推动学院事业全面快速发展，实现今年初既定的各项目标。"谢练高书记在会上强调，学校的改制迎评工作和花都校区建设工作都取得了很大进展，但是接下来还有大量的、更为艰巨的工作要做，希望全校师生员工继续发扬不怕困难、敢于拼搏的精神，按照学校的统一部署，做好各项工作，迎接评估，力争改制成功。

2009 年 9 月 28 日，学校申请改制为普通本科院校的报告获得省政府批准。29 日，省政府把广东教育学院改制为普通本科院校的函（粤府函〔2009〕202 号）连同学校的申报材料送呈教育部。

2009 年 10 月 30 日下午，学校召开各系、各部门负责人会议，进行改制迎评工作的动员和部署。谢练高书记在讲话中要求，改制迎评是学校的大事，全体师生员工都应明确树立使命感和责任感。迎评工作现在已经进入冲刺阶段，负责和参与相关工作的同志一定要集中精力，全力以赴，按质按量、实事求是地做好改制迎评的各项准备工作。

2009 年 11 月 13 日，《薪火承传追新梦——改制发展中的广东教育学院》的改制宣传视频发布。

2009 年 11 月 21 日，学校组织第二次改制迎评资料建档工作检查。按照《广东教育学院迎接教育部专家检查改制迎评资料建档工作计划》，学校邀请了部分兄弟院校专家与学校迎评工作督导组人员对各部门改制迎评资料建档情况进行了检查。

2009 年 12 月 25—26 日，国家高等学校设置评议委员会专家组一行八人，在省教育厅领导的陪同下考察了学校的改制工作。专家组听取了省教育厅和学校领导关于改制工作的情况汇报，详细查阅了评估材料，实地考察了两个校区。

2010 年 3 月 18 日，教育部同意学校改制为广东第二师范学院的文即《教育部关于同意在广东教育学院基础上建立广东第二师范学院的通知》（教发函〔2010〕29 号）转至学校。主要内容如下："根据《高等教育法》和《普通本科学校设置暂行规定》的有关规定以及全国高等学校设置评议委员会五届四次会议的评议结果，经研究，同意广东教育学院改制为广东第二师范学院，学校代码为：14278，同时撤消（销）广东教育学院的建制。"

2010 年 4 月 23 日，广东省教育厅签发《转发教育部关于同意在广东教育学院基础上建立广东第二师范学院的通知》（粤教规函〔2010〕56 号），主要内容如下："广东第二师范学院：现将《教育部关于同意在广东教育学院基础上建立广东第二师范学院的通知》（教发函〔2010〕29 号）转发给你们，并就有关事项通知如下：一、广东第二师范学院系本科层次的普通高等学校，纳入我省普通本科院校管理。二、撤销广东教育学院建制。三、请你校认真落实学校发展和建设的银行贷款，加快校园校舍建设。四、请你校进一步明确办学理念，坚定办学方向，加强人才队伍建设、学科专业建设和实验实习条件建设，为提升广东教育尤其是基础教育发展水平作出新的更大的贡献。"

2010 年 10 月 26 日上午，广东第二师范学院揭牌暨花都校区落成庆典在花都校区隆重举行。学校在走过 55 年曲折历程之后，终于翻开新的历史篇章。教育部原副部长张天保、教育部评估中心主任刘凤泰、教育部专家组组长徐敦潢、省教育厅副厅长魏中林等领导出席庆典，广东省省长黄华华发来贺信表示祝贺。

经过八年艰辛曲折的不懈努力，学校的改制迎评工作最终顺利完成。

第四节　成功改制与改制精神的凝练

自 2002 年拉开改制序幕，到 2010 年改制成功，八年间，学校全体教职工励精图治、奋发图强，攻克千难万险，历尽曲折坎坷。筚路蓝缕，孜孜求索；八年奋斗，终获成功。在这充满艰辛、洒满汗水的改制征程中，广教人团结务实、开拓进取、勇于承担、乐于奉献，展现出来的精神风貌，不仅保证了改制的最终胜利，也为学校的后续发展留下了一笔宝贵的精神财富。

2003 年初，省教育厅领导在听取学校改制工作汇报后，要求学校创造条件，争取当年申报成功，以免错失机遇。为此，在学校党委领导下，全校上下"一心一意求改制，群策群力搞建设，努力开创学校工作的新局面"。学校围绕改制工作，按照普通本科院校设置的标准，寻找差距，加大投入，加快办学基本条件和设施建设。如利用暑假对图书馆进行扩建改造；投入 260 万元完成对理化生实验室的改造；23 层综合大楼冲破重重阻力破土动工等。为了加强征地工作，学校早在 2002 年就组建了征地小组，2003 年又成立了由主管副院长和职能部门负责人组成的征地攻关小组，集中精力开展征地工作。2003年底，学校选定了白云区竹料镇辖区内临近广从公路的1 020亩地，并且征得省教育厅同意，接连完成了省计委立项、与越秀区及白云区政府签征地协议、交纳征地定金等大量烦琐的工作。在眼看征地目标有望达成，却因为广州交通建设新规划出台而搁浅后，征地小组又马不停蹄地勘察了南海科技园、南沙两处地块，开展了大量前期工作，但都因故未能成功。

2004年9月，学校得知省教育厅正在筹划组织第二批高校进入大学城时，立即启动紧急申报，结果仍然被否决。随后，学校在钟落潭和番禺化龙地块上投入了大量的人力、物力，最终均未能如愿。

尽管经历了如此多的挫折和打击，但学校领导及征地小组成员们毫不气馁。进入2005年后，学校领导在年初工作会议上依然满怀信心地要求全校教职工凝聚一切力量，奋发图强，锐意进取，做好改制的各项申报工作和迎评工作。省教育厅也高度重视，将广东教育学院改制发展列为省教育厅"十一五"发展规划的新亮点。2005年7月14日，经过重重努力，广东省高等学校设置评议委员会专家组投票通过了学校的改制申请，改制工作实现了由学校行为到省政府行为的转变。

2005年12月，在制约改制的瓶颈——征地问题尚未获得突破性进展的时候，资金周转问题又出现了。当时学校连续几年的积累已基本用于建设，政府贴息贷款必须在市规划和国土部门同意征地后才能划拨，而学校要签征地合同，必须有资金支付征地补偿。为此，学校只能自行解决前期资金问题。在向多家银行求助无果的情况下，学校迫不得已提出了向教职工借款的要求。面对学校困难，学校工会、财务处、老干处等部门迅速联手搭建借款平台，广大教职工踊跃支援、倾囊相助，使学校在短短几天内顺利完成了借款工作，从而及时支付了2 000万元的征地补偿款，使征地合同得以签订，攻克了改制工作中的一个重大难关。

2006年，全校师生在学校党委的领导下，坚持科学发展，构建和谐校园，共同为实现改制目标而继续奋斗；面对学校改革和发展中面临的各种困难，勇于开拓，扎实工作，共同努力。各部门相互配合，通力协作，在办理征地手续、修改申报材料、资金筹集等方面做了大量艰巨卓绝的工作，取得了重要进展。

2007年是学校"求发展、促改制"的重要一年，在学校党政班子的集体领导下，全校教职工团结一致，共同努力，切实解决了制约征地工作的两个瓶颈问题：一是新增建设用地土地有偿使用费缴交问题；二是农民留用地指标问题。这两个问题的解决，意味着学校扫清了办理征地手续的两只"拦路虎"。

2008年是极不平凡的一年，在学校党委的带领下，全校教职工振奋精神，齐心协力，战胜困难，锐意进取，使各项工作扎实推进。尤其是在当年5月20日，学校拿到了市规划局批发的《建设用地规划许可证》，这是改制工作的一个重要突破。随后，化都校区的填土工程在同年9月启动，并于年底基本完成；农民留用地的边界划定问题也已予以解决；花都校区总体规划设计方案已经送进审批窗口；同时经过多方争取，学校获得了市重点项目报批"绿色通道"的批文。这份批文相当于一张"特别通行证"，可以大大加快学校办理花都校区建设工程各项手续的速度。

2009 年是学校全面推进"十一五"发展规划实施的一年，也是学校改革与发展的关键之年。因为教育部高校设置评估于 2009 年已轮到中东部，如果学校不能在这一年内达成改制目标，不仅会错失最后的良机，而且会使省政府关于高校设置"十一五"规划无法全面实现。这是一个非常重大而且严峻的问题。而要在不到一年的时间里基本达到改制的条件，任务十分艰巨。面对严峻形势，学校党委在科学发展观的指导下，审慎分析形势，认真比较利弊，大胆作出决策，下定"有百分之一的希望，就要做百分之百的努力"的决心，勇担责任，迎难而上，紧紧依靠上级支持，充分调动一切积极因素，集合全体教职工的智慧，历尽艰辛，攻坚克难，取得了一系列重要成果。

2009 年 8 月 27 日，学校获得了花都校区的《国有土地使用证》，学校的校园土地面积由原来的一个校区 181 亩扩大为两个校区 535.78 亩，达到了教育部规定的普通本科学校设置的校园土地面积要求，解决了多年来制约学校改制的最重要的难题。也是这一年，学校完成了花都校区总体规划设计和第一期、第二期建设工程项目合并设计施工的报批工作。完成了第一期建设工程五个项目（图书馆、教学大楼、实验大楼、师生食堂、部分学生公寓）的单体楼设计、监理、施工招标等工作，办妥了花都校区的《建筑工程施工许可证》。花都校区一期工程五个项目共 84 800 多平方米的校舍建筑物按计划推进工程建设进度，基本解决了制约改制的第二个瓶颈问题。

2009 年 5 月 18 日，广东省高等学校设置评议委员会专家组来学校实地考察和预评。6 月中旬，广东省高校设置评议委员会委员投票"有条件"地通过了学校的改制申请。12 月 25—26 日，国家高等学校设置评议委员会专家组莅临学校考察评估，对学校的改制申报工作给予全面评估和指导。当时在短短几个月时间里，学校依据教育部有关文件精神，广泛吸收广东省和国家高等学校设置评议委员会专家的意见和建议，在院系及各部门的共同努力下，前后完成了五个版本的改制申报材料的编撰和印制，全面系统地做好了学校层面的 150 多份迎评支撑材料的建档编辑印制工作；在"以评促建"理念的指导下，各院系、各部门统筹各方面工作，取得了显著的成效。

2010 年 1 月 21 日，在南宁召开的国家高等学校设置评议委员会会议上，与会专家经过评议和投票表决，最终通过了学校的改制申请。教育部的网站公告栏于 2010 年 2 月 3—23 日挂出了《关于 2010 年新设置高等学校和筹建到期正式设立高等学校的公示》，同意广东教育学院在现有基础上改建为广东第二师范学院。3 月，教育部发文批准学校改制为普通本科学校，并更名为广东第二师范学院；9 月，花都校区一期工程竣工，正式投入使用，首批 1 600 多名学生顺利入住开学。

在八年改制的坎坷之路上，全校师生员工，尤其是学校改制工作领导小组以及后来的征地小组、新校区建设小组、材料与申报小组和迎评工作督导组成员，在学校党委的领导下，攻克了难以计数的难关，付出了无穷智慧和艰辛劳动，取得了不可磨灭的功绩，为学校的改制发展作出了重要的贡献。他们所表现出来的忘我、合作、勤勉、务实、创新的精神和乐观、严谨、踏实、坚韧、尽责的态度，值得学校每一个教职工学习并发扬光大。八年中，全校教职工心往一处想，劲往一处使，面对各种困境，依然坚守教学科研岗位，卓有成效地开展教育教学工作，使学校的事业发展始终保持在快车道上，从而为改制工作的成功提供了坚实保障。广大校友也热心支持学校的改制发展，他们献计献策，出钱出力，为改制目标的实现倾注了极大热情。可以说，在改制过程中，广教人持续展现出一种团结务实、开拓进取、勇于承担、乐于奉献的精神，这种精神在改制的凯歌中升华成一种极具价值的理念。

2011 年 2 月，在学校中层干部会议上，肖建彬院（校）长满怀激情地指出："改制的成功带来了新的机遇，前进的脚步踏上了新的征途！让我们在学校党委的领导下，继续发扬'改制精神'，同心同德，克服困难，勇于开拓，为推进学校的'二次创业'作出新的更大的贡献！"自此，"改制精神"就作为广东二师人独特的精神财富被载入学校历史，更被践行在不断改革前行的当下。

学校的改制之路，如同八年艰苦卓绝的"抗战"。在学校党委的领导下，全体教职工坚定信念、团结务实、攻坚克难、开拓创新。正是因为有了这种精神，学校一心一意奔改制，团结务实搞建设，攻坚克难求成功，开拓创新谋发展。经过八年漫长的奋斗，学校克服一个个困难，取得了历史性成功，从而凤凰涅槃，华丽转身。这种凝聚了全校上下八年梦想、八年心血、八年奋斗、八年收获的"改制精神"正是学校不断发展的强大动力。

第二章

新校区建设与校区功能调整

第一节　过渡时期的分校区

2003 年，根据广东省委"采取切实措施，加快广东高等教育发展"的指示精神，以及广东省经济社会发展和高等教育布局结构调整的需要，学校"十五"规划由此提出扩大学历教育，稳步推进继续教育，形成多元化格局的办学思路。同时，学校自 2002 年提出改制的诉求后，按照普通本科院校设置的标准，迫切需要在办学规模、专业设置等方面加大建设力度。因此，2003 年前后是学校扩大办学规模的开始。

因为学校海珠校区的面积较小，学生宿舍并不宽裕，加上当时学校为迎评改制大搞基础建设，课室和宿舍的用地矛盾尤为突出，无法大幅度扩招。经过反复调查、论证，2003 年，学校党委讨论通过以租赁方式临时租用两个校外教学点，以解决课室和宿舍不足的问题。经过艰苦的谈判，学校终于与有关方面签订了相关协议，确定租赁南校区和琶洲校区两个分校区。珠江电影集团后面的南校区是离校本部较近的一个校区，处于艺苑南路，走路约 10 分钟，可容纳 1 000 名学生，用作成人脱产教育办学点；琶洲校区可容纳 900 名左右的学生，用作函授教育和培训等短班办学点。

为加强两个分校区的管理，2004 年 2 月 16 日，经学校行政扩大会议讨论通过，学校发布《南校区和琶洲校区管理方案》（以下简称《方案》），要求各相关系（部）遵照执行，共同搞好两个分校的管理工作。《方案》宣布成立分校区管理委员会，下设两个办公室：南校区管理办公室由黄朝文任办公室主任，琶洲校区管理办公室由古立新任办公室主任；同时建立了一系列分校区管理的基本制度。在管理方案发布后，综合各教学系、部门反馈意见，2 月 26 日，为了更好地安排全日制两年本科新生的学习、生活，同时有利于安排函授和继续教育学员的学习，经学校行政会议研究决定，学校发布《关于调整南校区和琶洲校区功能及管理机构的通知》，将南校区和琶洲校区功能互换，校区管理办公室人员也随之变动。2 月 27 日，南校区管理办公室及琶洲校区管理办公室印章启用，分校区教学、管理工作随之有序展开。

南校区和琶洲校区的建立为学校在改制过渡时期解决扩招问题提供了便利，使学校的办学规模得以扩大，办学效益有所提高。2004 年，学校的办学规模达到了历史新高，当年新招学生共 5 587 人（"普高" 1 076 人，"成高" 4 511 人）。2005 年，"成高"新生入学后，学校的办学规模达到 16 431 人，其中全日制脱产班学生达 5 288 人。学费收入比 2002 年同期增加 1 000 万元以上，为学校加大基础建设投入打下了良好基础。

2005 年 9 月 5 日，因为惠州、恩平、电白等分校区相继成立，学校决定成立对口管理办公室，统称市外校区管理办公室。市外校区管理办公室在分校区管理委员会领导下开展工作，实行对口联络制度。市外校区的设立有效地解决了扩大招生与校内学生宿舍不足的矛盾；并通过设立分校区专责联系教师制度，加强了校本部与分校区之间的联系，使分校区的教学管理工作得到了有效的监控。原有的南校区和琶洲校区的管理工作逐步走上正轨。两个校区的工作人员在办学条件比较艰苦的情况下保证了教育教学和学生工作的正常运作。

2006 年 8 月 26 日，电白校区变更为茂名校区，增加了河源校区，学校决定对分校区管理委员会及校区管理办公室人员作出相应调整。

2006 年，由于南校区旁边新增了一些工厂，不利教学，学校在几经交涉无果的情况下，撤销了南校区，改在番禺区祈福新村附近设立番禺校区，并计划将其用于安排部分市外校区学生（全部是文科）就读半年，等寒假时再迁回老校区。番禺校区由租赁工厂改建而成，距离本部约 35 分钟车程，学校投入近 300 万元对其进行改造，使其成为一个相对完整的独立校区。

2007 年 3 月 5 日，为了适应学校办学规模的扩大，做好分校区管理工作，经学校党政联席会议研究决定，学校撤销原南校区管理办公室，成立番禺校区管理办公室。

分校区是在学校改制期间为解决扩招问题而设立的，基本属于过渡时期的临时措施。尽管各校区管理办公室在学校分校区管理委员会领导下做了大量细致的工作，也得到了学校的大力支持，但是办学条件难免会有诸多不尽如人意之处。2007 年 6 月中旬左右，省内个别媒体报道了学校番禺、恩平、茂名校区办学条件的不足，对学校造成了一定的负面影响。对此事件，学校高度重视。6 月 18 日下午，学校党委召开紧急会议认真研讨，认为学校必须及时认真整改、规范办学，并决定采取整改措施分期取消分校区，彻底解决分校区存在的问题。6 月 19 日，学校将《关于解决分校区存在问题整改措施的请示》（以下简称《请示》）呈送广东省教育厅。《请示》的主要内容如下：

一、设立分校区的主要苦衷

近几年来，全国和广东省的高等教育事业正在快速发展，而新校区征地及原有校舍建设等原因严重制约了学校的发展。主要是原有的七栋学生宿舍是 20 世纪 50 年代末"大跃进"时期建筑的竹筋水泥楼房，在前几年已出现一些险象，经房屋安全检测部门的检测，建议尽快拆除。学校在 2005 年拆除前已申报建设 19 层新学生宿舍（3 000 多个床位），但由于报批手续烦琐、关卡重重，历时近三年盖了 100 多个公章才接近申报尾声，因此造成近年校内学生床位紧张。考虑到 500 多名教职工（加上离退休人员近1 000 人）的生活、教师队伍的稳定和学校的发展等问题，学校不得不采取设立分校区的过渡措施缓解目前困难，实属迫于无奈之举。

二、解决分校区存在问题的整改措施

首先，暂停 2007 年普通专科生的招生，广州市外校区学生迁回校本部。2007 年 6 月底，学校有普通本科毕业生 606 名，同时有几十个床位空余，原计划招收普通专科生670 名，决定暂停"普高"招生一年，同时将校长培训班学员住宿的培训楼改造（可住600 多人），现有床位和改造培训楼的床位加在一起，完全可以满足广州市外校区 1 241名学生在当年 7 月迁回校本部，同时撤销广州市外校区的需要。

其次，广州番禺、琶洲校区"成高"学生迁回校本部。2008 年 1 月，学校有"成高"毕业生 1 006 名。学校努力挖掘校内其他可住学生的地方，把广州番禺校区 606 名学生（其中走读40名）及广州琶洲校区658名学生（其中走读13名）全部迁回校本部，搬迁时间初定在2008年1月初，同时撤销番禺校区。

再次，减少2007年"成高"脱产班招生计划。2008年6月底，学校有"普高"毕业生2 700人（其中本科1 064人，专科1 636人），若19层学生宿舍顺利建成，2008年9月校本部将有6 000多个床位。学校琶洲校区的租赁合同是到2009年2月止，有床位1 200个，该校区交通方便，所有校舍及设备均是这几年建设投入的，学生也比较满意。因此，学校决定把"成高"脱产原计划招生1 580名减少为1 280名（考虑到"成高"入学率较低，估计报到学生约1 100人以下），恳请上级同意把这批"成高"脱产生第一学期（三个多月）放在琶洲校区就读，2008年6月底迁回校本部，同时撤销琶洲校区。

最后，加强对现有校区的管理，维护校区的稳定。对现有各个校区在按计划迁回校本部之前，学校将采取有力措施维护校区的稳定，如加强校区的管理干部队伍建设、增加教学及生活设施、做好学生的思想工作、及时处理学生的意见和建议等，以确保各校区的稳定，达到顺利过渡的目的。

自此，在学校改制前期创建并为学校启动改制工作作出了较大贡献的各校区逐步平稳退出。随着花都校区的建立，学校进入新的跨校区办学时代。

第二节　花都校区的基本建设与使用

花都校区是根据2003年4月7日省教育厅《关于同意广东教育学院改制的复函》（粤教规〔2003〕69号）、《关于广东教育学院征地立项的意见函》（粤教财〔2003〕46号）以及省发展计划委员会《关于广东教育学院新校区项目的批复》（粤计社〔2003〕452号）的有关要求，为了达到教育部规定的普通本科院校设置应有的校园占地面积和校舍建筑面积的基本要求而开始建设的。2005年12月19日，学校与花都区新华街签订征地补偿合同后，花都校区正式启动了土建工程。花都校区的创建标志着学校事业发展进入了一个新阶段。

花都校区地块属于教育科技用地，广州市规划局核准的面积为385亩，位于花都区新华街九潭村和乐同村天马河以东、省行政职业学院以北。在确定设立花都校区后，随着征地手续的办理，花都校区开始了大规模的基本建设工程。

2006年4月28日，学校与广州市城市规划勘测设计研究院签署《广东教育学院新校区建设项目前期设计服务合同》，开始花都校区建设的前期工作。10月17日，完成花都校区总体规划设计纲要。10月23日，学校与广州市城市规划勘测设计研究院签署《广东教育学校新校区修建性详细规划》设计合同。

2007年3月，广东省建设厅批准学校花都校区的《建设项目选址意见书》。4月，广州市国土资源和房屋管理局批准了《转送省国土资源厅关于广东教育学院花都校区项目用地的预审意见的函》。7月，省发改委和教育厅联合发文《关于下达广东高等教育建设工程 2007 年度分解计划的通知》，把学校花都校区的建设纳入广东省高等教育建设工程，作为广东省"十一五"规划重大项目之一，"经省十届人大五次会议批准列为2007 年我省重点建设项目"。7 月 10 日，《关于呈报〈广东教育学院花都校区一期工程项目申请报告〉的请示》（粤教院〔2007〕41 号）呈送省发改委，请求批准启动一期建设工程。一期工程包括主要建筑工程：公共教学大楼、院系办公楼、综合实验楼及附属用房、综合艺术楼、图书馆、学生宿舍楼、学生食堂、教师公寓、后勤服务设施、田径及球场；附属工程：场地平整及土石方、围墙、校门、校园绿化及景观工程、道路等。

2008 年 1 月，省发改委核发了《关于广东教育学院花都校区一期工程可行性研究报告的批复》（粤发改社〔2008〕38 号），同意了学校花都校区一期工程建设项目。5 月，广州市规划局将花都校区的《建设用地规划许可证》核发给学校。

2008 年 6 月 25 日，学校与广州市城市规划勘测设计研究院签署花都校区填土及场地平整工程的建设工程设计合同。7 月 12 日，学校与广东省地质物探工程勘察院签署花都校区农民留用地地质灾害评估的建设工程勘察合同。

2008 年 9 月 5 日，学校花都校区填土工程正式启动，钟康模书记、李龙图副院（校）长出席了启动仪式，部分中层干部以及改制办、筹建办等同志一起见证了这一历史时刻。

2008 年 9 月 28 日，《关于申请批准广东教育学院花都新校区总建筑面积的报告》被学校呈送给省发改委。根据广东省教育厅的要求（详见粤教财〔2003〕46 号文），学校改制后的办学规模将发展到 10 000 人以上，其中包括 7 000 名普通本科生和 3 000 名非师范专业、专为地方经济需求培养的技术型专科生；另有全日制成人教育在校生 5 000人，各类函授等业余学历教育在读生 13 000 人。为满足这一规模要求并参照教育部关于高校设置标准的要求，学校的花都校区建设项目按照 10 000 名学生的规模进行总体规划设计，总建筑面积约为 32 000 平方米（含不计容积率面积），包括公共教学大楼、实验建筑群、综合艺术楼、行政办公大楼、学术交流中心、图书馆、体育中心、学生宿舍、教工宿舍、餐厅、运动场等。学校实行总体规划、分步实施的办法，分三期建设。10 月14 日，省发改委在《关于广东教育学院花都校区建设有关问题的复函》（粤发改社函〔2008〕2238 号）中，同意学校花都校区按总建筑面积 32 万平方米进行总体规划，并且要求学校"实施总体规划，分期建设"，分期建设的工程安排应与学校的实际发展需要相一致，"同时做好各期工程建设之间的衔接"。

2008 年 10 月 20 日，鉴于迎接教育部专家评估时间紧迫，学校将《关于呈报〈广东教育学院花都校区二期工程项目申请报告〉的请示》呈送省发改委，请求批准花都二期项目工程建设。

2008 年 11 月 10 日，广州市建设委员会致《关于同意将广东教育学院花都校区建设工程纳入市重点项目报批绿色通道的复函》（穗建计函〔2008〕1895 号）给省教育厅，同意将学校花都校区建设工程纳入广州市重点项目报批绿色通道。当天，广东智谷咨询有限公司提交修改后的《广东教育学院花都校区二期工程项目申请报告》。广东教育学院花都校区规划设计（含广东教育学院花都校区修建性详细规划及批后公示）公布。

2009 年 1 月 13 日，学校再次将《关于呈报〈广东教育学院花都校区二期工程项目申请报告〉的请示》呈送省发改委。鉴于在此之前，省发改委《关于广东教育学院花都校区一期工程可行性研究报告的批复》（粤发改社〔2008〕38 号）批准了学校花都校区一期工程的建设项目，但至今尚未全面开工。学校同时申请将花都校区一、二期工程合并建设，并将一期工程延误开工的主要原因和申请一、二期工程合并建设的主要理由进行说明：

一是征地过程中相关政策的出台和变动使学校征地手续的办理拖延了一年多。其中包括省属驻穗高校新增建设用地土地有偿使用费的缴费问题和被征地农民的保险问题。2007 年，广东省执行了财政部、国土资源部、中国人民银行联合签发的《关于调整新增建设用地有偿使用费政策等有关问题的通知》（财综〔2006〕48 号）以后，省、市各有关部门就省属驻穗高校新增建设用地土地有偿使用费的缴费问题进行过反复的协商。这个协商花了相当长的时间，虽然后来终于解决了，但影响了征地手续的办理进度。2008 年 4 月，广州市人民政府颁布了《广州市被征地农民养老保险试行办法》（穗府〔2008〕12 号），要求征地主体应按政策规定为"被征地农民"一次性缴纳 15 年养老保险费的所需费用。此项工作比较复杂，虽已经在积极办理，但最后程序尚未办完，因而延误了一期工程的开工时间。

二是实际征地面积比原计划少了，总容积率提高了，部分建筑物需要增加面积。广东省发展计划委员会原来批准学校"新校区征地 1 000 亩左右"（见粤计社〔2003〕452 号文），现在实际征地才 400 亩左右，由于土地面积缩小了很多，广州市城市规划局新批准的《关于广东教育学院花都校区修建性详细规划的复函》（穗规批〔2008〕436 号）同意把该地块建筑规划的总容积率提高为 1.27，这样，原来规划设计的建筑项目中有部分楼宇需要增加建筑面积。

三是办学规模发展的需要。根据《普通高等学校建筑规划面积指标》的要求，学校花都校区二期工程拟建学生宿舍（二期）23 838 平方米、实验楼（Ⅰ号）20 000 平方米、教学行政用房 29 000 平方米（含地下车库 9 000 平方米）、后勤服务用房 4 800 平方米、教师周转房 19 826 平方米（含地下车库 4 000 平方米）。同时，申请对一期工程中的综合艺术楼、图书馆两个项目的建筑面积进行调整：综合艺术楼增加 10 371 平方米，总面积达 22 371 平方米；图书馆增加 5 000 平方米，总面积达 20 000 平方米。作为增加面积的这些建设项目都需要一次性进行设计、招标和施工建设等。

2009 年 3 月 11 日，省发改委《关于广东教育学院花都校区二期工程项目核准的批复》（粤发改社〔2009〕243 号）同意学校二期工程项目申请、一期项目工程的调整，以及一期、二期工程合并建设。

花都校区二期工程项目核准的批复标志着学校新校区建设立项工作的完成，大规模的新校区建设即将开始。

2009 年 4 月 22 日，为尽快推进一期工程，学校就关于给予学校新校区征地建设事项协助支持致函花都区新华街道办事处。函中指出，根据 2005 年 12 月 19 日签订的《征地补偿合同》，新华街道应尽快落实迁移高压线和建设永久道路的工作；填土工程必须在 2009 年 4 月 24 日前完成；5 月 8 日开始建设新围墙，请新华街道协调乐同村、九潭村负责建设工程；学校已支付的征地补偿款请及时打入国土部门账户。而这些根据合同约定的项目至今仍未解决，加上花都校区周边部分村民多次提出临时性要求，且由于有些要求无法满足，部分村民更是到工地闹事，几次将余泥倾倒在进出的工地道路上，导致工程多次停工，严重影响了工程进度。为此，学校于 2009 年 9 月 16 日、10 月 12 日、10 月 14 日多次致函花都区新华街道要求协助做好村民的工作，并按合同尽快填好 30 米宽的进出校区工地的道路，做好迁移高压线的工作。

2009 年 8 月 27 日，花都区国土局为学校办理了《国有土地使用证》，标志着学校新校区的建设正式扫清最艰难的手续障碍。

由上可知，花都校区的建设是在时间紧、任务重、干扰多、困难大的条件下进行的。学校各有关部门，尤其是基建处、后勤管理处、科研设备处、现代教育技术与网络中心、审计室、财务处、花都校区管理委员会等部门通力合作，以及施工单位的积极配合，学校终于在 2010 年 9 月上旬完成了一期工程五栋楼宇以及水、电、道路、绿化等项目的建设，完成了食堂开业、课桌椅、宿舍家具、教学设备、实验室设备、通信网络等的配置，以及物业管理公司、校区往返交通车辆的落实等准备工作，确保了花都校区按时顺利启用。2010 年 9 月 18 日，花都校区第一批新生入学报到，标志着花都校区一期工程基本完工并投入使用。

2010 年 10 月 26 日，广东第二师范学院揭牌暨花都校区落成庆典在花都校区隆重举行。2010 年 11 月 10 日，花都校区一期工程的图书馆正式开馆。11 月 19 日，花都校区二期工程（艺术楼、学生宿舍）委托监理合同签署。

2011 年 2 月，花都校区二期工程终于开工建设。5 月 10 日，为保证二期工程在 9 月份开学时能顺利投入使用，急需支付工程款。学校呈报省教育厅《关于我校花都校区二期工程申请贷款的请示》，申请启动余下 1.38 亿元的贴息贷款。9 月，花都校区二期学生宿舍和运动场投入使用，新增建筑面积 3 万多平方米。

与此同时，花都校区信息化建设顺利推进。完成的主要工作有：花都校区二期信息化系统建设；制订校区安防监控专网、校园广播专网及一卡通专网等规划；出台了花都校区教学楼和综合艺术楼电子监控设计建设方案及招标方案。图书信息服务水平也逐步提高。花都校区图书馆自 2010 年 11 月开馆以来运作情况总体良好，2011 年共采购入库图书 23 906 册。截至 2011 年 12 月，学校拥有纸质文献 80.58 万册、电子图书 20 万册，另有试用数据库近 10 个。

教育技能实训室建成并投入使用，具体有花都校区形体训练实训室、心理咨询室、书法与板书设计技能实训室、多媒体素材应用与课件制作技能实训室。除个别实训室由于课程开设的原因尚未使用外，绝大多数实训室设备验收后随即投入使用，发挥了良好的效益。

2012 年 10 月 22 日，学校《关于学校申请花都校区一、二期工程建设规模和总投资调整的请示》呈送省教育厅。请示内容主要如下：省发改委于 2008 年和 2009 年先后批准学校花都校区一、二期工程立项，并同意一、二期工程合并建设，建筑面积合计

182 435 平方米，总投资 46 135 万元。一、二期工程在建设过程中，为进一步完善使用功能和执行国家强制性规定，建设规模和总投资计划都相应作了调整。在建设规模方面，为完善这些项目的使用功能，增加师生的公共活动和交流空间（主要是架空层面积），以及按国家人防设施的强制性规定，增加了人防面积等，经过这些调整后，一、二期项目的规模调整至 191 685 平方米，与立项核准面积 182 435 平方米相比增加 9 250 平方米；在投资方面，由于政府供水供电部门提供的水电外接驳点比原定的位置有较大变化，工程地质情况比原勘察结果更加复杂，执行的国家抗震、节能强制性新标准比原计划有所提高，再加上近年来物价急剧上涨等，总投资由原计划核准的 46 135 万元增加至 70 747 万元，增加 24 612 万元。鉴于建设规模及投资计划的变化，为了加快推进一、二期已建工程的结算，做好一、二期未建工程前期建设工作，学校向省教育厅和省发改委申请花都校区一、二期项目建设规模调整至 191 685 平方米，总投资调整至 70 747 万元。

2012 年 11 月 28 日，省教育厅（见粤教财函〔2012〕216 号文）函复同意调整。12 月 4 日，学校将此调整上报省发改委。

2012 年 10 月 28 日，学校将《关于我院花都校区修建性详细规划作局部调整的函》送至广东建工设计院。函中指出，花都校区经过一、二期建设发现校区修建性详细规划有些不够合理，经校长办公会议讨论需要作局部调整：拟从未建的教学实验楼调整 12 000 平方米到后勤用房 J1、J2 处，改为学生宿舍；从后勤服务用房 J4 处调整 4 800 平方米到教师周转房 A1、A2 合并建设，J4 剩下的作为后勤服务用房和卫生所；教师活动中心 J3（2 150 平方米）调整到教师周转房 A3 和 A4 处。同时，学校在函中委托设计院按此方案调整设计并报规划局审批。

2013 年 1 月 21 日，学校与有关施工单位签订《广东第二师范学院花都校区教师周转公寓项目（A1、A2）设计合同》。1 月 22 日，学校与广州市元泓信息科技有限公司签订《广东第二师范学院花都校区学生宿舍建设项目合作合同》，合作建设花都校区 B6、B7、B8 栋学生宿舍楼建设。3 月 14 日，学校向省发改委呈送《关于广东第二师范学院花都校区三期学生宿舍项目申请立项的函》，申请启动三期学生宿舍项目（B6、B7、B8）建设。

2013 年 3 月 20 日，学校致《关于花都校区修建性详细规划作局部调整情况说明的函》（广东二师函〔2013〕5 号）给广州市规划局花都分局。

在规划局的大力支持下，学校花都校区经过三年多的建设，初具规模，现入住 4 000 多名学生。为了使校区布局更合理，拟在不改变原规划批复的容积率和总建筑面积的前提下，校区内部作适当的局部调整。

一是关于增加学生宿舍面积的问题。

按照《广州市规划局关于广东教育学院花都校区修建性详细规划调整的复函》（穗规批〔2010〕100 号），花都校区总建筑面积 358 566 平方米（容积率 1.27），其中教学科研行政用房面积 204 604 平方米，生活服务用房 153 962 平方米（其中学生宿舍面积 64 696 平方米），容纳学生 8 000 人，人均教学科研行政用房面积约 25.6 平方米，人均学生宿舍面积约 8 平方米。

学校根据已建项目和未建项目综合考虑，立足现在，着眼未来，为了使校区功能布局更加合理，经学校校长办公会议充分论证并报学校党委会通过后，校区内部作适当的局部调整，使该校区最终能容纳学生 10 000 人。该方案取得了广东省教育厅的批复同意（粤教财函〔2013〕35 号）。调整后，教学科研行政用房面积为 192 604 平方米，人均 19.3 平方米；学生宿舍面积约为 82 878 平方米，人均 8.3 平方米，都满足教育部《普通本科学校设置暂行规定》的标准（普通本科学校的生均教学科研行政用房面积应不低于 15 平方米，学生宿舍面积不低于 6.4 平方米）。

二是关于教师周转公寓与后勤服务用房合建的问题。

根据广东省发展和改革委员会《关于广东教育学院花都校区二期工程项目核准的批复》（粤发改社〔2009〕243 号），花都校区二期工程项目有后勤服务用房 4 800 平方米、教师周转公寓 19 826 平方米（含地下车库 4 000 平方米）。学校从增加学生地面活动空间考虑，拟把后勤服务用房（J4）4 800 平方米调到教师周转公寓 A1 和 A2 处合建。

学校花都校区自 2010 年 9 月启用后，教师来往两校区奔波，工作生活很不便，不利于教师队伍特别是年轻教师队伍的稳定，也不利于形成融洽的师生关系。因此，为稳定教师队伍，给教师创造一个良好的生活条件，经学校校长办公会议研究，决定启动教师周转公寓项目的建设，建筑面积为 26 760.62 平方米（含架空层 1 998.12 平方米，地下室 4 426.49 平方米），总投资约 7 500 万元。

2013 年 4 月 12 日，省发改委《关于广东第二师范学院花都校区项目可行性研究报告的批复》批准学校《关于调整我院花都校区一二期工程建设规模及总投资的请求》（广东二师〔2012〕124 号）。原《关于广东教育学院花都校区一期工程可行性研究报告的批复》（粤发改社〔2008〕38 号）及《关于广东教育学院花都校区二期工程项目核准的批复》（粤发改社〔2009〕243 号）相应废止，同意项目总投资由 46 135 万元调整为 70 747 万元，不得突破。

2013 年，花都校区建设完成了校区总体规划调整、建设规模及总投资调整工作，教师周转公寓的招标工作和三期学生宿舍的招投标及前期各项报建工作。第三期学生宿舍已于同年 12 月底破土动工。

2014 年，根据学校"十二五"规划，花都校区在校生要达到近 8 000 人的办学规模。当时，花都校区学生宿舍床位数已经达到近 8 000 个。教学科研行政用房方面，该校区已建成的有图书馆（自编号 E1）、实验楼（自编号 G3）、教学楼（自编号 F1）、综合艺术楼（自编号 H1），建筑面积共计 93 000 多平方米。按照国家教育部《普通高等学校建筑规划面积指标》（建标〔1992〕245 号），师范本科院校教学科研行政用房生均面积为 14 平方米标准计算，该校区要满足近 8 000 人的办学规模，共需教学行政用房约 112 000 平方米，当时还差约 20 000 平方米。为此，经学校 2014 年 3 月 20 日校长办公会议研究，决定启动花都校区新教学楼的建设（建筑面积约 17 600 平方米），并按国家人防建设要求配套建设一层人防地下室（建筑面积约 3 659 平方米），建筑面积共约 21 259 平方米。花都校区三期学生宿舍项目已经完成主体施工，并于同年 9 月新生入学时投入使用；花都校区三期教师周转公寓项目于2014年7月开工建设。

2015年，学校教师周转公寓的建设基本完成，花都校区已经初具规模。一所既有现代风格又具文化底蕴的新型高校屹立于蓝天白云之下。

第三节　海珠校区的扩建与两个校区的功能调整

一、注重功能完善、持续发展的海珠校区基本建设

学校的发展离不开校园建设，我校自复办以来从未停止过校园建设的步伐。

在建校50周年的2005年12月，建筑面积达32 930平方米的23层综合大楼正式交付使用，学校的办学条件由此得到明显改善，办学实力得以进一步加强。同年，为迎接50周年校庆，学校启动了多个建设项目。首先是完成了E字形学生宿舍楼（约2.5万平方米）的立项和前期筹建工作。其次是对部分校道、绿化带以及旧建筑楼宇进行了改造和修缮，主要有南大门改造装饰工程、医务所改建工程、交通服务中心改造装饰工程、主校道改造工程、旧办公楼改造成学生宿舍工程、篮球场改造成塑胶灯光球场工程、旧蓄水池拆除改造工程、游泳池首层改造成音乐系工程、旧学生宿舍危楼拆除工程等。同时，学校加大了对教学设备的投入和信息化建设力度。2005年，教学实验设备、网络及多媒体等设备投入877.44万元，办公设备购置154.89万元，图书购置258.40万元，共投入1 290.73万元，建立了教务管理信息系统、多媒体监控系统等数字化校园管理体系，开通了广东省中小学校长信息网和大银幕的信息显示屏，推进了学校信息化建设。

2006年，学校改制工作正紧锣密鼓地进行。为了配合省政府的部署，改善办学条件，尽快达到教育部规定的普通本科院校设置标准的要求，学校集中有限的资源，加大了建设投资力度，着重解决课室、实验室、教学仪器设备和学生宿舍不足的问题。当年学校投入1 000多万元购置教学实验设备，300多万元改造实验室，1 000多万元购置图书资料，使办学条件得到明显改善。

2007年，学校多次召开新学生宿舍楼建设项目管理小组会议，讨论修改监理招标和施工招标的文件，积极推进各项报建工作。2008年2月28日，学校正式取得新学生宿舍楼建设工程施工许可证。2月29日，新学生宿舍楼建设工程正式动工。

2009年3月6日，学校请示省教育厅，希望能将规划中的办公大楼项目改建为广东省中小学校长与教师研修中心。根据广州市规划局2002年批准学校的《关于送审修建性详细规划方案的函》（穗规批〔2002〕73号）的建设性详规，学校南门现有的医务所和临时停车场处在详规中是两栋12层、建筑面积共17 778平方米的办公大楼项目（GJ23、GJ24）。按照学校的办学定位，中小学校长与教师培训是学校办学的重要职能之一，近年来，到学校参加培训的校长和教师年均人数超过一万人（不含设在市、县和当地学校的培训班），现有培训条件已远远不能满足校长与教师培训的需要。为了适应广东省基础教育发展形势的需要，进一步充实完善学校的培训条件，按中央有关精神，压

缩办公条件，经研究，学校拟对该项目进行功能调整，将原定的办公大楼项目调整为广东省中小学校长与教师研修中心项目；建设规模也随之作相应调整，从学校事业的长远发展考虑，将规模从17 778 平方米调整到约 30 000 平方米，建设一个功能比较齐备并能同时容纳约 500 人培训学习的研修中心。学校于 2009 年启动了该项目的前期各项申报工作。

2009 年 3 月，学校开始对培训楼进行装修和设施更新。作为学校培训重要设施之一的培训楼，建筑面积 5 223 平方米，于 1998 年建成投入使用，十多年后设施已比较残旧，原有住宿条件已远远不能满足校长与教师培训的需要，为了进一步改善培训楼的条件，学校自筹资金 300 万元（其中室内装饰部分约 170 万元，设备更新和家具添置约 130 万元）对培训楼进行室内装修及设备更新。

2009 年 6 月，后勤管理处针对新学生宿舍楼即将完工的情况，为了合理利用资源，便于管理，就海珠校区校舍功能布局提出调整方案。方案中，主要将学生宿舍五号楼的旧教学楼部分原 32 间教室还原为课室或改作实训室、语音室；培训楼、专家楼恢复原功能；保卫处办公地点调至学生宿舍一号楼首层。

总体而言，2009 年是紧锣密鼓迎评改制的一年，也是海珠校区办学条件和校园环境大为改善的一年。首先，完成了海珠校区新学生宿舍大楼建设工程，新增学生宿舍 30 000 多平方米，可容纳 3 020 名学生住宿，大大缓解了学生宿舍紧张的状况；其次，校园的绿化、美化、净化工作取得明显的效果，经过改造和整治以后的校容、校貌焕然一新，师生员工交口称赞；再次，培训楼恢复为招待所的装修工程如期完成并顺利开业，培训楼的管理模式也由过去的投标承包制改为由学校直接经营管理。

2010 年 11 月，学校新设立了教师教育技能实训中心，该中心是由原现代教育技术与网络中心的现代教育技术部分以及有关公共实验室、实训室组建而成。中心成立当年，获得了省财政高等职业教育专项资金 250 万元经费资助，规划建设了 9 个教师教育技能实训室，并在 2011 年投入使用。

2011 年，学校获得中央财政支持地方高校发展专项资金 200 万元，用于应用生态工程技术开发中心实验室建设。

2012 年 1 月 29 日，广东第二师范学院海珠校区学生宿舍围蔽工程施工招标签订协议，并于当年完成施工。9 月 12 日，学校与广东诺厦建设工程有限公司签订广东第二师范学院海珠校区旧办公楼 6 ~ 9 层简单装修工程协议，工期自 2012 年 9 月 12 日开工，2012 年 10 月 22 日完工。2012 年 10 月 25 日，学校的广东高校应用生态工程技术开发中心获得广东省普通高校工程技术开发中心立项，同时获得 2012 年中央财政支持地方高校发展专项资金 300 万元和广东省财政专项资金资助 70 万元。2012 年 12 月 11 日，学校致省发改委《关于广东第二师范学院中小学校长与教师研修中心建设项目申请立项的函》（广东二师函〔2012〕16 号），申请研修中心立项。申请函指出，项目建设规模为地上 20 层，地下 3 层，总建筑高度约 65 米。总建筑面积 51 659.2 平方米，其中地上建筑面积 31 659.2 平方米，地下建筑面积 20 000 平方米。本项目总投资约 33 078.5 万元，其中建设投资约 32 682.4 万元，铺底流动资金约 396.1 万元。该项目已列入《广东省面向民间投资招标重大项目表》，筹资方式采用公开招标方式选择投资人。当时已完成项目建设的前期准备有：①学校总体规划调整已经完成；②项目建设已获省教育厅批准；③项目申请报告已经编制；④项目环境影响评价工作已经完成。2012年12月12日，学校召开了广东第二师范学院广东高校应用生态工程技术开发中心技术委员会会议，确定了广东高校应用生态工程技术开发中心技术委员会委员和中心负责人名单，肖建彬校长为中心技术委员会委员及中心负责人颁发了聘任证书，委员会商讨了中心的建设任务，省教育厅科研处领导出席会议并讲话。

2013年3月11日，学校再次致函省发改委，申请广东第二师范学院中小学校长与教师研修中心建设项目立项。2013年5月17日，该项目取得立项批准。

2013年7月3日，海珠校区化学楼2～4层实验室改造工程招标，广东高校应用生态工程技术开发中心实验室建设采购项目也签订合同，启动了实验室改造工程。

2013年9月13日，为进一步推进海珠校区学生饭堂改造项目，校长办公会议经研究决定成立海珠校区的学生饭堂改造建设工作小组。工作小组由后勤保卫处牵头，基建处、学校办公室、财务处、纪监审办公室以及工会各派一位负责人组成。工作小组的主要职责是：①制订改造建设方案，并征求教职工意见；②拟订方案经校长办公会议和党委会通过后，具体组织实施改造建设工作。

2013年11月22日，学校收到2013年中央财政支持地方高校发展专项资金预算的通知，我校新型功能材料实验室建设、新校区网络基础与应用服务平台建设各获得200万元资助。

2014年8月13日，广东省中小学校长与教师研修中心项目正式开工。

2015年，学校对海珠校区田径运动场进行改造，海珠校区田径运动场建筑面积16 430平方米，已经使用近20年，塑胶跑道破旧不堪。学校决定为运动场改造投资300万元，同时决定对图书馆进行修缮，建筑面积450平方米，投资额300万元。

二、科学规划、整合资源、持续发展的跨校区功能调整

2010年3月2日，《广东教育学院2010年工作要点》（粤教院〔2010〕9号）提出，要合理筹划两个校区的功能定位，加快花都校区一期工程建设，提高办学效益；尽快做好校区的功能布局方案，充分整合和使用各校区的资源。2010年10月，随着花都校区一、二期主体建设的完成及投入使用，搞好新校区的功能规划日益迫切。

2011年4月12日，《广东第二师范学院校区功能规划方案》（广东二师〔2011〕24号）发布。其主要是根据《教育部关于同意在广东教育学院基础上建立广东第二师范学院的通知》的精神和学校中长期发展目标，结合学校现状和各校区实际，在充分借鉴多校区办学经验的基础上制订的。

校区功能规划调整遵循下列原则：①按国家标准逐步扩充办学规模；②科学整合与充分利用校区资源；③控制校区规划调整的投入成本；④保证学科专业建设的发展空间；⑤有利于学科交叉和文理结合；⑥有利于科学管理与可持续发展。

根据学校的具体情况，综合衡量办学规模、成本与效益之间的关系，学校的中长期

办学规模为：全日制在校生 12 000 人，"十二五"期间达到 10 000 人，其中，师范教育类规模占 55%～60%，非师范教育类规模占 40%～45%。各专业的具体办学规模，由学校根据社会需求情况作适当调整。为此，校区功能规划作出如下安排：①花都校区。基本定位：全日制学历教育。学科门类：主要包括文学、理学、工学、管理学、法学、历史学六个学科门类。重点建设实验室：应用化学实验室。实践教学：教师教育技能实训中心。办学规模：全日制在校生约 7 200 人（中长期发展目标），2015 年达到 6 000 人。入驻学系：中文系、外语系、数学系、美术系、政法系、化学系、计算机科学系、音乐系。②海珠校区。基本定位：全日制学历教育、成人继续教育、远程教育、中小学校长和教师培训等。学科门类：主要包括教育学、理学、工学、管理学四个学科门类。重点建设实验室：应用生态学实验室。办学规模：全日制在校生约 4 800 人（中长期发展目标），2015 年调整为 4 000 人。入驻学系：教育系、物理系、生物系、体育系；根据需要，增设其他以开设师范教育类专业为主的学系。③白云校区。基本定位："十二五"期间，作为学生综合实践基地；"十三五"期间，根据学校事业发展状况以及国家和地方经济社会发展需求情况，有计划地开发为非师范教育类专业的教学场所。校区功能的调整，对于明确多校区的功能定位，科学加强校园管理、教学管理，统筹资源利用，推动学校的可持续发展起到了积极作用。

第四节　跨校区管理模式的探索与优化

在成功改制之前，学校设立了几个分校区作为过渡措施。如何对多个分校区进行有效管理，一直是学校认真探索的课题。

2004 年 2 月 16 日，学校发布《关于制定南校区和琶洲校区管理方案的通知》。《南校区和琶洲校区管理方案》是为加强分校区管理所制订的，是学校跨校区管理模式的雏形。首先，管理方案对分校区的功能进行划分。南校区用于成人全日制学历教育。凡校内成人教育全日制本专科班均安排在南校区上课。琶洲校区用于函授教育和继续教育。凡校内函授班（除理科班实验课外）和校内继续教育班（除校长培训班和骨干教师国家级培训班以及外省委托举办的培训班外），均安排到琶洲校区上课。其次，成立学院分校区管理委员会，肖建彬副院（校）长任管理委员会主任。成立分校区管理委员会为加强分校区管理提供了有力的组织保障。分校区管理委员会在学校领导下统筹两个分校区的管理，下设南校区管理办公室和琶洲校区管理办公室，分别负责南校区和琶洲校区的日常管理工作。分校区管理委员会成员设兼职和专职两种，除办公室专职成员外，其余皆为兼职。兼职成员的主要职责为参与管理其所负责的分校区，同时兼顾其原职工作。分校区管理委员会成员由各相关管理部门和学系抽调。管理部门和学系有被抽调担任分校区管理委员会成员的，应积极、妥善安排或调整被抽调人员的工作。再次，首次明确了分校区管理目标及要求。最后，制定了分校区管理的基本制度，提供了制度保障。分校区管理的基本制度包括：①管理委员会会议制度；②办公室人员岗位职责；③办公室考勤制度；④办公室轮值制度；⑤收发文及档案管理制度；⑥教学检查制度；⑦设施及设备管理制度；⑧分校区学生（学员）课外活动规定等。

管理方案的颁布，是学校在分校区管理上的大胆尝试和勇敢探索，校级领导担任分校区管理委员会主任一职，体现了学校对分校区管理工作的重视。

2004年2月26日，新的校区管理方案发布后，经过收集各系、各部门的反馈意见，结合各专业学生的特点、人员数量等实际情况，为了更好地安排全日制两年本科新生的学习、生活，并有利于安排函授和继续教育学员的学习，经学校行政会议研究决定，学校对两个分校区的功能及管理机构作适当的调整。调整后的分校区功能划分如下：琶洲校区用于成人全日制学历教育。校内成人教育全日制本专科班（除计算机、外语专业外）安排在琶洲校区上课。南校区用于计算机、外语专业成人教育全日制本专科班以及函授教育和继续教育。凡校内函授班（除理科班实验课外）和校内继续教育班（除校长培训班和骨干教师国家级培训班以及外省委托举办的培训班外），均安排到南校区上课。

本次管理方案调整是针对不同专业学员的特点作出的科学调整，体现了管理上的人性化和实事求是的工作作风。而且，学校在很短的时间内迅速作出调整，表明已在管理上建立了快速的反馈机制，以及在思想上对跨校区管理的充分重视。

2005年3月，学校琶洲校区由海珠科技产业园有限公司提供的新建三层教学楼的墙体和楼板出现多处裂缝。对此情况，学校十分重视，多次派员到场查看，认为存在严重的安全隐患，并多次与该公司有关领导和管理人员会谈协商，提出整改建议。

2005年9月，学校根据市外教学点发展迅速的情况，及时增设惠州校区、恩平校区、电白校区管理办公室，统称市外校区管理办公室，以便切实加强分校区管理。市外校区管理办公室在分校区管理委员会领导下开展工作，实行对口联络制度。市外校区管理办公室的设立，将以往松散的、更多由系（部）主导的市外校区教学点统一集中由学校实施管理，保证学校与系（部）统一步调，保证教学与管理的协调，强化了市外各类教学点的管理，维持了市外教学分校区的正常教学秩序，为保证学校的正常教学秩序和办学声誉起到了积极的作用。

2006年8月，由于部分分校区管理人员的岗位变动和市外校区的增加，需要对分校区管理队伍再次作出相应的调整，以加强分校区的管理工作。经研究决定，学校对分校区管理委员会及市外校区管理办公室组成人员作相应调整，增加了河源校区管理办公室，联络人王裕强同时兼任市外校区管理办公室副主任。

2006年，学校撤销南校区，并设立番禺校区。为了适应学校办学规模的扩大，做好分校区管理工作，经党政联席会议研究，学校决定撤销原南校区管理办公室，成立番禺校区管理办公室。2007年3月5日，《关于成立番禺校区管理办公室和撤销南校区的通知》（粤教院〔2007〕11号）发布。

2007年6月前后，因部分学生对分校区，尤其是市外校区有错误的认识，并联系媒体介入报道，给学校的声誉造成负面影响。对此事件，学校高度重视，召开紧急会议认真研讨，及时采取四个方面的整改措施：一是暂停2007年普通专科生的招生，广州市外校区学生迁回校本部；二是广州番禺、琶洲校区"成高"学生迁回校本部；三是减少

2007 年"成高"脱产班招生计划；四是加强对现有校区的管理，维护校区的稳定。

在过渡性的分校区学生逐渐回迁校本部的过程中，分校区相关管理部门为稳定学生情绪、增加学生与学校的感情，开展了一系列和谐校园的活动。如 2007 年 6 月 21 日，琶洲校区举行首届"宿舍杯"男子三人篮球赛；6 月 22 日，番禺校区举办"七一"爱党颂党朗诵比赛；6 月 27 日，琶洲校区举办美术作品展览大赛；9 月，琶洲校区举办首届社团文化周系列活动，贺中秋、迎国庆文艺晚会，学生干部团队训练营活动；10 月 24 日，琶洲校区举办"青春和谐"书画作品展；11 月 30 日，琶洲校区举办"和谐杯"系级拔河比赛；12 月 25 日，琶洲校区举办"活力思辨　共建和谐"系际辩论赛等。

2009 年是学校发展史上重要的一年，也是学校撤销过渡性的分校区后，海珠校区逐步进行恢复性改造的一年。6 月 17 日，后勤管理处针对新学生宿舍楼即将在当年投入使用提出《关于海珠校区校舍功能布局的调整方案（征求意见稿）》，并在深入讨论修改后正式实施。同年 9 月，海珠校区新学生宿舍大楼投入使用，新增学生宿舍 30 000 多平方米，可容纳 3 020 名学生住宿，大大缓解了学校学生宿舍紧张的矛盾。

2010 年 2 月 26 日，肖建彬院（校）长在中层干部会议上指出："2010 年工作重心是三个'新'：制订新规划、启用新校区、构建新框架。"要求根据学校两个校区的功能定位和办学规模的要求，做好专业教师和管理人员的配备规划及招聘、调配等工作，做好两个校区的功能布局方案，加强花都校区信息化建设，按照《花都校区信息化系统建设总体方案》的要求做好相关的准备工作，确保信息畅通，力争实现"一卡通"服务；同时认真研究花都校区的管理模式、机构设置等问题，妥善确定两个校区的功能定位和分工互补，建立良好的运行机制。肖院（校）长在工作报告中透露：花都校区的管理模式，初步设想是以"统一领导，职能延伸，条块结合，校区协调"为原则，成立综合管理委员会，统一协调管理，加强校区间人、财、物的优化配置和交流，加强两个校区的融合与统一；完善学生管理工作新体系，更新学生管理观念，改革学生管理办法，统筹两个校区的学生管理工作，积极探索新形势下学生管理工作的特点和规律，接轨普通本科学校学生管理的各项要求，做到教育与服务相结合，解决学生的思想、心理问题与解决学生在学习、成长中的实际问题相结合，不断提高学生的学习能力、社会适应能力和综合竞争力。

2010 年 5 月 5 日，学校公布了《关于做好我院选任花都校区管委会主任职位工作的通知》，组织部按照程序选任余潮平同志为花都校区管理委员会主任。6 月 22 日，学校召开中共广东第二师范学院委员会会议，原则通过《选任花都校区管委会副主任职位工作方案》。两个方案的实施，使花都校区的管理架构得以初步确定。

2010 年 7 月 6 日，为了加强花都校区的管理，确保花都校区运行后正常的学习、工作、生活秩序，学校制定《花都校区管理办法（试行）》（以下简称《办法》），经 7 月 2 日校长办公会议通过后予以公布。

《花都校区管理办法（试行）》确定了花都校区的管理体制，花都校区是学校所属校区，与海珠校区具有同等地位。花都校区实施学校党委和行政的统一领导下相对独立运作的管理体制，采取校区集中管理与学校职能部门和教学单位延伸管理相结合的模式，在实现延伸管理的基础上强化集中管理。学校成立花都校区管理委员会（简称"管委会"）和中共广东第二师范学院委员会花都校区党支部（原归属行政系统党总支，等到办学规模扩大后，才适时成立独立党总支）。花都校区管委会是专门负责花都校区管理的职能机构，归属行政管理系统。花都校区管委会实行主任负责制。主任、副主任组成主任会议成员，主任会议是花都校区日常工作的决策机构。

《办法》以制度的形式明确花都校区管委会的机构与编制。花都校区管委会初定编制九人，设主任一名（兼任党支部书记）、副主任两名，委员六人，分别为政务委员、教务委员、安保委员、学务委员（两人）和庶务委员。在学校核定编制数内，其岗位设定由花都校区管委会根据工作需要自行确定，并报学校人事处备案。管委会专职人员由管委会负责管理；其他派驻花都校区的人员受派出部门或学系和花都校区管委会双重管理。

《办法》规范了花都校区管委会的基本职责：①贯彻执行学校党委和行政有关花都校区工作的决定和部署，并为学校在花都校区的办学及发展提出建议。②为花都校区教育教学活动的开展提供办学物质条件、安全稳定环境和公共管理服务等保障。③指导检查花都校区有关学系和教辅部门的教育教学活动；宣传和强化教职工教书育人、管理育人职责；强化学生管理，积极组织花都校区学生开展课外教育活动，加强校园文化建设。④管理和维护花都校区校产。⑤按合同管理后勤服务实体。⑥协调学校其他职能部门落实有关管理事项。⑦做好与地方政府、周边单位及居民的协调工作。⑧学校安排的其他工作。花都校区管委会必须加强制度建设和内部管理，确保管理科学、规范、有序、高效。

《办法》还对花都校区常规工作作出了详细的安排：①教育教学管理工作方面。花都校区教育教学工作纳入学校教务处统一管理。花都校区管委会积极协助教务处做好花都校区的教育教学管理工作，全面配合学校各部门在花都校区开展各项教育教学活动，保证教育教学活动的正常开展。②学生管理和共青团工作方面。花都校区学生管理和共青团工作纳入学校学生工作处和团委统一管理。花都校区管委会积极协助学生工作处和团委做好花都校区的各项学生工作，建立健全各学生组织和学生社团，加强与促进学生综合素质培养和校园文化建设。成立共青团广东第二师范学院花都校区委员会，该委员会由学校团委直接领导，负责花都校区共青团工作，指导校区学生组织开展活动，协助校区学生工作。③后勤保障工作方面。花都校区后勤保障工作主要包括后勤管理和基本建设。花都校区的后勤管理纳入学校后勤管理处统一管理。花都校区管委会积极协助后勤管理处做好校区的后勤管理工作，为校区的正常运作提供后勤保障。花都校区管委会应为花都校区教育教学活动的开展提供办学物质条件和公共管理服务等保障，配合后勤管理处负责管理和维护花都校区校产，协助后勤管理处按合同管理后勤服务实体。④安全保卫工作方面。花都校区安保工作由学校保卫处负责，具体采用社会化管理模式，即由中标的安保公司或物业管理公司全面负责花都校区的治安、交通、消防工作，以及校园安防、消防等设施、设备的正常运行，保障校园的稳定、安全、有序。花都校区管委会应协调好与地方政府、周边单位及居民的关系，维护校园稳定。⑤图书馆管理。学校图书馆必须统筹海珠校区图书馆和花都校区图书馆的建设与管理。花都校区图书馆的日常管理工作由学校图书馆派出的专业人员具体负责，花都校区的图书订购计划、采购、编目加工、配送由学校图书馆负责。花都校区管委会指导、协调花都校区图书馆的日常管理工作。⑥财务管理。花都校区设立财务岗一个。人员由学校财务处指派，受财务处直接领导。花都校区庶务委员协助做好花都校区财务工作。花都校区财务工作接受学校审计、监察部门的监督。⑦医务工作。花都校区医务室由学校医务所派出的医务人员管理。花都校区医务室负责花都校区师生医疗保健、计划生育管理、健康教育、卫生防疫、监督与检查校园食堂食品卫生安全等工作。⑧工会工作。成立花都校区部门工会，按照《工会法》履行各项职能，负责花都校区的工会工作，接受学校工会的领导。

2010年8月19日，《关于撤销原花都校区筹建办公室的通知》公布。鉴于花都校区管委会已成立并开始运作，筹建办的工作也已完成，党委研究决定撤销原花都校区筹建办公室。至此，花都校区正式投入使用，开启学校真正意义上的跨校区管理阶段。

2011年4月12日，《广东第二师范学院校区功能规划方案》公布。校区功能规划调整方案的实施，对学校跨校区管理模式作出了科学、合理的规划，有利于加强花都校区的管理，并推动学校新校区管理工作驶入快车道。

2012年3月9日，学校公布《关于进一步加强花都校区管理工作的意见》（广东二师〔2012〕7号）。为了进一步加强花都校区的管理，确保花都校区各项工作顺利进行，学校党委专门研究，提出如下意见：

一、花都校区管委会升格，下设办公室，全面统筹、协调花都校区管理工作

（一）花都校区管委会升格

1.管委会成员构成

成员由分管校领导、花都校区管委会办公室主任、教务处长、学生处长、后勤保卫处长组成。

2.主要工作职责

（1）贯彻执行学校党委和行政有关花都校区工作的决定和部署，并为学校在花都校区的办学及发展提出建议。

（2）为花都校区教育教学活动的开展提供办学物质条件、安全稳定环境和公共管理服务等保障。

（3）指导检查花都校区有关学系和教辅部门的教育教学活动；宣传和强化教职工教书育人、管理育人职责；强化学生管理，积极组织花都校区学生开展课外教育活动，加强校园文化建设，建设和谐校园。

（4）建立定期工作会议制度，研究解决花都校区各项管理工作，督促落实各职能部门对花都校区的直接管理。

（二）花都校区管委会下设办公室

1.花都校区管委会办公室编制

花都校区管委会办公室为正处级建制。编制四名：设办公室主任一名，秘书三名。

2. 主要工作职责

（1）负责监督、协调花都校区管委会工作会议决议事项的落实。

（2）负责花都校区日常办公事务（文秘、会务、接待、外联、信访等）的处理。

（3）负责花都校区紧急事件的处理。

（4）负责花都校区服务中心的管理，包括值班安排、工作统筹、考勤等。

（5）负责统筹协调花都校区各系（部）、各职能处室之间的关系，协助开展工作。

（6）负责管理协调花都校区饭堂、物业公司等社会化合作单位，监督落实合同范围内的工作（后勤保卫处负责花都校区社会化承包合同以外的后勤保卫工作）。

（三）原花都校区管委会人员调整方案

原花都校区管委会的八个编制中，四个编制设在新成立的花都校区管委会办公室，其余的人员及编制调整到相应职能部门，原则上作为职能部门派驻花都校区的专职干部，继续留在校区工作，以确保花都校区工作的延续性（相关职能部门也可以根据工作需要调整人员安排）。

各相关部门根据人员调整情况，尽快做好岗位分工调整和职责落实工作，修订或补充相关岗位说明书。

二、设立花都校区服务中心，党政机关职能部门实行直接管理，为花都校区师生员工提供服务

设立花都校区服务中心，作为各职能部门在花都校区集中办公的场所，由花都校区管委会办公室统筹管理。

教务处、学生工作处（团委）、后勤保卫处等主要职能部门在花都校区服务中心设点办公，要求每个工作日有一名处长或副处长在花都校区办公，直接处理本处室相关业务工作，确保花都校区教学管理、学生管理和后勤安保工作落实到位。以上职能处室也可以根据工作的需要同时安排本部门其他人员在花都校区办公。

学校其他职能部门采取轮值方式派到花都校区服务中心值班办公，根据花都校区管委会办公室的值班安排组织落实值班人员，名单报备管委会办公室。

三、建立学校领导值周制，强化花都校区管理工作

每周安排一位校领导值班，统筹和处理花都校区工作。学校领导值周工作由花都校区管委会办公室协助安排。

上述新的管理意见，是学校在花都校区两年运行积累的经验及跨校区管理过程中不断解决各种问题的基础上出台的应对方案，是在经过广泛征求意见，经过党委集中研究的科学决策。新意见的推出使学校跨校区管理工作效率迅速提高，对花都校区的发展起到了重要的积极作用。

2013年4月18日，《关于调整花都校区管委会成员的通知》（广东二师党〔2013〕18号）公布。为了进一步加强花都校区的管理，提高花都校区管理和服务水平，学校党委会研究决定：

第一，调整花都校区管委会成员。

花都校区管委会成员调整如下：

管委会主任：校长肖建彬。管委会副主任：副校长曾小龙、副校长张路。管委会委员：教务处处长陈爱葵、学生工作处处长黄朝文、后勤保卫处处长陈铭贵、花都校区管委会办公室主任余潮平。

第二，花都校区管委会及管委会办公室工作职责不变，相关职责见《关于进一步加强花都校区管理工作的意见》（广东二师〔2012〕7号）。

此次调整，最大的亮点是校长直接担任花都校区管委会主任一职，既不是最初的处级干部担任，也不是2012年的分管副校长担任。这种调整凸显了学校加强花都校区管理的思路。在学校领导看来，花都校区与海珠校区只是功能上划分不同，是学校同等重要的不同校区，因而在管理层级上直接将花都校区管理提升到与海珠校区同等的地位。自此，学校跨校区管理迈入了一个新的阶段。

从2004年开始设立分校区的十余年来，学校一直没有停止对跨校区管理这一重要课题的探索。从《南校区和琶洲校区管理方案》的出台到《关于调整南校区和琶洲校区功能及管理机构的通知》进行功能调整，再到过渡性分校区的平稳退出、花都校区的启用，这一过程既是学校不断发展、不断革新的过程，也是广东二师人对校区管理上下求索的过程。期间有调整、有舍弃、有拓展、有提升，但更多展现出的是勇于探索、不断完善、着眼未来的创新精神。今天，学校在跨校区管理方面，功能规划明确，制度逐步完善，定位日趋科学，这一切，为学校的长远发展奠定了坚实的基础。

第三章

办学思路的新变与办学内涵的变革

2006—2015 年，十年时间，学校经历了历史性的可喜变化。"十年生聚、十年教训"，学校的发展不仅体现在法定性质的改变，更体现在办学思路的新变、办学模式的鼎革、办学内涵的深瞻，而 2013 年开始实施的"创新强校"工程对学校发展助力尤为宏大。"风雨如晦，鸡鸣不已"，学校的发展仍然面临诸多挑战，但在时代的风云之中，全校教职工群策群力、集思广益，正以自信稳健的脚步，迈向更具期待的未来。

第一节 办学思路的新变与两个规划的提出

一、"十一五"时期的发展规划

（一）"十一五"时期学校所面临的严峻形势

"十五"期间，尽管学校各方面工作都取得了比较显著的成绩，事业也有了进一步的发展。但是，根据广东经济社会发展和广东高等教育发展的形势与要求，学校的生存发展依然面临着严峻挑战和重重困难。因此，学校必须正视现实，加倍努力，把握机遇，趁势而上。

学校面临的形势非常严峻。首先，体制性障碍有待克服。学校的改制工作虽然取得了一定进展，但因为涉及教育政策和体制问题，仍有相当的困难，需要继续努力，不断攻破难关。其次，校园逼仄局面有待突破。征地工作到了最后攻关阶段，新校区建设的资金缺口较大，这是面临的突出问题，急需抓紧时间，加倍努力，争取省政府和社会力量的支持，整合各方资源，积极拓宽资金来源渠道，保质保量完成建设任务。再次，生存竞争压力巨大。高等学校办学竞争非常激烈。此际，广东省高校数量已经达 101 所，而且还将继续增加；对各省高校结构布局，因国家要求而更趋于合理、优化；同时，控制本科生扩招。这些都加大了学校参与竞争的压力。学校必须进一步加强学科建设和专业调整，显示办学特色，以适应建设经济社会的需求。最后，队伍结构调整与专业转型任务艰巨。学校的师资和管理干部队伍中，高学历（学位）高职务的比例虽然有较大增长，但总量还不多，与兄弟院校比较还有一定差距，在办学综合实力竞争日益激烈的形势下的确不宜乐观。而同时学校传统上以师范类为主的学科专业结构显然过于单一，理科部分专业也明显滞后，不能适应社会经济发展需求和学校办学发展定位的要求。改制后，学校面临的重大任务之一是根据社会发展的需求和学校的发展定位，进行学科和专业改造。

（二）"十一五"时期的发展总体思路和目标

以上的这些困难和问题，在"十一五"期间都必须认真对待、认真研究并加以切实解决。为此，学校领导层审时度势，制订学校"十一五"发展规划，提出学校"十一五"时期发展的指导思想是：以邓小平理论和"三个代表"重要思想为指导，以科学发展观统领学校改革发展的全局，全面贯彻党的教育方针，按照"面向全省，服务基层，注重为城乡基础教育和中等职业教育输送合格师资及培养经济社会发展需要的专业人才"的服务定位，加快学科专业建设，调整拓展非师范专业；加快花都校区建设，优化办学条件，尽快实现改制目标；深化校内管理体制改革，规范管理，提高教学质量，创造条件，把学校建设成多科性教学型的普通本科院校。根据以上指导思想，"十一五"期间学校的发展总体思路是：抓住一个核心——改制为普通本科院校；坚持两个原则——为广东基础教育服务，为广东经济发展服务；突出三大重点——征地、建校、改制；完成四项任务——做大、做强教师教育，调整拓展非师范专业，适当发展工科类专业，积极开展职业培训；实现五个达标——校园占地面积达标、校舍建筑面积达标、教学科研行政用房面积达标、教学仪器设备达标、图书达标。

学校发展的总体目标是：从 2006 年到 2010 年，约用四年时间实现"征地、建校、改制"的近期发展目标。分阶段把学校建设发展成为"面向全省，服务基层，立足广东基础教育，兼顾区域社会经济发展需求；以教师教育为主，适度发展非师范教育专业，整合、构建学科交叉渗透、文理结合、适应面广的专业体系；多科性教学型的普通本科院校"。

具体目标如下：首先是征地、建校、改制目标。约用四年时间实现"征地、改制、建校"的近期发展目标。以科学发展观为指导，前瞻性、高起点、高标准打造花都校区，分两期进行建设，建成功能先进、配套齐全的教学行政、文体活动、生活服务等学校公共服务体系。与此同时，加快学校软件建设，建立普通本科院校教学管理体系，创造条件，争取通过国家高等学校设置评议委员会专家组的评审，实现改制为普通本科院校的目标。其次是学科与专业建设目标。依据新的办学定位，按照"全面规划，突出重点，促进交叉，丰富内涵"的原则建设学科和专业。根据社会发展和经济建设的需要，制订科学的学科和专业建设规划，遴选学科带头人和学术骨干，形成学术梯队，构建"学科带头人＋创新团队"的学科和专业组织模式，发挥学术团队的合作优势，分层建设，寻求特色。重点突破，完善建设机制，提高学术水平，不断培植新的学科和专业增长点。到 2010 年，学校的本科专业涵盖教育学、理学、工学、文学、历史学、法学六个学科门类。再次是队伍建设目标。师资队伍建设要遵循"稳定巩固，培养提高，引进充实，重点选拔，形成机制"的方针，切实提高教师队伍的整体素质，努力建设一支政治、业务素质优良，善于教书育人，强于科研教研，结构合理、富有活力、相对稳定，适应高等教育改革与发展的师资队伍，符合国家关于高校教师队伍建设的要求，整体上更加适应学校改制以后的办学层次的定位需要。最后是人才培养目标。学校坚持以人的全面发展为出发点，注重培养学生的健全人格和高尚情操；注重培养学生系统的专业知识和技能；注重培养学生的创新精神和实践能力；促进学生德、智、体、美全面发展，培养出具有扎实的专业基础并具备终身学习和规划自身发展的能力、具有良好的人文和学科素养并具备应对各种挑战的能力、具有现代意识和国际视野并具备较强创业能力的应用型高级专门人才。

（三）"十一五"时期的发展策略

在新的历史条件下，根据学校总体发展目标，结合发展的实际情况，学校采取五大发展策略来推动改制发展工作：

一是"提升学校形象"策略。学校改制最根本的任务是从成人高等教育体制改为普通高等教育体制。完成这一改制任务，除了要通过国家制度层面的审核批准外，更重要的是学校新社会形象的确立和被认可。实施"提升学校形象"策略，就是要使学校在保持原有办学优势和特色的基础上，扬长避短，发掘潜力，从办学思想、理念到专业结构、办学模式以及管理方法等进行彻底变革，按照普通高校办学标准和学校办学定位，全方位提升学校社会形象，重点是：①作为合格的、规范的、有实力的普通高校的形象；②作为广东基础教育和教师教育的重要（培养、培训）基地的形象；③作为地方经济发展中，高素质、实用型专门人才培养基地的形象，努力把学校打造成为一所办学实力强、办学水平高、有鲜明地方及行业特色的品牌学校。

二是"调整办学结构"策略。学校改制，最本质和内在的因素是学科专业的改造和建设。要坚持以地方经济社会发展需要和教育改革发展要求为导向，以学科专业建设为龙头，积极主动调整现有办学结构，改变原来以师范教育为主的单一办学模式，按照"稳定功能、调整结构、创造条件、逐步设置"的原则，构建学校的办学层次结构，初步形成"普高"与"成高"相结合，以"普高"为主；师范教育与非师范教育并举，以师范教育为特色；人文教育与科学教育相结合，以工科类为突破点；培养和培训一体化，实现职前教育与职后教育的良性互动，由此形成多层次、多类型的办学新格局。

三是"科研强校"策略。21世纪是竞争的世纪，竞争的焦点是科技。科研和学术地位是一所学校特别是大学的立校之本。因此，要使学校真正实现改制发展的目标，就必须采取"科研强校"的策略，加大科研工作力度，提高科研创新水平和能力，努力构建与学校新的发展目标相适应的科学研究管理体系，争取更多的国家级和省部级科研项目，注重开发和培养有优势及特色的学科群，并重点培养和扶持一批在业内有影响力的专家学者，全面提升学校的核心竞争力。

四是"打造优势品牌"策略。在竞争激烈的市场中，品牌是一个企业生产形象和经济实力的象征，是企业进入市场的通行证、占领市场的王牌。同理，要使学校尽快立足于高校之林，成为有一定知名度和影响力的高校，亦可以借助企业发展经验，实施"打造优势品牌"策略，深入研究经济社会发展的需求以及学校办学实力，按照"发挥优势，大胆创新；突出重点，打造精品；人无我有，人有我优"的原则，着力培养一批能够得到行业和社会认可并深受欢迎的品牌课程、品牌专业、品牌学科和品牌学者，以点带面，形成有自己专业特色的办学优势，扩大学校的影响力。

五是"校企合作"策略。学校新校区所在地花都区是广州市"十一五"期间重点建设发展的区域，集中了汽车、空港、皮革、珠宝、纺织等重要产业和广州现代、东风日产、广州TIT国际纺织工业园等大批知名和优质企业，无论从人才市场还是教学科研基地角度讲，都是可资借力的宝贵资源。要充分借助地方这些优势资源，实施"校企合作"策略，把市场需求分析和专业结构改造研究结合起来，寻找合作契机，构建产学研相结合的办学模式，使学校真正能够为地方经济社会发展提供人才支持和技术支持，并从中形成学校办学特色和办学优势，确立学校在广东高校布局结构中的地位和作用。

（四）"十一五"时期的具体任务

第一，积极适应社会经济发展的需求，加快学校发展步伐，不断扩大学校办学规模，提高办学的社会效益和经济效益。根据广东经济发展需求，结合学校实际，认真发掘办学潜力，加大发展力度，利用五年的时间，使学校各类在校学生规模达到 25 000 人，其中全日制普通高等教育在校生 7 000 人，全日制成人教育在校生 5 000 人，各类函授等业余学历教育在读生 13 000 人。

第二，推进教学改革，逐步实施学科改造和优化工程。以学科专业建设为核心，围绕广东经济社会发展的长远规划和现实需要，按照"立足现实，发挥优势，分层建设，平稳过渡，积极改造，重点突破"的原则，优先发展优势学科和招生前景广阔的专业；依托现有师范类专业，面向人才市场需求，进行专业方向改造；依托现有学科，积极发展理工类学科和应用型专业，至 2010 年，理工类学科和应用技术型专业比重占 30% 左右，以后逐步增大比例；形成自己的优势或特色学科群以及品牌专业。同时，加强教学研究与教务规范管理，按照国家普通本科院校教学工作的合格标准，严抓教学质量监控，提升教学水平。

第三，创新人才培养模式，全面提升教育教学质量。积极开展人才需求研究，强调"两个相结合"的理念，即人文教育与科学教育相结合，创新性与发展性相结合的人才理念，深化教育教学改革，不断提升教育教学质量，努力进行人才培养模式创新，注重从专业知识与技能、学习方式与能力、健康人格与修养三个层面塑造人才，继承和发扬学校 50 年办学形成的特色经验，把职后教育经验优势延伸、迁移和整合到职前教育之中，实现职前教育与职后教育良性互动，从而实现学校的人才培养目标。

第四，加大师资队伍建设力度，扩充和优化教师队伍。学校改制后，根据国家有关规定，按照上级部门批复的《广东教育学院建设总体规划》申请扩大学校编制规模，至 2010 年，专任教师约有 450 人，高级职称教师有 270 人左右，约占专任教师比例的 60%，其中正高职称有 60 人左右，副高职称有 210 人左右。学历结构方面，专任教师具有硕士研究生以上学历的比例要达到 70%。逐步建立起不同类型、不同层次的学术梯队，打造一支思想过硬、业务精深、创新能力强，能够适应并且引领教育改革和发展的专业化教师队伍。

同时，深化人事制度改革，严格控制人员编制。教师招聘主要为常聘教师，职员主要采用合同制招聘解决，职工通过后勤服务社会化改革来解决。通过加强沟通合作，组建兼职教师网络，作为教师队伍的补充。

第五，加快学校基础建设，全面改善办学基本条件。"十一五"期间，学校基础建设的重中之重是花都校区的建设。2007 年争取完成对花都区新华街的征地手续，完成花都校区建设规划设计工作，争取破土动工；2009 年完成第一批校舍建设，入住第一批学生；2010 年基本完成新校区基础建设，初步建成现代化的校园。同时兼顾校本部海珠校区办学条件的改善工程，加大筹资力度：争取两年完成"学生宿舍 E 字楼"建设；2010 年完成"科研及校长培训大楼"的建设。

第六，整合优质资源，强化继续教育，把继续教育做成特色品牌。充分发挥省级培训指导中心统筹规划、指导管理和培训服务作用，继续做大做强教育干部、中小学校长和教师培训；争取更多国家级培训项目，拓展泛珠三角等区域性合作，确保学校在校长培训和教师培训方面的龙头地位及品牌效应。加强与地方政府及企业的合作，结合地方经济发展需求，积极开展各种职业培训，争取成为多个行业的职业培训基地。

同时，加大科研工作力度，提高科研创新水平和能力。根据广东高校学科与专业发展布局情况，重点建设若干学科和一批专业以及实验室；继续引进重点发展学科的学科带头人，培养中青年学术骨干，努力形成与学校新发展目标相适应的科学研究体系，强化科研激励机制，全面提升学校综合竞争能力。"十一五"期间，要造就一批有知识创新、科研创新能力的研究团队，争取每年都有上级行政部门、地市教育行政部门或科研单位、学校、大型企业的委托科研项目。争取更多省部级以上的科研项目和资助经费，高水平、高质量的科研成果要逐年增长，每两年有一项科研成果获得省政府科研奖励，每年有两项获得省部级以上名义的科研奖励，使学校整体科研工作和学术水平达到省属教学型普通本科院校应有的水平。

此外，积极拓展教育国际交流与合作，扩大学校影响。积极拓展与国外高校和国内重点大学的教育合作，继续开展对外汉语培训和中小学校长国外培训工作，进一步拓展对外合作办学，争取开展留学生培养工作；大力支持对外学术交流活动，争取派出一定数量的教师到国外进修学习，力争在学术和办学方面不断扩大影响。

（五）"十一五"时期的成就

"十一五"时期是学校发展历史上极不平凡的五年。学校领导班子精诚团结，率领全校师生员工，审时度势，同心同德，攻坚克难，围绕"改制"这个中心，以科学发展观为指导，扎实推进学校各项工作，完成了2002年提出的要把成人高校改制为普通本科学校的重大任务，克服了学校事业发展道路上最主要的体制性障碍，为"十二五"的事业发展奠定了重要基础。

"十一五"时期的主要成就是：办学条件显著改善；教学转型初见成效；培训领先地位进一步巩固；科研工作取得新突破；党建和思想政治工作不断加强。学校得以又好又快发展，关键在于做到了"五个坚持"：一是坚持以科学发展观统揽全局，促进质量、规模、结构、效益协调发展；二是坚持党委集体领导，加强党的建设和机关干部作风建设，推进民主决策和民主管理；三是坚持紧紧依靠广大师生员工和校友，集中民智民力，共建共享；四是坚定理想信念，保持旺盛斗志，不屈不挠，攻坚克难，勤俭建校；五是坚持改革创新，突出学校办学特色和优势，增强生机与活力。

二、"十二五"时期的发展规划

（一）规划提出的背景

"十二五"是学校开展"二次创业"、谋求科学发展的关键时期，既有机遇，也有挑战。学校事业发展迎来前所未有的机遇：首先，改制成功为学校事业发展拓宽了空间。学校成为普通本科院校后，一方面，可以按照普通本科院校职能和规范举办各种教育活动，在学科专业建设、高层次人才引进、科研课题立项、财政专项资金申请、学位授予、学生待遇、参与竞赛等方面，获得新机会；另一方面，教育部在批准建立广东第二师范学院的通知中要求学校"逐步过渡到以实施普通本科教育为主"，同时要"进一步加强教师教育，把培养培训中小学教师作为学校的主要任务"，这一定位为学校探索建立教师教育新体系提供了前提条件。其次，教育优先发展战略为学校发展提供了机遇。国家和广东省的《中长期教育改革和发展规划纲要（2010—2020年)》的实施要求进一步落实教育优先发展战略。为此，广东省提出"强省必先强教"的战略思路和打造"南方教育高地"的战略目标。建设教育强省，必将加大对教育的投入，包括对高等教育的投入，这有可能为学校事业发展提供更多政策支持和资源保障。广东省提出"十二五"期间将高等教育毛入学率从目前的28%提高到36%的目标，2020年将达到50%，在未来若干年，广东省普通本、专科在校生平均每年还需要增加约10万人。高等教育大众化、普及化有利于学校继续扩大办学规模。同时，广东省提出要"全面实施师范教育质量提升计划，加强与基础教育、职业教育改革发展相适应的师范教育体系建设"，"义务教育要逐步消除'大班额'现象，到2015年，全省班额普遍达到国家标准"，要加快发展高中阶段教育，实施高中阶段教育普及工程，同时大力发展学前教育。这对师范类院校来说是一个难得的发展机会，对学校打造教师教育特色、发挥优势、实现跨越式发展也是非常有利的。再次，经济转型升级为学校专业建设提供了新机遇。广东省要加快转变经济发展方式，调整结构，优化布局，大力发展各项社会事业，需要发展战略性新兴产业，需要培养更多高层次应用型专业人才，这将为学校学科与专业发展，包括非师范类专业建设、创新人才培养模式提供更多新机遇。

但是，学校事业发展同样面临着严峻挑战：

首先，实现全面转型是一项艰巨而持久的任务。学校有悠久的成人高校办学历史，形成了一套独特而有效的办学模式。作为新建普通高校，学校在教育理念、教学行为、管理模式甚至思维方式等方面还不适应普通本科院校要求，相关建设还相对滞后，跟其他普通本科院校相比还存在较大差距。要真正实现由成人高校向普通本科学校全面转型，必须更新观念，尽快建立一套符合普通本科学校办学标准的、比较完善可行的规章制度并真正实施，建立一套与高等学校分类定位、分类指导、分类发展、分类评估相适应的体制机制。

其次，普通本科学校竞争日趋激烈。广东省现有普通本科学校39所，独立学院19所，部分高职高专学校正在创造条件争取升格为普通本科学校，高等学校百舸争流的局面已经形成；教师教育体系越来越开放，特别是综合性大学开设教师教育专业，高等师范教育竞争日趋激烈。学校作为新建普通本科学校，学科与专业基础比较薄弱，高层次人才缺乏，有些院系的师资力量尚未达到申办本科专业的要求，省级以上精品课程、名牌专业、重点实验室、教学成果都没有，有影响力的科研成果很少，仪器设备落后，生均图书不足，校园基本建设任务很重，资金紧缺。学校只有尽快改变规模小、底子薄的劣势，增强综合办学实力，才有可能在激烈的竞争中立于不败之地。

再次，经济社会与教育发展对人才培养质量的要求越来越高。经济社会和教育发展对高等教育提出了越来越高的要求，这种要求不仅表现在人才培养数量和结构上，还表现在人才培养质量上。与此同时，人民群众对优质高等教育的需求也越来越高。经过十多年发展，我国高等教育也已由规模扩张转到提高教育质量上来，而学校既要逐步把办学规模提高到一个合理水平，又要尽快转变教育教学方式，进一步提高人才培养质量。

总之，"十二五"期间，学校事业发展是机遇与挑战并存，总的态势是机遇多于挑战，但机遇是共有的，挑战对学校不可回避，必须抢抓机遇，直面挑战，快速提升综合发展力，才能推动学校事业实现科学发展。

基于以上共识，学校在制订"十二五"发展规划时，提炼出的指导思想是：坚持以邓小平理论、"三个代表"重要思想和科学发展观为指导，认真贯彻党和国家教育方针，遵循高等教育发展和人才成长规律，大力弘扬"改制"精神，紧密围绕广东省经济社会及教育发展需要，以引领基础教育改革发展为己任，以深化体制机制改革和加快现代大学制度建设为突破口，以学科专业建设为重点，以提高人才培养质量为根本，实施"规范发展""内涵发展""特色发展"和"创新发展"战略，改善办学条件、优化队伍结构、创新培养模式、建设幸福校园，快速提升学校综合发展力，为把学校建设成为规模适当、特色鲜明、在省内有较大影响、在全国教师教育领域有一定知名度的多科性教学型普通本科师范院校奠定坚实基础，为广东省建设"南方教育高地"作出应有贡献。

（二）"十二五"时期的工作方针

首先是注意规范发展。规范发展是学校事业实现跨越式发展的基础性工作。要按照国家有关普通本科院校教学水平评估合格标准开展各项建设，使学校办学条件整体上满足国家有关要求；要按照现代大学制度本质要求和普通高校管理规范，改革完善学校办学体系、管理体制和工作机制，切实提高学校办学和管理的规范化水平。

其次是追求内涵发展。内涵发展是学校事业实现跨越式发展的必由之路。要准确把握高等教育发展态势，树立质量立校意识，坚定不移走精品发展道路，追求适度规模，优化学科与专业结构，引进高层次人才，培育骨干教师队伍，突出重点，强化薄弱环节，集中力量在重点学科、名牌与特色专业、精品课程、教学成果奖、重点实验室、实践基地、教学名师、重大科研课题、科研成果转化等方面实现突破，全面提升人才培养、科学研究和社会服务水平，实现学校规模、结构、质量、效益的协调发展。

再次是强调特色发展。特色发展是学校事业实现跨越式发展的必然选择。要准确把握学校在广东高等教育体系中的定位，树立特色强校意识，坚定不移铸造学校特色。围绕广东省建设"南方教育高地"的战略目标，抢占服务基础教育制高点，要大力弘扬学校了解基础教育、与基础教育关系密切的优良传统和服务基础教育能力较强的优势，积极整合资源，进一步完善职前职后贯通、培养培训一体的办学模式，积极探索构建教师教育新体系；要以教师教育为主业，以基本涵盖基础教育学习领域或科目为原则来设置专业；要继续加强基础教育研究，加快教育实验区、附属学校、基地学校建设，逐步形成以实验区、附属学校为核心的教育发展联盟，从理论引领、人才培养、决策咨询、经验推广、信息服务等方面服务基础教育，努力发展成为引领基础教育改革发展的师范院校。

最后是着重创新发展。创新发展是学校事业实现跨越式发展的重要保障。要准确把握国家教育改革发展的趋势和学校发展面临的困难与问题，树立以改革促发展的意识，坚定不移推动观念创新、体制创新、模式创新；要以"高师人才培养模式综合改革试点"和"创新名教师、名校长培训模式，开展工作室培训改革试验"项目为抓手，探索建立现代大学制度，探索构建通识课程、专业课程、职业课程有机结合的课程体系，探索思想性、学术性和技术性共融共生的教学模式，进一步拓展国际教育交流与合作，尝试开展"2＋2"或"3＋1"模式的中外教育合作，以服务型、开放性和国际化来提升学校教育质量及办学水平。

（三）"十二五"时期的办学思路

与学校"十一五"发展规划不同，"十二五"发展规划提出了崭新的办学思路，这决定了学校事业发展的目标和任务较"十一五"时期有所不同。

"十二五"期间，学校发展的总体目标是：以迎接普通高等学校学士学位授予权评审和本科教学工作合格评估为主线，构建现代大学制度基本框架，逐步完善校园基本建设，适度提升办学规模，初步完成本科专业布点，培育优势学科和特色专业，加快实现教学转型和人才培养模式创新，积极推动教育信息化和国际化，提高人才培养质量，强化教育科研和服务基础教育职能，将学校建设成为规模适当、特色鲜明、影响较大的多科性、教学型普通本科院校。

到 2015 年，全日制在校生规模达到 10 000 人。本科专业基本涵盖基础教育主要学习领域或科目，建成以"广东二师"为核心的教育发展联盟，基本完善职前职后贯通、培养培训一体的教师教育新体系，形成若干个省内有影响力、教育信息化程度高、教育交流与合作成效明显的优势学科和特色专业，形成比较鲜明的教师教育特色，使学校成为在省内同类院校中有较大影响力、在基础教育研究与服务领域处于先进行列、在全国教师教育领域有一定知名度的师范院校。

（四）"十二五"期间学校发展的战略重点

1. 加强学科专业建设，提升学校办学水平

调整优化学科专业结构。按照培养具有创新精神、实践能力的应用型专门人才的培养目标要求，从学校的性质、办学定位和实际办学条件出发，以社会需求和学生就业为导向，研制学校学科和专业发展规划，调整优化学科专业结构。依托原有优势学科和基础较好学科，重点建设教育学、文学、理学、工学、艺术学、法学、管理学七个学科门类，争取大部分学科门类有三个以上专业。到 2013 年，所有教学系都开设一个以上本科专业，形成多学科交叉、文理结合、综合性强、适应面广的学科与专业结构。积极恢复原已开办的师范类本科专业，创造条件设置基础教育急需的本科专业，适度发展与新兴产业密切相关、就业前景广阔的非师范类专业，建立以教师教育专业为主体而又布局合理、内涵丰富、特色突出、充满活力的应用型专业体系。

同时，发展优势与特色学科专业。以建设方向明确、重点突出、富有特色、相互支撑的学科群体为主要目标，加快培育优势学科、特色学科，不断增强学科原始创新和集

成能力。着力加强学科专业内涵建设。加大教育学学科建设力度，整合校内外资源，成立基础教育课程与教学研究机构，提高学校教师教育专业综合实力和人才培养水平；以汉语言文学、数学与应用数学、美术学以及生物科学等专业为依托，建设一批品牌专业，壮大相关学科实力。逐步推进面向省外招生和招收普通高校本科插班生工作；超前规划硕士学位点立项建设，积极与其他高校联合开展专业硕士研究生教育，为争取获得专业硕士学位授权单位打好基础。到2015年，力争在省级重点（扶持）学科、特色专业、省级实验教学示范中心、实践教学示范基地等方面有所突破，建设一批校级重点（扶持）学科、重点实验室、特色专业、实验教学示范中心。

2. 优化课程教学改革，提高人才培养质量

提高人才培养质量，就需要创新人才培养模式。按照《广东省高等学校教学质量和教学改革工程》（粤教高〔2009〕76号）的要求，积极开展高师人才培养模式综合改革试点工作，厘定人才培养目标，细化人才培养规格，改革课程结构与教学模式，强化实践教学，着力培养文化知识广、专业基础实、职业技能强的应用型人才。

（1）改革课程结构。按照人才培养目标均衡配置课程，通识课程、专业课程和职业课程按照1∶2∶1设置。

（2）改革教学模式。提高教学标准，严格专业训练，加强实践教学，改善教育评价；改革教学方法，鼓励学生参与；提高信息技术应用水平。

（3）进一步扩大学生选择权。适度放宽专业选择限制，在符合有关规定的情况下，允许学生重新选择专业；加大选修课比例和自主选课力度；深化学分制改革，积极探索实施弹性学制和主辅修制；扩大学生自主学习空间，提高学生学习的主动性和有效性。

（4）提高课程和教材建设水平尤为关键。进一步完善课程与教材动态管理体制和更新机制，不断推动课程与教材现代化；大力加强课程体系改革研究与试验，促进课程体系综合化和整体优化；积极探索通识课程网络化和专题化，加强实践（含实验）课程规范化，推进教材多样化，促进课程评价制度化；加大精品课程建设力度，各系（部）、各本科专业要确立一门以上精品课程建设项目。到2015年，力争建设省级精品课程一门，校级精品课程十五门。

（5）强化实践（含实验）教学必不可少。加强实践教学管理，提高实践教学规范化水平；改革实验课程体系，构建由基础实验、专业实验、综合实验和创新实验组成的实验教学体系；深化实验教学改革，适度提高综合性实验和设计性实验比重；加大实验、实训中心（室）建设力度，改善实验、实训教学条件，推进新办专业实验、实训室建设进度，重点建设教师教育技能实训中心和实验教学示范中心；加强校外实践基地建设，以"广东第二师范学院广州南站地区教育实验区"为依托，重点打造基础教育研究与实践教学基地，积极建设非师范教育专业产学研基地，着力培养学生的实践能力与创新能力。

（6）健全教学质量监控和保障体系不可或缺。进一步完善校、系（部）两级教学质量监控和保障体系，充分发挥督导队伍的督导作用和学校"学术委员会""教学指导委员会""学位评定委员会"等专业机构职能；健全发展性教学质量评估制度，改善教学

评价方式；强化教学过程监控，进一步完善网上评教；加强校风、教风、学风建设，严格考风、考纪；进一步完善教学管理制度和学籍管理制度，推进教学管理规范化、信息化；建立毕业生跟踪与服务制度；不断增加教学投入，提高教学质量保障水平。

3. 实施人才强校战略，建设高水平师资队伍

（1）实施人才强校战略，首先需加强师德建设。加强教师职业理想和职业道德教育，促进教师"进德修业，为人师表"；建立教学名师评选制度，完善"十佳教师"评选制度，树立师德楷模；完善师德考核体系，改善师德考核办法，将师德表现作为师德考核首要内容，把师德考核结果作为教师聘用、评先评优和职务晋升重要依据；严查学术不端行为，形成良好的学术道德和学术风气。

（2）改善人才结构是题中之意。加大专业技术队伍结构调整力度，不断优化专业技术队伍年龄结构、学历结构、职称结构和学缘结构。专业技术人员占岗位总量不低于75%，兼任教师人数不超过本校专任教师总数的1/4，生师比不高于18：1，各专业教师"两量"满足本专业教学需要。各门公共必修课程和专业基础必修课程，至少应当分别配备具有副高级专业技术职务以上的专任教师两人；各门专业必修课程，至少应当分别配备具有副高级专业技术职务以上的专任教师一人；每个专业至少配备具有正高级专业技术职务的专任教师一人。各专业要加强实践教学教师队伍建设。

（3）提高队伍素质尤其是关键。严格准入条件，力争到2015年，具有硕士学位以上的专任教师占专任教师总量达到75%以上，其中，具有博士学位的专任教师达到132人；通过岗前培训、在职进修、结对帮扶、教研活动、教学竞赛等形式，不断提高专任教师素质，壮大学术骨干和教学名师队伍；大力加强中青年教师培养，按照《广东省高等学校"千百十工程"实施办法》和《广东第二师范学院关于选拔培养中青年骨干教师暂行办法》要求，认真落实中青年骨干教师选拔、培养和考核工作；坚持"引优补缺、按需进人"原则，加快高层次人才引进步伐，以高层次人才为引领，以中青年教师为主体，培育教学和学术梯队。

（4）激发工作活力是重要保障。积极营造尊重知识、尊重人才的良好氛围，创设宽松的学术环境，鼓励人才脱颖而出；不断改善工作条件和生活待遇，为广大教师履行职责、进行创造性工作排忧解难；完善激励机制，对教书育人、科学研究和服务社会等方面有突出成绩的教师给予表彰和奖励。

4. 加强科研平台和创新团队建设，提升科研水平及社会服务能力

（1）提升科研水平，应先努力建设高水平科研平台。鼓励有条件的系（部）设立非实体研究机构，加大对非实体研究机构的扶持与管理力度；鼓励各系（部）与政府及其部门、校外科研机构、企事业单位、社会团体等社会组织合作建设研究机构或产学研基地，加强在课题申报、科技研发和成果转化上的交流与合作；积极扶持与基础教育相关的研究机构的发展，加强"基础教育资料中心"建设，争取建设1~2个省级人文社科重点研究基地；积极推进"应用生态实验室""应用化学实验室"建设，争取将其建设成为省级重点实验室或具有省级重点水平的实验室。

（2）加强教学与研究创新团队建设非常重要。按照相对稳定、合理流动、专兼结

合、资源共享原则以及开放、竞争、协作的管理机制，制订《广东第二师范学院教学与科研创新团队建设方案》；整合基础教育研究资源，着力建设一支能够引领基础教育改革发展、具有师范教育特色和独特专业优势的基础教育教学与研究创新团队，加强基础教育政策与管理、基础教育课程与教学、中小学心理健康教育研究，推动学校基础教育研究迅速形成成果集群，产生一批高层次研究成果；支持有团队研究基础的领域发展成为教学与科研创新团队；到 2015 年，争取组建 1～2 个省级科研创新团队、1 个教育部科研创新团队。

通过以上努力，学校希冀科研项目和科研成果有较大发展。学校加强科研管理，完善科研激励机制，充分发挥科研机构和学术团队的作用，增强科研实力，提高科研工作水平；科研项目总量有较大增长，高层次科研项目有新突破，横向项目有较大增加。争取到 2015 年，科研项目总量达到 100 项，其中，国家级科研项目 10 项左右，省部级科研项目 30～40 项，重大横向开发和推广项目 15～20 项；高层次研究成果有较大突破，专业技术人员人均在核心期刊以上学术刊物发表论文 2 篇，公开出版一批高水平专著和教材，争取有一批成果获得省级以上奖励。

（3）增强科研成果转化和社会服务能力需充分重视。学校支持产学研一体化项目快出成果、出好成果，创设条件促进科研成果转化；通过广东第二师范学院教育发展联盟，加强对基础教育改革和发展的引领；为政府和其他社会组织机构提供决策咨询服务；学报影响因子提高到 0.4。

5. 进一步提升培训领域领先水平，扩大在全国的影响力

（1）应加强培训机构建设。学校积极推动培训处职能转型和体制创新，成立教育发展力研修学院；建设一支懂研究、会管理的专业培训团队和一支师德高尚、业务精湛、结构合理、充满活力的兼职专家队伍；进一步加强广东省中小学校长培训中心等教育厅设在学校的业务机构建设，强化学校在全省中小学校长和教师培训中的战略地位；进一步加强学校管理的中小学校长和教师培训基地建设，切实发挥实践培训效用；加快建设广东省中小学教师继续教育管理平台，确立学校在全省中小学校长和教师培训中的信息中心地位。

（2）创新培训模式必不可少。坚持实践导向，立足问题解决，通过创新模式来增强培训实效。进一步完善项目管理，加强项目策划和项目成果推广环节；加强培训专项研究与课程资源开发，形成一批在国内有影响的研究成果；大力推广远程教育，探索网络教育和传统教育结合、在线管理与常规管理结合的培训模式；充分开发和利用各种培训资源，建立合作培训网络，扩大合作培训领域，提高合作培训水平。

（3）注意打造培训品牌。做大培训规模，争取中小学校长与教师培训业务量年均增长 10% 以上，到 2015 年，培训经费达到 3 000 万元；做优传统项目，进一步增强校长任职资格培训、提高培训、高级研修和教师全员培训、骨干教师培训以及挂职跟岗培训、其他专题培训的质量；做强高端项目，争取成为"百千万人才工程"培养基地，争取承担一批"国培计划"项目，以"创新名教师、名校长培训模式，开展工作室培训改革试验"项目为抓手，推动中小学校长工作室和教师工作室以及"中小学班主任能力建设"

"名师大讲堂""海外培训"等项目发展成为有广泛影响的高端项目；积极开发引进优质培训资源，与省内外培训机构开展多渠道、多层次、多类型合作，实现优势互补，全面提升培训质量和效益。

6. 增强开放办学意识，提高国际交流与合作水平

（1）拓展教育国际合作领域方面。进一步加强与国（境）外高等院校及学术机构的交流合作；在 BTEC 项目的基础上进一步探索合作办学新途径和新项目；积极探索与国外友好学校合作实施"2＋2"或"3＋1"培养模式，建立基于学分互认的交换生制度。

（2）加强国际教育交流方面。大力支持对外学术交流活动，有计划地选派教师到国外进修学习；扩充外籍教师聘任规模，加强与完善外籍教师管理；加强对外汉语教学与培训中心和中华文化传承基地建设，以对外汉语教学为突破口，吸引留学生，开展汉语和中华文化国际推广活动，提高学校国际教育交流水平。

（3）开展国际理解教育方面。积极开展高等教育国际化研究；加强课程国际化，积极探索与国际接轨、有广东特色的课程体系和教学内容；进一步推动双语教学，培养理解多元文化、具有国际视野、懂得国际规则、能够参与国际事务和国际竞争的人才。

7. 深化体制机制改革，增强学校发展活力

（1）探索建立现代大学制度方面。制定学校章程，进一步完善各项规章制度；进一步加强党委领导下的校长负责制，积极探索"党委领导、校长负责、教授治学、民主管理"的有效实现形式。

（2）调整优化校内机构方面。按照"精简、效能、统一"原则，进一步完善校内机构设置，加强目标管理、综合协调与过程控制，提高管理效益和服务水平；加强学科与专业整合力度，逐步推进二级学院建设；进一步理顺校、系（部）两级管理关系，推进管理重心适度下移，明确二级学院在组织教学、科研、学科建设、队伍建设、学生管理与服务、自主经费分配与使用，以及人员聘任、考核、奖惩等方面的权力和责任，增强二级学院的办学活力及自我发展、自我约束能力。

（3）深化人事分配制度改革方面。深化学校人事制度改革，推行教职工全面聘用制，形成以聘用制和岗位管理为主要内容的新型用人机制；完善考核评价机制，探索建立以岗位职责为标准、以能力为基础、以绩效为核心的评价指标体系；改革校内分配制度，建立重实绩、重贡献，向高层次人才和一线教学岗位倾斜的绩效分配制度。

8. 培育大学文化，提升学校发展软实力

（1）大力弘扬大学精神方面。准确理解现代大学职能，妥善处理"培养人才、科学研究、服务社会"及其与学校定位的关系；坚持"民主与科学并重、人文与自然统一"的理念，秉承"追求真理、关注民生、勇于担当"的优良传统，教育师生"学为君子，兼善天下"；全面贯彻《中共中央国务院关于进一步加强和改进大学生思想政治教育工作的意见》，大力弘扬社会主义先进文化，加强学生日常行为规范训练；加强对教职工的教育和管理，使之"在岗在行在状态"。

（2）加强学校形象识别体系建设方面。完善以校园整体面貌为主要内容的形象识别系统，规范校徽、校旗、校歌、学校名称及中英义字样使用标准，重视学校形象包装、

宣传与推介，不断提升学校品牌价值；制定学校重大活动程序和礼仪；进一步完善校史展览馆、美术展馆、宣传橱窗等文化载体建设，重视对校园自然景观、道路楼宇的命名；规范学校纪念文品设计、使用和管理。

（3）深入开展校园文化活动方面。凝练与学校使命和校训精神相一致的校风、教风、学风和机关作风，使之成为入学（职）教育的重要内容；积极推动校园文化活动多样化、特色化，提升校园文化活动品位，充分发挥校园文化活动的教育功能；做优传统校园文化活动项目，大力打造三大品牌，包括以"行知论坛""成长之路""职业导航"等为主体的讲坛文化品牌，以大学生学术科技节和校园文化艺术节为龙头的节庆文化品牌，以"自我设计、自我组织、自我教育、自我发展"为特征的社团文化品牌。

（4）积极拓展校园文化阵地方面。进一步加强校报、校刊以及宣传栏、广播台等建设，充分发挥传统校园文化阵地的教育功能；规范和丰富校园主题教育网站，发挥网络阵地积极引领作用；开展文明宿舍创建活动，提升学生宿舍的文化品位；促进"中华文化传承基地"活动系列化、特色化，扩大其在省内的影响；实施"五个一百工程"，精选100位教育名家、100句哲理格言、100个励志故事、100首经典歌曲和100件留校作品，作为校园文化活动载体。

要实现以上诸点，就要加强基础设施建设，提高学校发展支撑能力。

（1）积极推进校舍和配套设施建设方面。按照校园建设规划要求，积极推进花都校区二期工程、三期工程及相关配套设施（道路水电、运动场馆等）建设；推进海珠校区研修中心大楼建设，争取于2015年投入使用；启动海珠校区综合楼（饭堂）建设；到2015年，校舍建筑总面积达到36万平方米，生均建筑面积达到30平方米。

（2）加快信息化建设方面。积极推进远程教育网建设，加强省中小学校长网、省中小学德育研究与指导网等网站建设，努力将其建成在华南地区有影响的基础教育培训网站。重点建设数据中心与决策支持系统、校园"一卡通"系统、数字化教学资源库，继续完善校务管理系统，逐步建设完善信息化应用基础平台、管理平台、数字化教学与资源平台；构建一体化网络虚拟校园，提高学校的跨校区办学水平和管理效率。

（3）加强图书资料、仪器设备建设方面。加强图书资料、文献数据库和数字化图书馆建设，确保生均图书100册以上，生均年进书量4册以上，加大对电子文献的采集力度，进一步丰富馆藏品种和资源，提高图书馆服务信息化水平；加强学校综合档案室建设，逐步实现档案数字化管理；加强实验室建设，确保生均教学科研仪器设备值达到国家标准，年投入增长10%以上，规范实验室管理，提高仪器设备使用率，提高实验与实训教学水平。

第二节　办学模式的变化与办学内涵的全面升级

一、办学模式的变化

2010年改制前，学校办学模式基本承袭历史传统，突出为基础教育服务的宗旨，集教学培训、信息资源、实验、现代教育技术、教育科学研究为一体，以培训为主，优先发展继续教育。学历教育虽然也大力开展，但由于体制的局限，全日制四年本科已经停办，主要是两年制脱产本科，由此形成了以成人教育为主的办学模式。改制后，学校办学模式发生变化，以引领基础教育改革为目标，以革新高师人才培养模式为重点，从组织功能上构建了职前职后贯通、培养培训一体的教师教育新体系，这成为学校办学的基本模式。学校为学历教育及继续教育提供组织和制度保障，一方面，让两大职能"一肩挑"，综合贯穿到学校、院系、教研室和教师四个层面；另一方面，两大职能规模维持在大体相当的格局。

二、办学内涵的全面升级

（一）教学工作稳步推进

1. 2006 年

2006 年，学校召开教学工作会议，全面总结教学工作，提出了今后五年的教育奋斗目标。会议全面总结了学校开创本科层次教育以来教学工作的主要成绩和基本经验，指出了目前存在的不足和问题，明确了"十一五"期间学校教学工作的基本思路和主要任务，交流了成功经验，在端正办学指导思想、深化教学改革、加强学科建设、改善办学条件、加强师资队伍建设等方面提出了大量的积极意见和建议，统一了思想，提高了认识，增强了搞好教学工作、进一步提高教育教学质量的信心，进一步营造了以教学为学校中心工作的氛围，为学校提高教学水平、迎接转制和进一步扩大发展奠良好基础。同时，学校重组科室，完善章程，规范教学管理行为。教务处根据职能变化发展需要，把原有"教学行政科"和"教学研究科"进行整合，重新设置了"教务科""教研科""综合科"，理顺了职责，提高了效率。新增和修订一批教学管理规章制度，落实与执行规章制度相配套的工作。建设专业化教务员队伍并对教务员进行了岗前培训，实施教务员周例会制度，要求教务员及时交流、上报教务管理情况，传达、通报上级有关指示要求。通过加强规章制度建设，规范教学管理行为。学校将继续以普通本科院校教学要求为标准，强化对教学过程的管理，保证教学质量稳步提高。学校进行了首届学校青年教师课堂教学比赛，教务处还建立了网站和电子信箱，广泛听取各系教师和学生对教学工作的建议，更有利于规范教学管理行为。

2. 2007 年

2007 年，学校逐步实施教学达标建设计划。根据 2006 年学校教学工作会议作出的部署，按照教育部关于普通本科教学的评估标准，学校制定出教学达标建设计划具体方案并下达各系，逐步予以实施，积极做好各项教务管理工作。同时加强教学管理，规范教学行为，提高教学质量。实施了新的《广东教育学院教学事故认定与处理条例》；筹备编印了《广东教育学院教务管理文件汇编》；充实了广东教育学院教学工作指导委员会；进一步完善了教学管理信息化系统，利用网络教师教学质量评估系统对教师教学质量进行有效的监督和评价；制定了《广东教育学院校级精品课程建设方案》，积极开展创建精品课程的工作；调整了教学督导组成员，多形式开展教学督导工作。通过这一系列有效措施，学校的教学管理得到加强，教学行为得到规范，教学质量得到提高。

3．2008 年

2008 年，学校进一步强调坚持普通本科办学标准，提高教学科研质量。按照"改制迎评准备过程中的硬件建设和软件建设必须同步推进"的要求，学校积极实施教学达标建设计划，规范教学管理，加强学科建设，提高教学质量。主要进行如下工作：启动各教学系改制迎评资料建档工作；启动校级精品课程建设工程，首批十门课程已经立项，正按计划进行建设；召开 2008 年教学研究会议，出台《广东教育学院关于进一步提高成高二年制本科教学质量的若干意见》和《广东教育学院关于提高专科学生职业技能的若干意见》两份文件；启动"十佳教师"评选活动；制定《关于修订 2008 级普高专科教学计划的指导意见》，各系按照指导意见完成本系"普高"专科教学计划的修订；出台一批教学管理文件。

4．2009 年

2009 年，学校继续积极推进教学达标建设计划实施，教学基本建设和教学管理转型取得阶段性成果。成人本科院校和普通本科学校在办学理念和重点、人才培养模式、教学管理规范、教育教学行为等方面都有很大不同，要真正实现改制，必须适时推动教学转型。早在 2007 年，学校就策划并实施了教学达标建设计划；2009 年，学校加大了实施力度，取得了显著的阶段性成果。主要进行如下工作：起草《广东教育学院 2010—2015 年学科建设规划》，提出学科建设发展策略；围绕深化教学改革、规范教学管理、提高教学质量主题，召开"公共课教学与管理专题研讨会""BTEC 项目专业教学与管理研讨会""大学英语教学改革研讨会"；课程建设有新进展，召开"精品课程建设项目"汇报会，对精品课程建设项目进行检查，并组织项目团队老师参加在北京大学举行的"精品课程建设与优质教学资源共享研讨会"，有效推动了精品课程项目建设。当年已有"遗传学""中国古代文学""足球""高等代数"等课程项目初步完成了网站资源建设与设计，并挂在学校精品课程网站上；教学管理规章制度逐步完善，教学质量监控更加到位。修订了公共选修课管理办法、听课制度、学生考试违规处分条例等；完善了教务员会议制度，加强了考试管理，学生考试违纪率降低，学风明显好转；开展了"十佳教师""优秀教学奖"等评选活动，一批优秀教师受到表彰，以生为本、为人师表、锐意改革的教风更加浓厚；教学督导作用明显，创办了《教学督导简报》，教学督导组在教学质量监控、学风建设、教学达标建设、教学规范化管理等方面发挥了积极作用；加强了函授（业余）教育管理的规范工作，开展了函授（业余）教育调研，规范函授（业余）教育工作的管理，促进函授（业余）教育的健康发展。

5．2010 年

2010 年，学校积极推进教学转型和教育培训业务。首先，学校调整教学计划，研制创新人才培养方案。结合学校刚改制为普通本科学校的实际情况，按照培养应用型人才的需要，开展 2010 级本、专科各专业人才培养方案的研制工作。学校教学指导委员会首先对 2010 年招生的"普高"5 个本科专业、11 个专科专业，总共 23 个（专业和专业方向的）人才培养方案进行审议，大多数专业的人才培养方案经过答辩获得了认可。其次，学校启动教学研究立项，推动教学改革。根据《关于申报广东第二师范学院 2010 年教学研究与改革项目的通知》，经评审决定，学校对 31 个项目进行立项。再次，学校加大学科专业建设力度。2010 年，学校首批 5 个普通本科专业顺利招生。同时，完成了物理学、体育教育、思想政治教育、英语教育、公共事业管理 5 个作为 2011 年招生的新增本科专业的申报工作，并且顺利通过省教育厅审核以及教育部审批。应用化学专业作为国家战略性新兴产业相关专业通过了教育部初审。

6. 2011 年

2011 年，学校进一步加强教学的基本建设。新增本科专业 6 个，完成了 2012 年拟新增的计算机技术与应用、音乐学、学前教育、科学教育、艺术设计 5 个本科专业的申报工作；制定了《广东第二师范学院教研室建设与管理暂行办法》等多个规章制度。学校进一步加强实践教学基地建设，提高实践教学效果。按照实践教学基地集群化建设思路，在原有实践教学基地的基础上，新建 11 个各类实践教学基地，包括 4 个基础教育研究与实践教学基地、5 个教育实习基地和 2 个专业类实践基地；在坚持以集中实习为主（人数占实习生总人数 75% 以上）的基础上，组织完成了 250 多人次的广东省农村中小学教师置换培训项目顶岗实习工作。同时，进一步扩大实习支教活动规模，学校与广东省春桃基金会合作开展实习支教活动的时间延长为 3 个月，参与学生人数增加到 56 人，实习点扩大到 3 个省共 6 所小学。学校实习和支教工作取得良好的效果及社会影响。

学校进一步加强教育交流与合作。2011 年，学校与英国北安普顿大学、桑德兰大学、西班牙瓦伦西亚大学、美国杰克逊州立大学进行了学术交流。计算机科学系 14 名应届毕业生被英国 3 所大学录取。为探索新的人才培养模式，学校与广东外语艺术职业学院共同策划《广东第二师范学院、广东外语艺术职业学院关于以"5＋2"模式创新培养小学和学前教育教师的可行性报告》，并上报至教育厅。

学校教学质量工程建设取得初步成效。一是积极组织教学质量工程项目建设申报，争取到一批省级建设项目，获得省财政资助 233 万元。其中，"高师人才培养模式综合改革"被列为广东省教育综合改革试点项目；"数学与应用数学""应用心理学"被评为广东省特色专业建设项目；"普通生物学"被评为广东省教学团队建设项目；"广东第二师范学院师范教育实践教学基地"被评为广东省实验教学示范中心建设项目。此外，还有 3 个被列为广东省高等教育教学改革项目，2 个被列为广东省高等教育教学成果奖培育项目。二是积极组织学生参加全国和广东省的各种竞赛。

7. 2012 年

2012 年，教学与学科建设取得重大突破。学校以"以教学工作为中心，以评建工作为抓手，努力提高人才培养质量，促进学校事业协调发展"为主题，成功召开学校改制后的第一次教学工作会议和迎接学士学位授予权评审工作动员会，教学管理和教学建设围绕迎评工作全面铺开；完成教育部高等教育教学评估中心本科教学数据库 2011 年和 2012 年两个年度的数据填报工作；成立高教研究与评估中心，建立校系两级教学督导体制，进一步充实了督导员队伍。

学校同时着力抓好质量工程建设。组织申报广东省高等学校教学质量与教学改革工程本科类项目 12 个，有 11 个项目获得立项；获得大学生创新创业训练计划立项项目，前期资助总额 165 万元；组织教师参加全国和广东省教学技能竞赛及大学生各种竞赛 13 场次，获得广东省首届本科院校公共体育课优秀教学课例录像评比一等奖、二等奖各 1 人次，大学生个人和团体比赛奖项 52 人次，优秀指导教师 6 人次。

学校进一步强化实践基地建设，新建立花都区炭步镇、中山市阜沙镇两个基础教育研究与实践教学基地，新增实习学校 21 所；开展了大学生学习指导系列讲座。

8．2013 年

2013 年，学校教学工作与管理继续向纵深推进。具体体现为：

（1）专业建设获得新进展。学校社会体育指导与管理、汉语国际教育、历史学、信息与计算科学、化学 5 个本科专业顺利通过教育部备案，并于当年开始招生。原有艺术设计专业调整为视觉传达设计、环境设计、产品设计 3 个专业。由此，学校本科专业由 15 个增加到 22 个，涵盖法学、教育学、文学、历史学、理学、工学、管理学、艺术学八大学科门类。

（2）学校积极组织大学生创新创业训练计划项目申报，获得国家级立项建设项目 10 项。积极组织 2013 年省级质量工程项目申报，获得省级立项 9 项、152 万元财政资助。积极开展校级质量工程建设，2013 年校级立项共 17 项。加强项目建设监督检查，组织了 2012 年、2013 年国家级、省级大学生创新创业训练计划项目中期检查汇报会，包括 10 项国家级大学生创新创业训练计划项目、42 项省级大学生创新计划项目及 34 项校级大学生创新计划项目，共计 86 项；其中包括 52 个国家级、省级大学生创新创业训练计划项目。这都凸显了学校对大学生创新创业训练计划项目的重视。

（3）学校狠抓课程建设和教材建设，实现了课程建设领域国家级项目零的突破。"学校组织与管理"获得"教师教育国家级精品资源共享课"立项建设课程资助，资助经费为 10 万元。这是截至 2013 年学校在课程建设领域首次获得的国家级项目。

（4）规范了课程建设与管理。对 2013 级人才培养方案中的全校性课程进行科学编码，组织并编制了全校 2012 级本科课程教学大纲；全面进行精品课程建设，整理并公布了第二批校级精品课程建设项目中期检查结果；组织了对 2008 年立项尚未结项的 6 个校级精品课程建设项目的结项评审；签订了第三批 4 个校级精品课程建设项目协议书和规划书；组织申报了省级质量工程项目，"遗传学"获得精品资源共享课省级立项；启动了学校精品课程网站改造；举办了"更新教学理念，创建精品课程"的专题讲座和题为"把教学发展为研究——学科专业建设经验谈"的学科专业建设专题讲座；组织了首次教材建设立项申报工作，研制了评审标准，2013 年度共有 8 本教材获得校级立项；完成了学校改制以来教材编写出版基础数据的收集统计；受理并评审了 53 门新开公选课；完成了超星尔雅网络通识课程的选用。

（5）学校制定了《广东第二师范学院关于制订 2013 级本科专业人才培养方案的指导意见》，指导、评审和制定了 2013 级共 31 个专业（方向）人才培养方案；完成了高师人才培养模式综合改革试点阶段性总结材料的撰写与上报；完成了 2010 年立项的省级教学改革项目"引领基础教育改革的高师培养模式创新研究与实践"和"教师教育技能训练的研究与实践"结项报告及其他结项材料的整理与上报；完成了全国教师教育专家委员会关于教师教育人才培养模式改革的调查材料的撰写与填报；参与了广东省哲学社会科学"十一五"重点课题"新课程背景下的农村教学质量问题研究"。

（6）成功开展了教师教学技能竞赛和名师评选。学校举行的青年教师课堂教学比赛，既是促进青年教师教学能力提升的重要举措，反映了青年教师良好的精神风貌，也推动了学校改革教学方法与评价方式，创建参与式的教学体系；举行了第二届校级教学名师评选活动，评选出了闫德明、熊国华和高家方三位教授为第二届校级教学名师。

（7）进一步强化实践教学及其基地建设，实践教学基地项目和建设取得新突破。肖建彬校长负责的"广东第二师范学院理科实践教育基地"获得国家级大学生校外实践教育基地立项建设，这是学校获得的第一个国家级大学生校外实践教育基地。实习基地建设得到快速发展和巩固。2013 年，学校与全省中小学校、企业等新签订实习实践教学基地 36 个，其中，师范类基地 33 个，非师范类基地 3 个，为学生专业实习提供了有力保障。

（8）继续完善规章制度，进一步推进规范管理和科学管理。学校结合教学管理实际，高度重视制度建设，教务处和高教研究与评估中心一起，制定、修订、完善并颁布了 18 个教学管理制度。

9．2014 年

2014 年，学校以提升人才培养质量为目标，强化教学管理与改革。主要体现在如下方面：

（1）进一步严格规范教学管理。制定、颁布了十份教学管理制度文件，整理、修订了 2010 年改制以来学校的教学管理文件，编印成《广东第二师范学院教学管理文件汇编》，为规范学校教学管理和教学有序运行提供了条件；学籍管理规范统一，考试和成绩管理严肃公正，毕业生资格审查及学历学位证书管理严谨规范，为人才培养质量提高提供了有力保证。

（2）进一步创新人才培养模式和机制。研制了《2014 级人才培养方案》，对 2014级 33 个本科专业（含方向）和 5 个专科专业（含方向）的人才培养方案进行了调整和完善。继续深化高师人才培养模式的研究与探索，继续推进卓越教师培养计划，招录了第二期班。强化实践育人，大力开展大学生创新创业训练计划项目，全年共立项 38 项，其中国家级 10 项、省级 10 项，校级 18 项；公开发表相关论文 18 篇，专利 4 件，作品 6件；大学生实践教学基地和实验教学示范中心项目建设得到进一步加强，国家级大学生实践教育基地年度建设工作进展顺利。大学生学科竞赛成绩喜人，获得国家级（全国性）奖励 23 项，省级（全省性）奖励 35 项，校级奖励 92 项。本科毕业论文管理工作进一步完善，较好完成了首批本科毕业生 800 余人学士学位论文的评审工作。

（3）进一步强化教学质量工程和教改项目的建设与管理。2011—2013 年质量工程立项的在建项目顺利推进，按计划完成各年度项目的开题、中期检查和结项工作。2014 年立项项目大幅增加，其中，省级质量工程建设项目共立项 9 个类别 19 项，校级立项 70项；省级协同育人平台立项 1 项，校级立项 5 项；省级卓越师范生培养计划立项 1 项，校级立项 4 项；启动了 2015 年校级质量工程和教改项目的申报工作。项目管理流程进一步优化，项目质量不断提高。大力培育教育教学成果奖，"引领基础教育改革的高师培养模式创新研究与实践"获得第七届广东教育教学成果奖（高等教育）二等奖，这是学校在本类别项目上零的突破。

（4）进一步加大了专业发展和建设力度。2014 年，学校继续深化专业建设和改革。新增特殊教育、环境生态工程、烹饪与营养教育 3 个本科专业并顺利招生，使学校本科专业数达到 25 个，提前实现了"十二五"规划关于本科专业发展的目标。

（5）进一步拓展了课程和教材建设的领域。学校稳步推进精品课程建设，完成了校级精品课程第二批的结项、第三批的中期检查和第四批 11 项的立项工作；"学校体育学"获得省级精品资源共享课立项；开展精品课程网站技术培训，提高教师的信息技术应用水平，促进精品课程建设平台的推广使用；引进网络通识公选课程，优化了课程资源结构。

（6）进一步健全了教学质量评估和保障体系。学校组织了首轮二级教学部门教学状态评估工作，这是对教学工作具有重要影响的大事。通过评估发现问题，通过整改提升水平，对于教学部门确立整体意识、学科意识、质量意识、服务意识和法制意识，进一步加强教学质量保障体系建设具有重要意义。同时，学校启动了迎接 2016 年本科教学合格评估的工作，相关部门负责人与学校签订了承诺书，布置了 2016 年新增学士学位授予专业授权评审工作。学校还健全了教学督导工作机构和机制，组织开展了学校督导和学生评教工作，完成并发布了 2014 年度本科教学质量报告、教育部高等教育教学评估中心本科教学数据库 2014 年数据填报工作；全年共编发《教学督导简报》3 期、《学生信息员反馈意见》3 期和《学生评教统计分析报告》，使教学质量评价与监控制度建设更为完善。

2014 年还有一件具有里程碑意义的大事，那就是在全校师生员工共同努力下，学校首批 5 个专业通过了国家学士学位授予权评审，建立起学位制度，这是建校 59 年来学校第一次以自己的名义颁授学士学位，人才培养质量得到国家认可，人才培养工作迈上一个新台阶，为后续专业建设、学位建设和学科建设奠定了基础，揭开了办学历史的新篇章。

10. 2015 年

2015 年，学校进一步规范专业建设，推动专业内涵发展。上半年，教研科继续加强学科专业申报与专业建设工作，新增翻译学、网络工程、食品质量与安全、行政管理 4 个专业。至此，学校获准开设的本科专业数达到 29 个。同时加大专业类项目的申报与建设力度，共立项 1 个省级专业综合改革试点项目（"生物科学专业综合改革试点项目"），1 个校级专业综合改革试点项目（"汉语国际教育专业综合改革试点项目"），1 个校级应用型人才培养示范专业项目（"环境设计应用型人才培养示范专业"），2 个校级特色专业项目（"体育教育特色专业""思想政治教育特色专业"），省级专业类项目由 2014 年的 8 个增加至 9 个（包括以专业为依托的基地类项目），其中"数学与应用数学"与"应用心理学"两个省级特色专业已经顺利在校内结项，并已按照省教育厅的要求按时递交验收材料；校级专业类项目由 2014 年的 10 个增加至 12 个（包括以专业为依托的基地类项目），其中"数学与应用数学"与"应用心理学"两个校级特色专业已经顺利结项，其余 10 个校级项目仍在积极建设中。

2015 年，学校进一步完善人才培养方案，创新人才培养模式。在保持人才培养方案基本稳定的基础上，根据相关文件适当调整 2015 级人才培养方案，继续探索人才培养模式与机制的创新。《2015 级人才培养方案》主要作了如下调整：一是加大对总学分的控制，所有专业毕业最低学分降至 155～165 分；二是根据教育部相关文件，增加"创新创业教育""军事理论课"这两门必修课程，使得学校培养的人才更加符合社会需求；三是鼓励各专业打通学科专业壁垒，探索院系内部教学资源共享模式，并且鼓励非师范专业协同高职、产业、企业大胆创新本科应用型人才培养机制；四是加大教师教育类课程的研究与推广力度。

同时，学校围绕广东省立项建设教学成果奖培育项目"四个'并重'，协同育人——教师教育专业应用型人才培养的研究与实践"，进一步推动高师人才培养模式改革，开展教师教育专业应用型人才培养的研究与实践。基于名师成长规律、教师职业特点、教师教学实践能力形成机制及学校在高师人才培养模式改革中存在的问题，提出四个"并重"、协同育人（人文教育与专业教育并重、理论教育与职业技能训练并重、老师指导与学生自主发展并重、课内与课外并重；学校相关机构如教务处、学生处、招生就业处、宣传部、教学系协同），以提高学校教师培养质量，培养具有人文情怀、文化知识广、专业基础实、职业技能强的让基础教育满意的师资。具体开展了以下工作：一是教务处与宣传部协同，在全校组织人文教育征文，在校报上编辑了《人文教育阅读》专栏；二是教务处与学生处、培训处协同，初步组织学生开展"名师成长故事"丛书的采访、编辑；三是开展实践性课程的教学研究，布置开展实践教学标准研制与师范生教学技能课外训练实施方案；四是教务处与培训处协同，推动优质培训资源在教师职前培养中共享。

2015 年度，学校开展了校内教学奖评选与教学观摩活动，组织了多次教师培训活动，以开阔教师视野，提升教师教学水平，鼓励教师进行教学研究。同时，组织教学管理人员参与相关培训，提高教学管理水平。学校组织开展青年教师课堂教学比赛初赛与复赛工作。经过系（部）初赛，共 29 名青年教师进入复赛。在复赛阶段，经督导现场评分，共 13 名青年教师进入决赛。

（二）科研水平进一步提高

1．2006 年

2006 年，据不完全统计，全校发表论文，出版教材、专著共 340 篇（部）。在校外课题立项方面，学校积极组织教师申报国家自然科学基金、全国哲学社会科学基金、全国教育科学"十一五"规划教育部项目、广东省自然科学基金、广东省哲学社会科学规划项目，共获科研立项 12 项，总经费 91.6 万元。虽然成果的数量没有增加，但教师们更加重视科研质量和层次。值得庆贺的是，科研成果突出的教授们继续保持良好势头，有些年轻教师的成果比较突出。本年度有 5 位年轻教师晋升为教授。在参加省里评选的"千百十工程"中，1 位教授被确定为省级培养对象，4 位教师被确定为校级培养对象。

2．2007 年

2007 年，在《广东教育学院科研奖励办法（修订）》的激励下，学校的教育科研气氛逐渐浓厚，在高层次刊物上发表的科研论文比例明显增加，校外立项的科研经费和横向科研经费稳步增长，科研整体水平得到进一步提高。2007 年，校内立项 28 项；校外立项 10 项（其中省级 6 项），总经费 68.1 万元，校外立项的层次进一步提高。2007 年有 14 位教师获得科研贡献奖，18 位教师获得科研优秀奖。李样明教授与中山大学合作的科研成果"群的正规性与有限群结构"获得广东科学技术奖励二等奖。学报的科研论文成果质量和水平也不断提升。化学系、数学系和教育系等系都举办了一些高层次的学术专题报告会，营造了比较浓厚的科研气氛。

3．2008 年

2008 年，学校落实新的科研奖励机制。新制订《广东教育学院科研评价积分方案》，发放了 2005 年至 2007 年的科研奖励金约 86 万元。2008 年，有 21 人次申报了全国教育科学"十一五"规划教育部项目、广东省自然科学基金、广东省哲学社会科学规划项目、广东省教育厅高校学科与专业建设项目、广州市哲学社会科学项目等。校外立项 12 项，获得经费 34.9 万元；校内立项 14 项，资助经费 3.3 万元。启动教授博士项目 4 项，立项经费 17 万元。对校内科研项目的激励进行了较大调整，把以往"撒胡椒面"的做法改为向重点项目倾斜。

《广东教育学院学报》（以下简称《学报》）整体质量稳步提高。在 2008 年 7 月举行的第三届全国教育院校学报质量评优活动中，《学报》再次获得"十佳"学报奖，姚晓南被评为优秀主编，曾志红被评为优秀编辑。2008 年 11 月，姚晓南又荣获中国人文社会科学报学会颁发的"全国高校社科学报事业突出贡献奖"。

4．2009 年

2009 年，科学研究工作又有新发展，在迎接专家组评估过程中得到较好评价。主要有：组织开展了对学校科研机构的检查与考评工作，科研机构和立项课题的管理工作有所加强。组织 65 人次申报国家级、省级自然科学基金等校外科研项目。校外立项 5 项，合作项目 1 项，研究经费 36 万元；校内立项 5 项，经费 10 万元。值得庆贺的是，化学系李俊老师主持的"DNA 分子光开关型钌（II）配合物与 DNA 键合及其发光机制的理论研究"项目首次获得了国家自然科学基金青年项目立项，这是学校科研工作取得新突破的一个标志。2009 年，全校科研成果合计 393 项，其中出版学术著作 14 部、教材 3 部，发表学术论文 341 篇。为珍藏和保护复办以来学校教师的研究成果，配合改制迎评和迎接 2010 年建校 55 周年，2009 年分三批完成 43 套"广东教育学院文丛"的整理、编辑、印刷工作；此外，还制定了《广东教育学院知识产权管理办法（讨论稿）》。

5．2010 年

2010 年，学校科研工作有三大亮点：一是科研立项有较大突破，全年申报各类项目共 60 多项，获得国家、省部、厅级批准立项的纵向项目 22 项，是上一年度的 3.66 倍；二是获得的校外科研经费有较大突破，纵向项目经费 55.5 万元，横向项目经费 92.5 万元，两者共 148 万元，是上一年度的 3.79 倍；三是首次申报中央财政支持地方高校建设项目，"学院网络基础与应用建设"和"中小学美术教学综合实验基地"两个项目获得资助经费共 200 万元。学校还完成了"广东第二师范学院文丛"2010 年第一批文丛的编印工作，第二批文丛的材料整理工作随即展开。

6. 2011 年

2011 年，科研工作迈上新台阶。一是 2011 统计年度发表、出版的各类成果（论文、著作、教材）共 501 项，相较上一统计年度的 327 项有较大增长；二是获得校外立项的课题和经费有较大增长，其中省部、厅级纵向项目 10 大类 24 项；横向项目 18 项，较上一年的 5 项有大幅增长；组织申报中央财政支持地方高校建设项目，应用生态实验室获得科研类项目资助 200 万元的建设经费。全年共到账科研经费 440.4 万元，其中国家经费 278.8 万元，横向经费 161.6 万元。

7. 2012 年

2012 年，科研工作继续取得重大突破。"应用生态工程技术开发中心"项目获得"广东高校工程技术开发中心建设项目"立项，这是学校首个省级高校工程中心，标志着学科与专业建设取得重大突破。应用生态实验室获得中央财政支持地方高校建设项目科研类项目资助 300 万元的建设经费。在常规项目上，取得 2 项国家自然科学基金项目和 1 项国家哲学社会科学项目。

8. 2013 年

2013 年科研工作的主要亮点表现在项目申报类别扩大、高层次项目立项有新突破、纵向项目立项数量及其资助经费有较大增加、横向项目立项数量及到账经费增长、加强科研经费管理有新举措等方面。2013 年获国家级项目立项 5 项，省部、厅级的纵向项目共 30 项，获得纵向科研项目经费 235.5 万元；组织申报"中央财政支持地方高校发展专项资金"，获得 400 万元资助（其中获得 200 万元资助的"新型功能材料实验室建设"为科研类项目）。学校在产学研结合、服务社会方面成绩显著。广东第二师范学院基础教育课程与教学研究中心成立仅一年多，由该中心组织编写的"现代基础教育课程与教学研究丛书"便已出版，社会反响较大。该中心还承担了教育厅两项重要委托项目；教师们努力为基础教育和社会各行业服务，横向项目立项 16 项，获得立项资助经费 417 万元。全年外来科研资助总经费 852.5 万元。

9. 2014 年

2014 年，学校不断完善科研管理，综合学术实力明显增强。学校加大了科研工作管理力度，制定和修订了一批科研管理规章制度，科研管理工作的制度框架和规范程度进一步提高，科研项目数量、层次和影响力再上新台阶。学校获得国家级项目 7 项，省部级项目 48 项，厅级项目 7 项，共计 62 项；纵向项目数量显著提升，比上年增加 106%，经费 531.3 万元，增长 125%；横向项目共 14 项，经费 405.18 万元；科研总经费为 936.48 万元，比上年有所增加；此外，学校还获得了中央财政支持地方高校建设经费 400 万元。

《广东第二师范学院学报》（原《广东教育学院学报》，2011 年 5 月更名）办刊质量在逐年提高。在 2014 年第五届全国高校社科期刊评优活动中，《广东第二师范学院学报》被评为"全国高校优秀社科期刊"。这是继 2002 年、2006 年、2010 年获得该项荣誉后，连续第四次获得"全国高校优秀社科期刊"称号。

10. 2015 年

2015 年，已完成申报及获准立项项目情况如下：完成广州市哲学社会科学发展"十二五"规划 2015 年度课题申报 18 项，其中 3 项获立项；广东省基础教育课程改革专项获立项 2 项；完成 2015 年广东省公益研究与能力建设专项资金申报，获立项 4 项；广州市科信局 2015 年科技计划项目获立项 3 项；上半年获立项的横向项目 4 项。

11. 2006 年至 2015 年 11 月的科研工作小结

2006 年至 2015 年 11 月，学校获得的重要项目如表 3-1 所示：

表 3-1　学校获得的重要项目（2006 年至 2015 年 11 月）

项目名称	负责人	经费（万元）	项目类别
促进教师专业发展的网络教研	邬依林	2	省部级
在我省全面推行初中综合理科课程的研究	胡继飞	1.5	省部级
广东省中学生体能素质评价标准	臧连明	10	省部级
新课程背景下的农村教学质量问题研究	肖建彬	自筹	省部级
子群的性质影响的有限群的结构	李样明	5	省部级
基于 Rough 集的属性约简核心算法及应用模型的建立	徐宁	3	省部级
校本培训指南	肖建彬	2	省部级
枯水期河涌水质的微生物—植物联合修复和维持技术研究	徐亚幸	8	横向项目
最速下降法及若干问题的研究	乙了	3	横向项目
中学生物教学方式的变革	胡继飞	5	横向项目
中小学优质学校形成机制研究	周峰	10	横向项目
基础教育课程改革加强德育研究	韩东才	30	省部级
中国生态诗学研究	熊国华	3	省部级
汽、柴油的高效选择性脱硫吸附剂的分子设计研究	尹伟	10	省部级
线性方程组的预优迭代解法及应用研究	孙丽英	5	省部级
教育现代化进程中广东民办教育的作用、经验与发展对策	张铁明	5	省部级
面向数字家庭的知识资源管理系统开发及应用	陈强	5	省部级
基于软件无线电的新一代宽带无线网高速数字信号处理器研究	孟月萍	5	省部级
广东省义务教育均衡发展的政策保障研究	郭凯	1	省部级
面向数字家庭的移动知识管理建模方式研究	陈强	5	省部级
DNA 分子光开关型钌配合物在溶液中 DNA 键合及光谱理论研究	李俊	3	省部级

（续上表）

项目名称	负责人	经费（万元）	项目类别
2007—2008 年广东企业提高资源利用率社会责任建设分析	蒋冬梅	3	横向项目
抗重金属污染的水稻品种的筛选	陈爱葵	8	横向项目
佛山市三水区教师教育信息化环境建设	郑胜儒	9.8	横向项目
民办学校规范发展与自我约束的机制	张铁民	15	横向项目
DNA 分子光开关型钌（Ⅱ）配合物与 DNA 键合及其发光机制的理论研究	李俊	19	国家级
含氧化合物的弱相互作用研究	张秀莲	8	国家级
体育大国迈向体育强国的体育价值体系研究	张细谦	1	省部级
基于推送技术的主动教育服务平台开发及应用	陈强	5	省部级
汉语双宾语句式的历史发展研究	徐志林	3	省部级
政府对民办高校及其学生财政资助政策研究	毕振力	2	国家级
提高中小学教师领导力促进有效教学的实证研究	肖建彬	2	国家级
基于三嗪衍生物的配合物的超分子水凝胶的制备和性能研究	曹曼丽	19	国家级
班主任专业成长机制研究	王蕙	1	省部级
合理配置内部资源促进小学优质发展研究	刘宝超	1	省部级
教师话语研究	黄淑琴	2	省部级
反思性教学理论在语文教学中的应用	桑志军	2	省部级
利用体细胞杂交技术研究开发姜花新品种	肖望	3	省部级
抗战时期北京诗歌研究	陈芝国	7	省部级
从分立到合作：政府与民办学校关系的重建	吴开华	3	省部级
高等师范院校的专业性活动课程研究	丁静	3	省部级
促进学生整体发展的信息化教学及多元评价体系研究与实践	姚晓南	3	省部级
肇庆高新技术产业开发区教育发展规划	闫德明	12	横向项目
学校德育创新与特色发展研究	韩东才	15	横向项目
英德市中小学教师"金种子"创新行动工程	周峰	25	横向项目
《中集集装箱房屋》企业标准研制	陈爱葵、曾小龙	14	横向项目
后发国家政治发展的风险及防控机制研究	叶长茂	6	省部级
空间理论视阈下的鲁迅小说研究	余新民	7	省部级
秦汉奴婢的法律地位研究	文霞	6	省部级
中山市石岐区教育事业发展"十二五"规划	熊焰	15	省部级

（续上表）

项目名称	负责人	经费（万元）	项目类别
广东高校图书馆知识联盟构建研究	叶莉	自筹	省部级
广东省中小学外语教师知识发展实证研究	李华	自筹	省部级
社会文化因素对人际交往行为的影响	刘戈	自筹	省部级
中学英语口语教学的理论和实践	傅瑞屏	自筹	省部级
新课程标准下广东省物理科中考命题的开发技术研究	罗质华	自筹	省部级
教师信息素养与教育技术能力的培养研究	李杏姣	3	省部级
广东省软件专业人才胜任力模型研究	张念	2	省部级
农村中小学教师科学素质与农村教育现代化	李杏姣	2	省部级
氢键组装的功能材料的合成和性质	张秀莲	3	省部级
用于采石悬崖立面生态复绿的植物组合系统优化研究	贺握权	4	省部级
极端缺水环境下植物精确供水的太阳能节水灌溉系统研究	陈爱葵	2	省部级
企业社会责任的社会治理机制研究：以珠三角为背景	杨春方	3	省部级
有限群结构及其在自动机理论中的应用	李样明	·4	省部级
基于有效性的英语课堂活动研究/乡镇高中英语教师专业素质发展途径研究	李华	25	省部级
元代文体学研究	夏令伟	7	省部级
深圳市光明新区小学骨干教师专业知识发展专项研究	李华	23	横向项目
中小学办学理念提炼与办学模式创新研究	龚孝华	10	横向项目
面向生产与物流管理应用的超高频 RFID 读写器开发及其产业化	陈强	65	横向项目
广二师附中规划编制与制度建设项目	龚孝华	15	横向项目
中国民办教育的财政与政治贡献及政策建议	张铁明	17	横向项目
秦汉奴婢问题新探	文霞	15	国家级
有限群结构及其在自动机理论中的应用	李样明	50	国家级
复域差分的性质及其在差分方程中的应用	张然然	3	国家级
安全视野下的义务教育学校办学规模研究	郭凯	9	省部级
利益相关者视野下的高校本科专业设置变革研究	贾汇亮	6	省部级
融合光载无线传输技术的超高频 RFID 标签与读写器安全技术的研究	周如旗	8	省部级
弘扬和培育中华民族精神视角下的学校乡土德育研究	殷丽萍	自筹	省部级
本科层次的全科型小学教师培养研究——基于广东现实的研究	刘宝超	自筹	省部级

（续上表）

项目名称	负责人	经费（万元）	项目类别
引领基础教育改革的教师教育课程方案研制	陈彩燕	自筹	省部级
广东高中美术教师培训的发展脉络与突破方向	舒艳红	自筹	省部级
广东省高中物理数字化信息系统实验室应用研究	高洁	自筹	省部级
当代大学生的死亡观及其教育探究	高家方	自筹	省部级
基于语料库的对外汉语语义韵习得研究	李芳兰	自筹	省部级
"项目引导、任务驱动"教学法在工科课程教学中的应用研究	杨飒	自筹	省部级
团体康乐辅导的理论与实践	王小棉	自筹	省部级
基于微生物生理生态的重金属污染控制技术研究	曾碧建	自筹	省部级
基于根际效应的蔬菜镉污染控制技术研究	龚玉莲	自筹	省部级
复域差分的值分别与差分方程亚纯解的一些性质	张然然	3	省部级
新型CORROLE-吩噻嗪二元体的合成及与DNA相互作用	史蕾	3	省部级
连续系统混沌反控制新方法及应用研究	张朝霞	3	省部级
基于网络的多智能体系分布式实时编码下的信号估计	邬依林	3	省部级
根际水溶性有机质对镉吸附的影响及与低镉积累的关系	曾小龙	3	省部级
屋顶绿化植物太阳能节水精确灌溉系统研究	陈爱葵	3	省部级
三种南方稻田绿肥腐解特征及养分释放规律研究	李志丹	3	省部级
广东省中小学幼儿园教师培训课程指标体系与实施方案	肖建彬	30	横向项目
花都区初中质量提升工作	丁静	12.5	横向项目
离散粒子群算法理论研究及应用	陶乾	5.1	横向项目
Brown运动及分数Brown运动驱动的随机动力系统的概周期性、概自守性及遍历性研究	曹俊飞	23	国家级
基于原位硫酸钡杂化直接染料制备阳离子染料废水处理的高效吸附剂	赵丹华	25	国家级
面向教育知识服务的视觉内容感知显示方法研究	陈强	76	国家级
有限反射不变测度下的调和分析中的若干问题	廖建全	3	国家级
珠江口淇澳岛无瓣海桑人工林底栖动物资源修复技术研究	唐以杰	自筹	国家级
语料库视角下的对外汉语语义韵习得研究	李芳兰	8	省部级
从未来教师到儿童	谢赛	3	省部级

（续上表）

项目名称	负责人	经费（万元）	项目类别
促进学校自主发展的教育评价机制研究	贾汇亮	5	省部级
中学语文教师专业发展的特殊性研究	黄淑琴	自筹	省部级
非"985""211"高校协同创新路径研究	武文霞	自筹	省部级
新课改十年广东小学外语课程发展研究	王淑杰	自筹	省部级
英汉新闻评论中作者立场建构的对比研究	柳淑芬	自筹	省部级
广东省学前体育现状与对策研究	翁中清	自筹	省部级
高校思想政治理论课中的体验教育研究	王智	自筹	省部级
乐高4C教育模式在面向基础教育的师范生职业课程中的应用研究	张谦	自筹	省部级
语料库"短语理念"视角下大学生英语词块意识实证研究	刘欢	自筹	省部级
基础教育改革下广东省中学教育教师继续教育现状与对策研究	陈新生	自筹	省部级
古小学古诗词审美教学研究	熊国华	自筹	省部级
21世纪广东诗歌研究	熊国华	4	省部级
新时期农村科技实施主体问题研究——基于农民作社在实施农村科技中的地位和作用的分析	房慧玲	自筹	省部级
中国大陆的海外华文文学研究	姚晓南	4	省部级
有为教育特色发展和校本课程	李季	10	横向项目
广东高速公路建设技术标准化研究	贺握权	7	横向项目
物联网技术人才校企合作培养模式研究	周如旗	5	横向项目
惠阳区学校特色建设与区域教育特色提升	熊焰	60	横向项目
一种Cd高积累蔬菜品种分子标识新方法研究	曾小龙	10	横向项目
增城教育局与广东第二师范学院合作协议	高慎英	120	横向项目
学校教育评价信息平台研究	龚孝华	13	横向项目
中小学体育课程实施策略的研究	张细谦	4	横向项目
学校自主发展与区域教育水平提升	吴开华	45	横向项目
"生态·阳光"学校建设与促进教师专业发展	熊焰	22	横向项目
花都区中小学教育管理效能提升项目	郑向荣	30	横向项目
教育内涵发展与区域教育水平提升合作项目	贾汇亮	132	横向项目
东莞长安镇中小学教师专业素养提升工程研究	闫德明	21.8	横向项目
教育云电子身份管理与认证关键技术研究和实现	陈强	25	横向项目
有限反射不变测度下的函数空间及其算子理论	廖建全	22	国家级

（续上表）

项目名称	负责人	经费（万元）	项目类别
具有单分子磁体行为的光诱导自旋交叉配合物的设计合成及性质研究	刘文婷	25	国家级
完备实凯勒子流形几何	严劲文	3	国家级
对称设计与本原自同构群	田德路	3	国家级
有限 p 群的正规化子	赵立博	3	国家级
临界朗道—栗弗西兹方程的能量凝聚与爆破解的研究	钟澎洪	3	国家级
体育与健康课程实施策略的研究	张细谦	18	国家级
儿童学习结果取向影响下的美国教师教育课程分析及启示	谢赛	自筹	省部级
基于"目标导向"的广东省中小学体育教师培训模式研究	李建军	自筹	省部级
我国高校通识教育现状与发展研究	李泽民	自筹	省部级
文化再生产视野中的美国营利性高等教育	李紫红	自筹	省部级
基于高师人才培养体系的高等数学课程实践与研究	和炳	自筹	省部级
广东省高考英语听说考试的信度和效度研究	程粉香	自筹	省部级
基于反思性的自主学习研究	桑志军	自筹	省部级
中学物理教师教学能力测试体系研究	李华刚	自筹	省部级
中共十八大以来党中央领导集体的民生思想与实践——马克思主义中国化的当代发展	周蕴蓉	4	省部级
自媒体时代大学生意识形态教育新探	赵传珍	4	省部级
师范类学校协同创新发展路径研究	武文霞	4	省部级
基于协同创新的美术教育实习模式研究	舒艳红	4	省部级
汉语双音节语气词的词汇化与二语教学研究	罗宇	4	省部级
教师道德推脱的结构维度与影响机制	唐志文	4	省部级
基于儿童文化产业发展需求的学前教育（本科）课程改革研究	苏鸿	0.5	省部级
艺术设计学科协同创新机制研究与实践	钟香炜	0.5	省部级
资源整合视阈下校企"嵌入式"人才培养机制的培育与实施	杨春方	0.5	省部级
基于学生能力培养的教学创新研究——以语言学概论为例	蔡晓	0.5	省部级
面向职业资格认证的普通高校教学改革探索	郑誉煌	0.5	省部级
利用多倍体育种技术进行白姜花品种改良的研究	肖望	3	省部级
面向大数据的高校科研管理信息化及关键技术研究	陶乾	2	省部级
基于大数据环境的学习分析技术在基础教育中的应用研究	周如旗	2	省部级
磷污染人工消落带铺地黍修复系统的磷去除性能研究	高桂娟	2	省部级

（续上表）

项目名称	负责人	经费（万元）	项目类别
纳米太阳能电池理论与技术	尹伟	2	省部级
基于中国基础教育语文课程改革的新加坡中学华文新课程研究	黄淑琴	2	省部级
云浮市辖区汉语方言的地理语言学研究	严丽明	1	省部级
美国城市化发展经验及其对珠三角新型城市化的启示	武文霞	1	省部级
面向用户的图书馆服务系统的交互设计研究	章文	1	省部级
商业广告语篇中的多模态性别隐喻评价机制建构	乐思伟	1	省部级
基于烹饪工艺的营养学自主创新能力构建	冯丽娜	1	省部级
两类带导数非线性薛定谔方程的奇异解的研究	钟澎洪	1	省部级
旗传递非对称设计的分类	田德路	1	省部级
用于重金属毒性分析与解毒药物筛选的微流控芯片新平台的构建及应用研究	杨剑萍	1	省部级
云南健之佳健康连锁店股份有限公司合作咨询项目	罗英辉	5	横向项目
南山区学前教育督导研究项目	周峰	15	横向项目
惠州大亚湾经济技术开发区宣教局	熊焰	65	横向项目
花都区农村义务教育小班化教育实验项目	周峰	70	横向项目
乐平镇名小学发展评估与诊断	龚孝华	13	横向项目
中小学校后备干部专业发展力提升	张细谦	8	横向项目
开平市区域教育发展理念研究设计	熊焰	99	横向项目
佛山市环境治理模式创新与绿色发展研究	高桂娟	5.4	横向项目
特征保持的立体图像缩放	陈强	4	横向项目
无瓣海桑引种对人工湿地水生动物多样性的影响	唐以杰	63	国家级
中国当代文学在东欧的传播与接受研究	陈立峰	8	省部级
美术史视野中秦汉时代的"天下"观	刘晓达	5	省部级
面向大数据的高校科研管理云服务平台	陶乾	50	省部级
广东红树林区野生鱼类种质资源调查及开发利用	唐以杰	10	省部级
利用多倍体育种和遗传分析技术培育花香增强型白姜花新品种	肖望	10	省部级
广东省高中化学实验教学及考试评价研究	张秀莲	13	省部级
特殊教育学校评价体系研究	刘保超	10	省部级
传统文化视域下大学生核心价值观培育与践行路径研究	蔡英谦	自筹	省部级
源头德育：师范生"准班主任"专业思想教育课程	李季	自筹	省部级
中小学班主任队伍建设——以广东为例	殷丽萍	自筹	省部级
传统文化认同视域的大学生国家认同教育路径	吕洪刚	自筹	省部级

（续上表）

项目名称	负责人	经费（万元）	项目类别
孔子的乐教与德育思想研究与实践	谭习龙	自筹	市厅级
具有特殊嵌入性质的子群有限群的结构及其与自动机理论的关系	李样明	10	省部级
新型三维石墨相氮化碳复合纳米材料的构筑及其近红外—可见光催化性能的研究	蒋辽川	10	省部级
氮污染人工消落带铺地黍修复系统的脱氮性能研究	李志丹	10	省部级
随机微分方程及分数随机微分方程的概周期性、概自守性及遍历性研究	曹俊飞	10	省部级
高维离散空间群体智能优化算法及其应用研究	陶乾	10	省部级
构建具有抗菌药物活体筛选功能的表面修饰高分子聚合物芯片系统及应用的研究	杨剑萍	10	省部级
管理道德决策的认知神经机制及影响因素	唐志文	10	省部级
含水杨醛席夫碱功能化 β－环糊精核的星形聚合物中的荧光共振能量转移体系的构建及应用	何强芳	10	省部级
快速通便天然蔬菜保健品的关键技术开发及产业化	张秀莲	14	省部级
着眼于生存能力培养的初中教育研究	熊焰	18	横向项目
鹤山市学校特色建设	熊焰	233	横向项目
四会市区域教育规划引领工程——四会市学校特色发展规划	熊焰	200	横向项目
东莞市虎门镇初中学校发展改进合作项目	高慎英	75	横向项目
广州市"十三五"中小学教育装备发展规划	罗质华	14	横向项目
国际理解教育特色课程建设	刘焱鸿	29	横向项目

在规章制度修订和科研机构管理方面，科研处会同教务处、财务处等部门修订了《广东第二师范学院"创新强校工程"管理办法（试行）》《广东第二师范学院"创新强校工程"项目实施方案（试行）》《广东第二师范学院"创新强校工程"校内项目遴选与论证管理办法（试行）》《广东第二师范学院"创新强校工程"资金管理办法（试行）》等规范性管理制度。

在学科建设方面，学校部署重点学科建设，开拓科研创新新局面。制定了《广东第二师范学院重点学科管理》，包含《广东第二师范学院重点学科与平台建设评审工作细则》《广东第二师范学院重点学科与平台建设培育实施方案建设任务书》《广东第二师范学院重点学科建设经费使用办法》等辅助文件。

在科研平台建设方面，科研窗口主要是《广东第二师范学院学报》。正刊为双月刊，其中四期为人文社科内容，两期为自然科学内容。同时为贯彻学校为基础教育服务的办学宗旨，基本保持每年编辑两期"基础教育研究专辑"增刊。《广东第二师范学院学报》人文社科类栏目主要有《哲学研究》《政治学研究》《经济研究》《文学研究》《民办教育研究》《教育理论与实践研究》《历史研究》《美学与艺术》等，其中《教育理论与实践研究》为特色栏目；自然科学类栏目主要有《数学研究》《数学不等式研究》《物理研究》《化学研究》《生物学研究》等，其中《数学不等式研究》为特色栏目。十年间，《广东第二师范学院学报》办刊水平不断提高，为学校争得很多荣誉，教师的科研成果通过此平台逐渐扩大了影响。

第三节 "创新强校工程"与学校事业的新发展

一、"创新强校工程"的实施背景

（一）创新高校人才培养机制的要求

"创新高校人才培养机制，促进高校办出特色争创一流"，是党的十八届三中全会《决定》对高等教育改革发展提出的最直接、最明确的要求，关系高等教育内涵发展和质量提高，关系高等教育强国梦和中国梦实现。

当前我国正处在经济转型升级关键时期，创新人才培养机制、提高人才培养质量也随之进入一个十分重要和紧迫的阶段。近年来，特别是教育规划纲要颁布实施三年多来，教育部门和各高校在创新人才培养机制方面进行了一些探索，启动实施了基础学科拔尖学生培养试验计划、卓越工程师教育培养计划、科教结合协同育人计划，开展了试点学校综合改革等，取得了积极进展，积累了有益经验。但也必须看到，人才培养机制创新不够仍是我国高等教育的突出问题。集中表现在：高校根据国家战略和区域经济社会发展需要，科学调整人才培养目标的主动性不强，优化人才培养过程的好办法不多，集聚社会资源共同参与人才培养的活力不够，特别是与有关部门、科研院所、行业企业协同培养人才的机制还不完善等。

创新高校人才培养机制的基本思路是：在科学的人才培养理念指引下，通过深化教育教学改革，激发高校人才培养潜力和活力，特别是通过创新应用型、复合型、技能型人才的培养机制，着力突破实践能力这个薄弱环节。

（二）"2011 计划"实施的需要

2011 年 4 月 24 日，胡锦涛同志在庆祝清华大学建校 100 周年的讲话中提出，全面提高高等教育质量，必须大力提升人才培养水平、增强科学研究能力、服务经济社会发展、推进文化传承创新，特别强调高校在"积极提升原始创新、集成创新和消化引进吸收再创新能力"的同时，"积极推动协同创新"。这是国家首次在高等教育领域中提出协同创新理念。协同创新是高等教育发展进入新阶段后，高校面临的一个全新课题，提高人才培养质量则是高校永恒的主题。推进创新强校工程，就要准确把握并充分发挥以体制机制改革为核心的协同创新在全面提高高等教育人才培养质量中的引领作用。

为贯彻落实胡锦涛同志在庆祝清华大学建校 100 周年大会上的重要讲话精神，教育部积极推动协同创新，为促进高等教育与科技、经济、文化有机结合，大力提升高等学校创新能力，支撑创新型国家和人力资源强国建设，决定实施"高等学校创新能力提升计划"（以下简称"2011 计划"），对计划实施提出具体推进意见。冀此充分发挥高等学校多学科、多功能优势，积极联合国内外创新力量，有效整合创新资源，构建协同创新的新模式与新机制，形成有利于协同创新的文化氛围。建立一批"2011 协同创新中心"，集聚和培养一批拔尖创新人才，取得一批重大标志性成果，成为具有国际重大影响的学术高地、行业产业共性技术研发基地、区域创新发展引领阵地和文化传承创新主力阵营。推动知识创新、技术创新、区域创新的战略融合，支撑国家创新体系建设。

"2011 计划"从 2012 年开始实施，四年为一周期，按照培育组建、评审认定、绩效评价三个阶段开展。在充分培育并达到申报要求的前提下，由协同创新体联合提出"2011 协同创新中心"的认定申请。国家每年组织一次评审，按照一定数量和规模，择优遴选不同类型的协同创新中心。

为积极推进"2011 计划"实施，保障"2011 协同创新中心"机制体制改革，教育部要求有关部门、地方、高校等根据实际情况和需求，在人事管理、人才计划、招生指标、科研任务和分配政策等方面给予优先或倾斜支持，形成有利于协同创新的政策汇聚区。

（三）广东建设教育强省的必然选择

对于广东省而言，教育部"2011 计划"的出台既是机遇，亦是挑战。当前，广东省高等教育发展仍"大而不强"，面临规模增长与质量提升的双重压力。跟所有教育发达地区相比，广东是有差距的。江苏、浙江、山东等的规模发展早已完成，但在广东，不仅高等教育处在这种阶段，而且高中甚至整个基础教育也跟江苏、浙江所处阶段不同。虽然，2011 年底广东高等教育毛入学率达到 30%，但也就是全国平均水平。规模总量上，180 万在校大学生，排在全国前三位。但广东是人口大省，广东经济社会发展所需人才远远不能得到满足。在发展过程中，这两方面都不能有所偏颇，不能说发展规模时不讲质量或提高质量时不讲规模，两种情况都必须同时处理好。虽然有很多学校已经解决规模发展问题，正着重加大力气提高质量，但也有新办学校还没达到预定办学规模，有不少学校甚至连办学规范都不完善，各自发展情况大不一样。在这种情况下，怎样使广东高等教育能够实现规模结构质量效益协调发展，能够为真正实现广东教育强省作贡献成为主要考虑的问题之一。广东提出建立教育强省，率先实现教育现代化，但如果没有强大的高等教育，教育强省从何谈起，教育现代化又如何成为可能？广东提出要打造"南方教育高地"，然而高等教育不强不可能成为教育高地。因此，不管是教育强省、教育现代化还是教育高地，高等教育都是最为重要的。广东省委在第十一次党代会上明确提出要走出一条有广东特色的路子，省政府也提出要以协同创新为引领，全面提高广东省高等教育质量。

二、"创新强校工程"方案

为贯彻落实《广东省人民政府关于推进我省教育"创强争先建高地"的意见》（粤府〔2013〕17号）和《广东省人民政府办公厅转发省教育厅关于以协同创新为引领全面提高我省高等教育质量若干意见的通知》（粤府办〔2012〕103号）等文件精神，加快提升广东省高等教育发展水平，广东省教育厅、广东省财政厅联合制订《广东省高等教育"创新强校工程"实施方案（试行）》（粤教高函〔2014〕8号），决定实施广东省高等教育"创新强校工程"。

（一）总体目标

总体目标是围绕广东省"三个定位、两个率先"总目标，进一步深化体制机制改革，破除制约高校内涵发展的体制机制障碍，扩大和落实高校办学自主权，激发高校办学活力，建立健全现代大学制度；协同创新机制和模式更趋完善，努力创建高等教育协同创新示范省；创新人才培养模式，人才培养的数量、质量和结构更加适应广东经济社会发展需要；重点建设领域取得新突破，高校"四重"建设（重点学科、重点人才、重点平台、重大科研项目）在全国排位显著提升；高校错位发展、特色发展格局基本形成，有若干所高校在全国同层次、同类型高校中处于领先地位；国际化办学水平进一步提升，全省高等教育竞争力和影响力显著增强。

（二）组织实施

学校为贯彻落实《广东省教育厅关于组织开展协同机制创新改革研究与实践工作的通知》和《广东省高等教育"创新强校工程"实施方案（试行）》等文件精神，全面推进学校"创新强校工程"建设，提升学术研究水平和服务社会能力，积极组织开展协同创新机制研究，努力推进协同创新平台建设实践，制订出台《广东第二师范学院协同机制创新改革研究与实践工作方案》，并于2014年3月成立了"广东第二师范学院'创新强校工程'领导小组""广东第二师范学院'创新强校工程'（2014—2016年）建设规划编制工作组"。领导小组组长为肖建彬校长，副组长为曾小龙、刘波副校长，主要成员为黄可波（党政办主任）、陈爱葵（教务处处长）、姚晓南（科研处处长）、黄文（人力资源处处长）、俞启富（财务处处长）以及各二级院系院长或主任等。"创新强校工程"（2014—2016年）建设规划编制工作组组长为肖建彬，副组长为曾小龙，主要成员为黄可波、姚晓南、陈爱葵、黄文、俞启富、陈彩燕、贾汇亮、陈瑞炼、徐志林、武文霞、陶乾、李杼机、李紫红等。各二级院系成立相应规划编制小组，负责编制各自单位三年规划。

学校紧密结合自身办学定位、总体办学目标和人才培养目标定位，扎实开展学校顶层设计、协同机制创新改革与研究的实践探索，突出优势和特色，结合学校实际，提出了"创新强校工程"建设总体思路和设想，经过遴选，确定近三年的建设项目，有计划地推进"创新强校工程"建设。在各类项目组织遴选中，建立了合理的校内竞争机制、论证制度和监督制度，做到事前公告、事后公示，从制度上保证项目遴选的公开、公平、公正。

推进"创新强校工程",关键在于准确把握并充分发挥协同创新的引领作用,为此,学校在体制机制改革与协同创新方面进行了一些改革与探索,取得了一定的成绩。编制了专门针对内部体制改革的专项规划;成立了"广东第二师范学院协同创新领导小组",下设"协同创新中心工作小组"和"协同育人平台工作小组",分别负责协同创新中心和协同育人平台建设,努力推进协同创新平台建设;组建了"基础教育优质均衡协同创新发展中心""特殊教育协同育人联盟"等几个协同创新(育人)平台;与地方政府合作共建了五所附属学校和三个教育实验区;探索实施了卓越教师培养计划等。

按照《广东第二师范学院"创新强校工程"(2014—2016年)建设规划》的安排,学校在体制机制改革与协同创新方面的建设任务主要围绕"教师教育"这一中心,突出"引领基础教育改革与发展"和"协同培养特教师资,服务特教事业"两大重点,进行"协同创新服务于引领基础教育改革与发展""特殊教育师资协同育人研究与实践""应用技术类专业协同育人(创新)的研究与实践"以及"基于现代大学制度的高师院校内部治理模式研究与实践"几大领域的研究与实践。建设项目主要分布在"协同机制创新改革研究与实践类项目"和"协同创新中心(协同育人平台)培育类项目"两大类别。具体而言,校内目前已经启动的协同机制创新改革研究与实践类的项目有以下几项:"开放高效的基础教育大数据资源共建共享协同创新改革研究""科学教育学科教学整合协同机制创新改革""基于番禺区中小学的'研学后教'研究与实践""基于教师能力提升的教育实验区建设""基于师范教育的民族与区域文化传承研究与实践""以高校音乐教育与基础音乐教育纵向合作研究与实践和师范院校与中小学国学课程协同开发与建设""特殊教育专业人才培养协同机制创新改革研究""特殊教育师资分级式培训研究与实践""食品卫生安全协同机制创新改革的研究与实践和基于现代大学制度的高师院校内部治理模式创新研究与实践""基于协同创新理念下高师院校科研管理体制改革研究""基于完全学分制改革的高师人才培养机制探索""基于质量与贡献的高师院校教师综合评价机制创新研究与实践"等。

三、"创新强校工程"取得的成果

在"创新强校工程"的推动下,学校各项事业有了新发展,呈现出新气象,具体体现在如下方面:

(一)协同创新中心、协同育人平台培育方面

学校已在培育建设基础教育优质均衡协同创新发展中心和高效课堂协同创新中心。这两个协同创新(发展)中心运转均已步入正轨,正逐步产出相应的理论成果与实践成果;已培育组建特殊教育协同育人联盟,属于协同育人平台,目前特殊教育协同育人联盟建设进展顺利。

1. 协同创新中心

基础教育优质均衡协同创新发展中心是以学校为牵头单位培育组建的第一个协同创新发展中心。该中心由学校与湛江师范学院(已更名为"岭南师范学院")等六所高等

院校、广州市番禺区教育局等七个地方教育行政部门及广东省教育研究院协同组建而成，中心致力于推进基础教育优质均衡发展，致力于为基础教育欠发达地区、中小学薄弱学校及教育薄弱地区探寻快速优质化发展的路径和对策，提升广东基础教育整体发展水平。中心实力雄厚，学科齐全，拥有教育学等十多个学科；机构健全，广东省中小学校长培训中心等一批广东省教育厅服务基础教育的业务机构设在学校，另外还有教育科学研究所、基础教育研究中心、基础教育课程与教学研究中心等一批研究基础教育的内设机构；专家荟萃，拥有一批熟悉基础教育的理论专家和一批学科课程教学专家，在广东基础教育界有着良好的社会反响。

目前中心运转正常，已逐步产出相应的理论成果和实践成果。中心与地方政府协同共建了番禺石壁街教育实验区、揭阳市榕城区教育实验区、云浮市郁南教育实验区共三个教育实验区和广东第二师范学院番禺附属中学、广东第二师范学院汕头龙湖附属中学、广东第二师范学院番禺附属初级中学、广东第二师范学院番禺附属小学和广州南站附属学校共五所附属学校。特别是广东第二师范学院番禺附属中学，其前身是番禺区市桥第二中学，原来办学质量低下，管理粗放，改制后在中心的大力支持下，办学质量大大提升，成效显著。

高效课堂协同创新中心是学校与番禺区教育局精诚合作、协同共建的一个协同创新中心。高效课堂协同创新中心旨在充分发挥学校服务基础教育的优势，完善番禺区"研学后教"课堂教学改革区域教育特色，总结课堂教学改革成绩；宣传和推广课改经验，提升办学质量。

2014年7月2日，高效课堂协同创新中心专家组工作启动会议在番禺区进修学校报告厅举行，肖建彬校长率领各学科专家组成员参加了会议。启动会议上，肖建彬校长就高效课堂协同创新中心的意义及工作部署发表讲话。学校基础教育研究中心吴惟粤主任对《高效课堂协同创新中心专家工作手册（征求意见稿）》进行了详细解读，番禺区教育局教研室黎耀威主任介绍了目前"研学后教"课堂教学改革的形势及遇到的瓶颈问题。

2. 协同育人平台

特殊教育协同育人联盟是学校牵头组建的一个协同育人平台。针对广东省特殊教育发展中存在的师资数量不足、特教师资专业性不强的两大难题，学校与华南师范大学特殊教育学院、岭南师范学院特殊教育系、北京联合大学特殊教育系、华东师范大学学前与特殊教育系、华中师范大学教育科学学院特殊教育系、广州市盲人学校、广州市聋人学校、顺德启智学校、广州市康纳学校、番禺启智学校、广州市康复实验学校、佛山市南海区星辉学校、广州市荔湾区康迪学校、东莞市残疾儿童学前教育中心等多个单位联合组建了这一协同育人联盟。

该协同育人平台坚持育人目标协同、育人过程协同、育人设施场室协同、校内校外协同的"四协同"理念，开展特殊教育师资人才培养、特教教研与科研等的合作。

现阶段特殊教育协同育人联盟着手建设的教学科研平台有：自闭症研究中心、特殊儿童评估中心、虚拟现实互动实验室以及特殊教育教师继续教育信息平台。目前联盟总体进展较为顺利，但还需进一步加强与特殊教育学校的沟通，以及与国外高校的交流，探索一线特教人才在高校任职的新模式。

（二）科研成果转化与产学研合作成效方面

学校把科研快速发展作为建设的主要目标之一。学校制定、修改了一系列科研管理文件，改革科研评价体系，加强对校内科研机构的管理，先后出台了《广东第二师范学院学术委员会章程》《广东第二师范学院科研机构管理办法》，修订了《广东第二师范学院科研经费管理办法》等文件，旨在通过创新和提高科研管理水平，提升科研创新能力。

在科研成果转化与产学研合作成效方面，具体有如下举措：

一是大力发挥学校在基础教育领域的优势，面对全省中小学，广泛实施项目引领下的教育研究与教学指导服务。学校对几百所中小学长期实施教改实验。其中对英德市、广州市花都区实施的"'金种子'工程""'小班化'实验"项目，取得了良好成效。学校与地方政府协同共建的三个教育实验区，均运用我校教育研究成果，指导教改实验。同时，学校在五所附属学校进行了教学研究与实验，在提升这些学校的办学水平上取得了明显成效。

二是积极开展有实效的活动，形成政府、学校、企业合作的互动机制。积极响应教育部的号召，广泛参与到广东省产学研结合的工程中，了解需求、解决难题、推广成果。

三是与企业建立长期合作关系，着手组建产学研战略协作。与教育类企业建立产学研战略联盟，将短期、松散、单项的合作变为长期、紧密、系统的合作，共同为省内教育信息化的发展提供技术支撑和服务。

四是主动参与企业的技术创新及改造，帮助提高广东企业的自主创新能力和竞争力，为企业的产品开发、人才培养提供政策研究和咨询建议。

产学研合作为学校的科研发展带来了很大机遇，而且这种机遇在实践中不断转化，逐渐形成全面、协调和可持续发展的新理念，推动了学校学科的发展。随着形势的发展，如何给产学研合作赋予新的内涵，如何以科学发展观来审视产学研结合，使其能全面、协调和可持续发展，还需要在实践中不断探索和总结。

（三）学科专业建设方面

1. 学科专业建设成效

学校以学科建设为龙头，大力推进专业建设，注重统筹规划学科发展和专业设置，严格控制一级学科门类，在学科框架内设置专业，保障重点建设学科的专业充盈度，形成了学科交叉、文理结合、重点突出、特色鲜明的专业结构体系。现有应用心理学、数学与应用数学、汉语言文学、美术学、思想政治教育、体育教育六个校级建设特色专业，物理学、应用化学、生物科学三个校级专业综合改革试点项目，应用心理学、数学与应用数学两个省级特色专业建设项目，学前教育学、美术学两个省级专业综合改革试点项目。

全面实施"示范性应用型本科高校建设工程"，科学规划人才培养目标，培养基础教育满意的师资；创新课程体系，建立专业化的教师教育课程体系；改革教学方法与评价方式，创建参与式的教学体系；强化实践性课程教学，建立专业技能训练课程体系；改革教学组织形式，建立教师发展中心；培育学生个性，建立促进学生特长发展的平台。在全国同类型、同层次高校中争创一流，引领学校办学水平与特色的全面提升，提高学校教师教育专业综合实力和人才培养水平，力争在基础教育学、应用生态学、美术学、数学与应用数学等学科领域有所突破，提升学科建设水平，增强核心竞争力。

2. 学科专业建设方案及经费支持

学校根据自身学科建设规划和优势特色，立足师范教育特色，制订重点学科建设改革方案，现已进入征求意见环节；出台了《广东第二师范学院重点学科管理办法（征求意见稿）》。三年预计共投入920万元，用于省级重点学科培育、校级重点学科建设，以及学科建设相关的调研、项目论证与申报、研讨会、教师通识教育课程研究与实践、课程开发、课程评价、成果发表等。

（四）人才培养方面

学校高度重视人才培养工作，不断深化教育教学改革，坚持走以提高人才培养质量为核心的内涵式发展道路，取得了较为显著的成效。

1. 在校生数

学校根据办学条件和师资力量合理确定办学规模。截至2015年10月，海珠校区和花都校区的在校学生总数为10 652人。具体情况如表3-2所示：

表3-2 广东第二师范学院学生人数（2012年至2015年10月）

院系	海珠	花都	2012级 两年制本科	2012级 四年制本科	2013级 三年制专科	2013级 四年制本科	2014级 三年制专科	2014级 四年制本科	2015级 四年制本科
化学系		538	6	87	83	76	47	81	158
计算机科学系		723	4	94	84	114	47	155	225
教育学院	972			259		242		196	275
美术系		1 126		420		258		217	231
生物与食品工程学院	906		5	129	60	143	50	204	315
数学系		1 101	33	305		223		235	305
体育系	893		6	212		197		201	277
外语系		991	24	275		201		210	281
物理系	647			122	70	118	37	126	174
音乐系		616	11	127		146		159	173

（续上表）

院系	校区		2012 级		2013 级		2014 级		2015 级
	海珠	花都	两年制本科	四年制本科	三年制专科	四年制本科	三年制专科	四年制本科	四年制本科
政法系		1 196		250	63	204	54	235	390
中文系		943	17	251		207		214	254
总计	3 418	7 234	106	2 531	360	2 129	235	2 233	3 058
合计	10 652		2 637		2 489		2 468		3 058

2. 人才培养机制

（1）学校实行一把手抓本科教学工作制度。学校党政一把手一贯高度重视本科教学工作，正确处理教学与其他工作的关系；坚持把本科教学工作纳入校党委和行政的重要议事日程，党委会和校长办公会议定期研究部署教学工作，适时召开教学工作会议，探讨教育教学改革中的理论和现实问题，推进本科教学管理与改革工作，带头坚持校领导分工联系学院制度，通过深入本科教学第一线调查研究及现场办公、设立校领导信箱和接待日等方式掌握本科教学现状，倾听广大师生的意见和建议，及时协调解决教学中的实际问题和困难。

（2）本科毕业生初次就业率。学校一直坚持实行"毕业生就业工作一把手负责制"，成立毕业生就业工作领导小组，及时研究解决就业工作中出现的新问题，努力促进毕业生充分就业。2014 年本科毕业生初次就业率为 88.60%，总体就业率为 98.24%。2015 年本科毕业生初次就业率为 94.41%。

（3）教授给本科生上课比例。学校高度重视本科生的培养质量，严格执行教育部有关规定，坚持教授、副教授为本科生授课制度，要求所有教授、副教授给本科生上课。在 2014 年度中，教授、副教授为本科生上课或开设讲座的比例是 100%。

（4）有教师教学的激励和约束措施并实施良好。为鼓励教师积极上进，调动教师积极性，激励教师不断提高教育质量，学校对在教育教学、培养人才、科学研究、教学改革等方面成绩优异者予以表彰、奖励。2014 年开展"优秀教学奖"评选，评选出五位教师为年度"优秀教学奖"获得者并给予奖励。修订《广东第二师范学院教师教学工作规程》，要求教师严格按照教学工作规程组织教学，保证教学质量；同时，对那些不负责任、发生教学事故的教师将根据《广东第二师范学院教学事故认定与处理条例》进行处罚。

（5）有学生分类培养制度并实施良好。学校主动适应本地区教育改革发展总体要求，结合办学定位、办学优势与特色，积极开展卓越教师培养计划项目，进展顺利，效果良好。同时，学校开展多渠道多方式国际交流。与国外高水平大学合作，积极探索国内外共同培养高素质创新人才的有效途径，为学生提供多种海外学习交流机会，积极开展教师互派、学生互换，合作培养一流专业技术人才。

3．教学经费投入

学校一向坚持教学经费优先投入政策，确保教学经费投入满足人才培养需要。2014年，学校政府拨款 10 954.60 万元（不含专项拨款），学费收入 6 476.92 万元，教学日常经费支出 3 780.91 万元，教学日常经费支出占经常性预算内教育事业费拨款与学费收入之和的比例为 21.69%。

2014 年教学日常经费支出为 3 780.91 万元，全日制在校生为 10 751 人，生均年教学日常运行支出约 3 516.8 元。在扩大招生人数的情况下，生均教学日常运行支出较上年增长率达到了 3.44%。

表 3－3　学校教学经费投入一览表

指　　标	2014 年数值	2013 年数值
经常性预算内教育事业费拨款与学费收入之和（万元）	17 431.52	17 821.80
教学日常经费支出（万元）	3 780.91	3 305.71
教学经费投入较好地满足人才培养需要。教学日常经费支出占经常性预算内教育事业费拨款与学费收入之和比例（%）	21.69	18.55
生均年教学日常运行支出（万元）	0.35	0.34
生均年教学日常运行支出较上年增长率（%）	3.44	5.27

4．教学建设与改革

（1）有教师教学发展中心并发挥良好作用。学校正式成立教师教学发展中心，顺利运作并发挥良好作用。中心领导机构认真研究、制订《广东第二师范学院教师教学发展中心工作方案》并按计划积极开展相关工作。根据该方案，学校教师教学发展中心以提高人才培养质量、科学研究水平、服务社会和文化传承能力为根本宗旨，以服务教师专业发展、推动人才培养工作为根本任务，积极开展目标明确、特色鲜明、功能完备、形式多样的教师发展促进活动，重点突出以下主要职能：规划教师发展；教师成长研究；教师培养培训；建设资源平台；推进研讨交流；为教师个性化发展提供咨询服务。中心自成立以来，开展了一系列教师教育活动，包括：组织校级青年教师课堂教学观摩活动；完成校级"优秀教学奖"标准制定，组织"优秀教学奖"的评选活动；组织"国家教师资格考试制度与教师教育改革"征文比赛与研讨会活动；组织卓越师范生培养计划项目部分负责人到肇庆学院参加卓越教师协同培养专题研讨会；组织参加广东省本科高校教学研究与改革管理人员培训会议；组织各系教师共 51 人参加"高等院校慕课、微课教学开发与应用骨干教师"培训会；组织各系教师共八人参加"广东省普通本科应用型人才培养青年教师教学能力培训会"；组织各系教师共 4 人参加广东省本科高校教师标准化知识培训会议等。

（2）有专业、课程建设规划并实施良好。①专业建设。学校认真规划并良好实施专业建设工作，加强制度建设，与时俱进，修订《广东第二师范学院专业建设管理办法

（试行）》。2014 年新增特殊教育、环境生态工程、烹饪与营养教育 3 个本科专业并于 2014 年 9 月开始招生。至此，我校本科专业由 22 个增加到 25 个，提前完成学校《"十二五"学科与专业建设规划》中"2015 年开设的本科专业数达到 25 个以上"的具体目标。2015 年再增加翻译学、网络工程、食品质量与安全、行政管理 4 个专业，学校本科专业增加到 29 个。②课程建设。为贯彻落实《教育部关于启动高等学校教学质量与教学改革工程精品课程建设工作的通知》（粤教高〔2003〕1 号）和广东省教育厅《关于开展广东省高等学校精品课程建设工作的通知》（粤教高〔2003〕52 号）文件精神，学校于 2008 年启动了精品课程建设工作，并把精品课程建设作为学校课程建设的重点和龙头，把精品课程建设打造成为一流教师队伍、一流教学内容、一流教学方法、一流教材、一流教学管理等特点的示范性课程，促进课程建设上质量、上水平、积极推动教学改革；同时，对其他课程起到示范和辐射作用。

完善课程建设管理制度，加强精品课程建设力度。学校为了加强规范课程建设管理与课程评价标准，制定了《广东第二师范学院课程建设管理暂行办法》（教字〔2014〕19 号）、《广东教育学院校级精品课程建设方案》（粤教院〔2007〕74 号）、《广东教育学院校级精品课程管理规定》（粤教院〔2008〕54 号）、《关于精品课程建设有关工作的通知》（教字〔2010〕104 号）等文件，且在学校教学指导委员会的管理与监督下，认真完成了校级精品课程立项建设项目的中期检查与结项评审。至2014 年，学校已立项校级精品课程 29 项；体育系"学校体育学"获得省级精品资源共享课立项；生物系"遗传学"获得省级精品视频公开课立项；"学校组织与管理"获得"教师教育国家级精品资源共享课"立项建设课程资助，资助经费为 10 万元，实现了课程建设领域国家级项目零的突破。经过专家网络评审和教学指导委员会会议评审，已有 10 个校级项目达到学校精品课程建设标准，同意结项；其余 19 项校级项目还在不断地完善与建设中。学校不断地对精品课程网站进行升级改造，如使用蓝鸽平台进行精品课程建设，邀请蓝鸽平台技术工作人员对学校精品课程立项建设项目负责人及其团队进行培训，组织校级精品课程建设项目负责人及其团队参加有关精品课程建设项目培训等，使得课程建设能跟得上时代步伐。

规范公选课教学管理，促进公选课课程建设。学校为了规范公选课教学管理，加强公选课课程建设，提高公选课教学质量，根据《广东第二师范学院学分制实施办法》的相关规定，结合公选课具体情况，制定了《广东第二师范学院公共选课管理办法》（教字〔2014〕33 号），并在文件指导下，2014 年共受理 73 门新开设公选课的申报工作。同时，组织专家进行评审，其中有 50 门公选课获得通过。此外，学校为了扩大公选课课程资源，还积极引进了超星尔雅网络通识课程，获得学生的广泛好评。

（3）健全二级单位教学质量监控体系并执行良好。为贯彻落实有关文件精神，促进教学部门形成自我约束、自我完善、自我发展，推进教学管理工作规范化、制度化和科学化，对教学质量实现更好的监控管理，促成人才培养质量提升，学校制定了《广东第二师范学院院（系）教学工作状态评估办法（试行）》（广东二师〔2014〕5 号），并于2013—2014 年启动了首轮院系年度教学状态评估工作。

为了引进竞争和激励机制，对得分高的教学部门给予充分肯定和奖励。对于此次评估前三名分别给了15万（计算机科学系）、10万（数学系、中文系）和3万（教育学院、政法系、音乐系）奖金鼓励。学校要求高教研究与评估中心根据此次评估情况对评估指标和评估办法进行进一步修订，要求教务处和各教学部门针对评估中发现的问题进行认真整改，要求广大教师和教学管理人员严格执行质量规范及质量标准，促进学校教学质量不断提高，推进学校教育事业实现内涵发展。

首轮院系年度教学状态评估工作对推动二级教学单位规范、科学地围绕人才培养中心开展工作起到了很大促进作用。

（4）参与校企合作育人的专业覆盖面及成效。学校过去以师范专业为主，与中小学联系紧密，与企业联系较少，因此，合作企业数量较少，合作基础薄弱，通过近几年的不懈努力，取得了一定成效。自2010年改制以来，学校在发展师范专业实践教学基地同时积极开展与校外企业合作，通过共建大学生校外实践教学基地的形式，与广东天心天思软件有限公司、广州飞瑞敖电子科技有限公司、中巴软件园、佛山市智力科技有限公司、广州市新华聚科信息科技有限公司、碧桂园假日半岛酒店有限公司、金成潮州酒楼饮食有限公司、广东华师大绿谷生物技术开发中心、惠州惠信精密部件有限公司、深圳市伟达电子科技有限公司、广州民俗博物馆、西汉南越王墓博物馆等十多家企事业单位建立了长期合作关系，共同培育我校学生。学校目前参与校企合作育人的专业较改制前大大增加，除已有几个理工科专业，如计算机科学与技术、生物科学、物理学、数学与应用数学、应用化学等外，还新增商务英语、旅游管理、历史学等，覆盖面明显扩大。

（5）与国（境）外合作开展人才培养项目。2014年，学校开展与英国纽曼大学的本硕连读课程项目，包括人才培养方案论证及具体课程定制，区别于传统本硕连读课程，此项目是专门为国内HND学生设计的，并得到英国QAA认证，具有创新性。国际教育学院刘焱鸿副院长等相关人员出访英国，到纽曼大学考察并签订相关合作文件，有效推进了学校国际化发展进程；此外，学校开展与博雅国际教育研究院的香港直通车项目，包括人才培养方案论证及具体课程定制，这是由学校专门为有志于赴香港的高中毕业生精心设计的预备课程，也是专门为准备到香港攻读学士学位课程的学生"量身定制"的大学捷径课程。国际教育学院刘焱鸿副院长经过对上海交大香港直通车项目的考察，与香港博雅教育集团签订相关合作文件，有效推进了学校国际化发展进程。

5. 质量工程

（1）国家级质量工程项目。截至2014年12月31日，学校共立项国家级质量工程项目2项，分别为"学校组织与管理"（教师教育国家级精品资源共享课）与"广东第二师范学院理科实践教育基地"（国家级大学生校外实践基地）。

（2）省级质量工程项目。截至2014年12月31日，学校共立项省级质量工程项目30项。2014年，学校申报立项广东省质量工程建设项目11项（粤教高函〔2014〕97号），广东省高等教育教学改革项目（本科类）8项（粤教高函〔2014〕107号）。

为激励教师做好课堂教学与教学研究，提高人才培养质量，学校举办了2014年度广东第二师范学院"优秀教学奖"的评选活动，经个人申报、院系初审、专家评审等程序，共 5 名教师获奖。学校还于 2014 年开展了青年教师课堂教学观摩活动，共 110 多名教师参与了本次观摩活动，影响面广。此次活动对学校青年教师提升教学水平，实施参与式课堂教学改革，提供了良好的示范教学案例。

6．教学成果奖

2014 年，学校获得第七届广东教育教学成果奖（高等教育）二等奖 1 项（粤教高函〔2014〕93 号）。学校还于 2015 年积极推荐与建设广东教育教学成果奖（高等教育）培育项目，统筹规划，协调好项目遴选与培育方案，为申报国家级与省级教育教学成果奖项目奠定扎实基础。

2015 年度，学校"创新强校工程"进一步推进，取得了阶段性成果。

根据广东省财政厅《关于下达 2015 年高等教育"创新强校工程"专项资金的通知》（粤财教〔2015〕149 号），广东省教育厅《关于做好 2015 年高等教育"创新强校工程"项目及专项资金管理工作的通知》（粤教高函〔2015〕97 号），省财政厅、省教育厅《广东省高等教育"创新强校工程"专项资金管理办法》（粤财教〔2014〕130 号）及《广东第二师范学院"创新强校工程"（2014—2016 年）建设规划》等文件，学校严格执行省政府、省教育厅和财政厅相关文件，落实"创新强校工程"，稳步推进学校发展。

在协同创新思想要求的引领下，学校针对多个领域的机制体制创新改革工作进行整体推进、总体规划研究，结合部门相关领域自身发展实际和紧迫程度，选择在管理机制创新、高端人才引育、人才培养模式改革、教学科研资源共享、人事聘用制度、考核评价机制、分配激励机制、协同创新机制与载体建立等方面进行重点研究。

校内目前已经启动的协同机制创新改革研究与实践类项目有以下 17 项：①数字化校园建设之财务信息化建设创新性研究；②节约能源资源，创建节能型示范高校；③关于推进学校惩防体系建设强化监督制约机制的研究；④数字化时代师范院校课程建设与教学改革机制研究；⑤基于学分制改革的师范院校人才培养体制机制创新研究；⑥"招生、培养、就业"三环节协同提升教师培养质量——教师培养体制机制改革创新的研究与实践；⑦致力于提升核心竞争力的重点学科建设体系机制构建；⑧服务基础教育的科研资源共享平台；⑨基于协同创新的学校科研资源整合平台建设；⑩基于协同创新视角下普通高校招生考试的管理机制研究；⑪高层次人才引进和培养；⑫新时期构建高校学生发展服务体系的思路及运行机制研究；⑬学生社区化管理模式构建项目；⑭新形势下我国高校科研经费管理的法律问题及管理制度建设；⑮学校现代大学制度建设研究；⑯助推学校特色高校建设的学报与重点学科体系协同机制建设；⑰云桌面技术在高校应用的研究与规划。

7．小结

在协同创新中心、协同育人平台培育方面，学校目前已在培育建设个协同创新中心，即基础教育优质均衡协同创新发展中心和高效课堂协同创新中心。这两个协同创新（发展）中心运转均已步入正轨。培育建设五个协同育人平台，即特殊教育协同育人联盟、生态保护与环境教育协同育人基地、创新型语文教师协同育人联盟、面向教育信息化的人才培养协同育人基地、商务翻译人才协同育人平台，各个平台建设进展顺利。

2015 年，在人才培养方面，学校高度重视人才培养工作，不断深化教育教学改革，坚持走以提高人才培养质量为核心的内涵式发展道路，重点开展了人才培养模式创新、教师教育专业实践教学改革、"创新强校工程"之质量工程项目工作机制完善、在线课堂教学改革等工作，进一步提升了人才培养质量。

2015 年，在教学经费投入方面，根据学校创新强校工作精神，为夯实应用型人才培养办学基础，强化实践教学条件，加强硬件建设，满足应用型人才培养需求，突出创新强校特色，学校将实验室建设纳入创新强校工程，并重点给予经费投入。为此，教务处启动了实验室提升工程建设和实验仪器设备购置申报工作。2014 年 12 月 17 日，教务处就实验室和仪器设备情况发出第一次通知，各院系及相关部门提交了相关材料。在此基础上，2015 年 4 月 3 日，学校发出了《关于召开 2015 年实验室建设专题会议的通知》，4 月 8 日，召开会议，确定了 2015 年实验仪器设备购置的经费投入和经费分配原则。根据会议精神，要求各院系和相关部门正式提交 2015 年的申报材料。4 月 20 日，召开 2015 年实验室建设和实验仪器设备购置论证会，委员们本着对学校发展高度负责的精神，按照轻重缓急原则、现有本科专业优先原则、已有实验场地优先原则、用于本科教学原则、受益面和使用率最大化原则，形成了 2015 年新建实验室和实验仪器设备购置经费的初步分配方案，并于 5 月 28 日再次在校长办公会议上审议通过。

观照上述可以看出：实施"创新强校工程"，有力推动了学校事业发展，其影响是多方面的：在学校管理方面，推动了学校内部治理模式的改革，增强了学校凝聚力，明确了学校的中心任务和发展重点，促进校内优势资源重组；在师资队伍建设方面，推动了高端人才引进、青年教师培养及教师综合评价机制创新研究与实践；在学科专业建设方面，学校专业布局更为合理，专业发展重点突出、层次分明；在人才培养方面，深化了人才培养机制探索，教学质量监控体系日益健全，学生分类培养制度初见成效，实践教学条件改善，硬件建设加强，更能满足应用型人才培养需求。校企合作育人、与国（境）外合作培养人才渐次展开；在科研创新方面，强化科研意识，推动创新平台建设，正逐步产出相应的理论成果与实践成果，科研成果转化和产学研合作实施方面也有可称道之处。相信通过"创新强校工程"的继续实施，学校事业发展将蒸蒸日上。

第四章

全新的人才培养体系与学生成长

孔子感慨地说："才难，不其然乎？"管子则力倡"一树百获者，人也"，孟子更强调"善政不如善教之得民也"。培养合格人才是高校永恒的主题，是促进国家发展和社会进步的动力和源泉，学校也始终以此为自身使命。自2006年至2015年，学校性质从成人高师转变为普通本科院校，学校与时偕行，以创新招生就业工作为依托，以"卓越师范生"项目为引领，着力构建新的人才培养体系。十年磨砺，成就不俗，学生素质获得全面提升，改制后的头两届毕业生情况喜人，实现了改制和发展的初步愿景。

第一节　新的人才培养体系的构建与措施

2010年，学校成功改制，学校法定性质转变，办学定位转变，这就需要学校因事制宜，构建新的人才培养体系，制定相关措施落实人才培养的各项计划。学校按照"四个'并重'和协同育人"思路开展行动研究，不断探索完善学校教师教育专业应用型人才培养体系。

四个"并重"是指人文教育与专业教育并重，理论教育与职业技能训练并重，老师指导与学生自主发展并重，课内与课外并重。四个"并重"互相依存，辩证统一，理论与实践有机结合，前两个"并重"是理念，主要体现于人才培养方案的制订，后两个"并重"是理念得以实现的保证，缺少学生的自主参与、自主发展与课外学习，前两个"并重"便不可能实现，人文教育与职业技能训练便落不到实处。

协同育人是指影响人才成长的各个因素协同，即四个"并重"协同，多管齐下；学校里的相关机构如教务处、学生处、招生就业处、宣传部、教学系（院）协同；校内和校外的人文教育研究者与行动者协同，整合人文教育资源。协同是实现四个"并重"的保证。四个"并重"协同推进，以提高师范生培养质量，培养具有深厚人文情怀、宽广文化知识、扎实专业基础、娴熟职业技能的让基础教育满意的师资。

学校构建与落实新人才培养体系的措施主要有如下四方面：

第一，学校调查论证、深入研究，设计新人才培养方案。

新的人才培养方案的主要创新点体现在如下方面：明确目标定位原则。按教师专业化发展要求，明确人才培养目标定位；人才培养目标分综合目标与专业目标两个层次；专业目标按《中学教师专业标准（试行）》《小学教师专业标准（试行）》规定，从专业理念与师德、专业知识、专业能力三方面制定具体的人才培养要求。实施了结构化、板块化的课程体系。进一步优化课程结构，针对传统师范教育课程设置与培养目标脱节、因人设课的现象，学校改革课程结构，调整模块比例，构建"三三制"课程体系，即将所有课程划分为制度性课程、社团性课程和自修性课程三个系列。其中，制度性课程又分为文化课程、专业课程、职业课程（教师教育课程）三个模块，并把教师教育课程细分成教育理论基础、教师职业技能训练、教育实践三大类别，形成了级类明晰、结构严密、功能完整的课程体系。对于制度性课程，各专业全面实施"1＋2＋1"课程设置模式，即文化课程、专业课程、职业课程的课时比例朝1：2：1方向迈进。彰显应用型人才培养的应用性方面，一是增设教育技能训练课程，明确了职业课程的教学要求，以满足应用型人才培养的需求和提高学生的职业竞争力。二是进一步加强实践教学，明确要求每学期安排两周时间，专门开展实践考察、实训、见习等活动，让学生了解社会实际，提高动手能力。同时延长教育实习和见习时间。学校也积极组织开展相关研究，为新的人才培养体系构建做好理论准备。学校以综合改革试点方案中的要求为蓝本，编制学校《2011、2012 年教学研究与改革项目指南》，引导全校教师围绕综合改革试点项目展开研究和实践。目前，形成的理论研究成果主要有：《香港岭南大学博雅教育课程实践与启示》《创新与视野：创新人才培养的思考》《课程·视野·发展——对课程价值的阐释》《自我课程策划：意义、可能性及其实现》《谋划人才培养蓝图　探索高师人才培养模式改革》《创新型教育人才培养的教学模式构建》《应用型本科院校实践教学有效模式研究》《应用心理学专业人才培养方案的构建与培养模式研究》《高校思想政治理论课实践教学体系的理论与实践研究》《普通高校体育教育本科专业学生实践能力培养的研究》《数学建模与大学数学教学改革》等。学校分别于 2011 年 3 月 9 日和 10 月 21 日、2012 年 4 月 13 日召开了三次人才培养模式改革研讨会。第一次会议重点是讨论实施方案与加强理论研究；第二次会议重点是检查年度计划实施状况，进一步明确工作思路；第三次会议主题是解读《教师教育课程标准（试行）》课程理念，探讨贯彻落实该标准与完善高师人才培养模式综合改革试点项目相结合的具体措施。

同时，改革教学方法与评价方式，创建参与式的教学体系。学校改革高校长期盛行教师灌输知识为主的单一讲授法和考核方式单一的状况，改变课堂上"教师口若悬河，学生呆若木鸡"的被动局面，创建参与式教学体系。注重学思结合，运用启发式、探究式、讨论式、参与式教学方法与研究性学习，帮助学生学会学习，调动学生的学习积极性。倡导以问题为基础的学习、以研究为基础的学习、以发现为基础的学习以及多种新的探究学习模式。注重学用结合，发展案例教学法。理论课程教学可以通过案例分析、现场观摩、模拟演习、实习作业等方式让理论课程向实践转化，同时各专业考虑专门开发一门案例分析课程，搭建理论与实践沟通的桥梁，促进学生学以致用。改革教学评价方式，积极开展学生成绩考核方式改革，拓宽评价思路，以能力为本位，重视对学生创新精神和综合能力的评价，以形成性评价与总结性评价相结合，强化学习过程考核，将学生在研究性学习活动中的表现纳入学生成绩评定中，实现考核方式多样化，以改变考核方式单一、以考核识记目标为主、以考试分数作为衡量学习效果唯一标准的现状。各专业有一定数量的课程采用课程论文、课程设计、发表论文（作品）、参与学科竞赛或科研等方式进行考核并加强考核管理。探索信息技术教育下的提示型、自主型和共同解决型教学的变革，借鉴国内外关于教学质量评估的经验，形成多渠道多层次的定性评价和定量评估相结合的评价方式。开发新的教学评价制度和措施，在传统评价方式基础上，增加一些新的评价方式，如研究报告、研究成果展示、研究成果汇报等。引进社会评价，广泛收集用人单位对毕业生的评价意见，使学校及时准确了解当前办学状况，时时以市场需求为导向，调整人才培养目标和培养方案，满足社会需求，维护和提高学校声誉。进一步加强对人才培养结果的跟踪监控，建立毕业生信息库，向用人单位发放并收集调查表，分析总结反馈信息，以此调整培养目标和培养方案，不断完善人才培养模式，提高人才培养质量。

第二，学校搭建平台，为培养学生创新素质和个性特长创造良好条件。

学校通过举办各类活动展现学生特长。学校继续传承好的传统和做法，组织好原有的学术科技节、文化艺术节、运动会、文娱表演、时装表演等活动，为学生培养个性提供舞台。开展职业规划培训与比赛活动。从2010年开始，学校配合广东省开展了职业规划宣传和比赛活动，承办了广东省职业规划大赛启动仪式。2011年，学校首次组织了职业规划培训活动，两校区有500多人参加现场培训，递交了职业规划书700多份。继续开展师范生综合素质与技能训练和比赛活动。为了配合高师人才培养模式综合改革试点，近年来，学校对原有的师范生综合技能大赛活动进行改革，改变以往在校内请评委的做法，邀请了校外在一线工作的中学或小学老师担任评委，使活动不断接近社会要求。同时，也对"形象展示、模拟应聘和机智问答"等环节作了相应调整。此外，各院系都相应组织了各类师范生技能训练小组，结合专业实际，开展个性培养与技能训练活动。

学校也通过各类竞赛发展学生特长。组织学生参加校内外各种竞赛活动，初见成效，从2010年至今，全校共获得全国、省、市、区的各类奖项100多项。

学校更注意通过社团培育学生特长。学校加强对各级学生社团的指导，经过整合，学校社团发展已初具规模，目前共有社团组织87个，其中海珠校区39个、花都校区48个。已聘请相关专业指导老师，为社团发展提供了技术指导。

学校也注意创新形式，在实践中检验和发展学生个性。为更好地培养学生个性，学校从2010年开始，编写了《大学生学业规划手册》，让学生描述自己的愿景空间，记录个性发展的历程，班主任写评语，系领导审核并备案，使学生的个性培养得到了较好检查、督促和指导。学校实行素质特长评审制度，加强与教师技能实训中心等部门的沟通，按照学生专业特长、艺术特长、体育特长、组织管理特长、职业技能特长，给予相应特长证书。加强管理和服务，使师范生能如期拿到教师资格证。

第三，学校建设教育技能实训室，改善实践性教学条件。

学校于2010年正式启动了教育技能实训室建设。目前已经建成了微格教学技能实训室、音像演示媒体应用技能实训室、多媒体素材应用与课件制作技能实训室、信息技术应用技能实训室、普通话与教师口语技能实训室、探究性实验技能实训室、心理咨询与健康辅导实训室、书法与板书设计技能实训室、形体训练实训室、数码钢琴实训室，共计10个实训室。教育技能实训室的建成和投入使用，极大改善了学校师范教育实践教学条件，为学校开展高师人才培养模式综合改革试点奠定了坚实基础。

学校大力组建"师范教育实践教学基地"，推进实践性教学整体水平的提升。为了满足教育技能实训教学工作的需要，学校于2011年3月着手成立教育技能实训课程组或教研室，开展对教育技能实训课程的教学研究。2011年7月，为了满足师范教育实践教学的需要，学校开始着手组建"广东第二师范学院师范教育实践教学基地"。按照规划，在五年内，围绕满足师范教育类专业应用型人才培养需求，学校师范教育实践教学基地将会有效促进学校教师教育专业人才培养质量提升的总体建设目标的达成。

第四，学校于2013年开始实施"卓越教师培养计划"。

学校成立了由校长担任组长的"卓越教师培养计划"实施领导小组。领导小组负责"卓越教师培养计划"的政策制定、职能部门关系协调、人财物资源的分配和调配。卓越教师培养研究室设在教育发展力研修学院（培训处），对"卓越教师培养计划"的实施进行研究、业务指导和质量评估。在人员安排方面，卓越教师培养研究室有专人负责项目的研究和管理工作；成立了导师委员会，整合了培训处和各系师资参与项目的教学、指导。"卓越教师培养计划"属于学校校级协同创新项目，该项目现招收学校师范类各专业优秀学生，组成卓越教师培养计划实验班，为学生配备了学科专业导师和教育理论导师，目前卓越教师培养计划实验班已经招收了三届学生。

第二节　招生就业工作的创新与卓越教师培训项目

一、2006—2015年学校招生工作基本情况

2006年，学校普通高考计划招收专科生2 000名，最后录取2 148名。生源总数较为充足，第一志愿报考学校的上线生总数为5 400多名，投档线和最终录取分数线都比较高，普通类第一次出档分数线为538分，比省划定的专科最低控制分数线高出33分。学校2006年成高招生计划共4 760名，其中专升本3 260名，专科1 500名。在学校招生领导小组的领导下，按照省招生办的招生规程和要求，经过努力，最后录取新生4 486名，其中专升本3 664名，超出原计划404名；专科822名，比2005年的667名增加了155名。经过2005年底的申报及评选，2006年底学校获得了"全国成人高等学校招生工作先进集体"的光荣称号，受到教育部表彰。

2007年，学校普通高考暂停招生。由于市外分校区2006级普高学生提前返回校本部，造成校本部床位爆满，经省教育厅批准，学校2007年原已向社会公布的招生计划全部取消。学校2007年成高招生计划共5 300名，其中专升本4 600名，专科700名。最后录取新生4 131名，其中专升本3 186名（其中脱产886名），专科945名（其中脱产196名）。

2008年，学校普通高考招生计划共1 300名，第一志愿填报我校的考生有6 340名，通过多次向广东省教育考试院争取，实际录取1 584名，超额完成任务。当年成高招生计划共5 300名，其中专升本4 500名，专科800名。最后录取新生4 435名，其中专升本3 322名，专科1 113名，比2007年成人高考多招304名。

2009年，学校普通高考招生计划共2 000名，实际录取2 807名。从生源情况来看，生源总数仍较为充足，第一志愿填报学校的考生有9 266名。投档线和最低录取分数线都比较高：普通类理科第一次出档分数线为481分，比省划定的专科最低控制分数线高出31分；普通类文科第一次出档分数线为492分，比省划定的专科最低控制分数线高出44分。学校2009年成高招生计划共5 100名，其中专升本4 000名，专科1 100名，最后录取新生4 417名，其中专升本2 804名，专科1613名（本、专科脱产合计856名）。

2010 年 3 月，学校改制为普通本科院校，当年普通高考招生计划共 2 000 名（其中本科 700 名，专科 1 300 名），实际录取 2 300 名（其中本科 800 名，专科 1 500 名）。学校 2010 年成高招生计划共 3 400 名，其中专升本 2 800 名，专科 600 名，最后录取专升本 1 433 名，专科 1 082 名。

2011 年，学校普通高考招生计划共 3 500 名（其中本科省内 2 400 名，本科省外 100 名，专科 1 000 名），实际录取 3 647 名（其中本科省内 2 467 名，本科省外 101 名，专科 1 079 名）。2011 年成高招生计划共 2 000 名，其中专升本 1 500 名，专科 500 名，最后录取 1 160 名。

2012 年，学校开始面向安徽、内蒙古、山西、河南、甘肃、云南、贵州、广西 8 个外省（区）招生。当年计划招生 3 200 名，其中本科 2 700 名［本科插班生 100 名、在省外的 8 个省（区）招本科生 150 名、在本省招本科生 2 450 名］，在本省招收专科生 500 名。实际录取 3 311 名，其中本科 2 738 名［本科插班生 106 名、在省外的 8 个省（区）招本科生 159 名、在本省招本科生 2 473 名］，专科 573 名。就录取生源情况而言，2012 年是学校改制后的第三年，通过两年积极、大力宣传，当年学校本科生源质量较上年有很大程度提高。本科第一志愿报考的上线生源分数比前两年增幅较大，本省所录取的文科考生中最高分 583 分，平均分 558 分；理科考生中最高分 577 分，平均分 537 分。第三批专科 A 类从 2012 年开始只招收中外合作的 BTEC（Business & Technology Education Council）项目，录取的文科考生中最高分 527 分，平均分 470 分；理科考生中最高分 500 分，平均分 439 分。本科插班生报考人数 419 名，计划招生 100 名，实际录取 106 名。成人高考方面，学校成立成人教育学院，招生办协助成人教育学院完成 2012 年成高招生录取工作。

2013 年，学校计划招生 2 700 名，其中本科 2 300 名［本科插班生 150 名、在省外的安徽、山西、河南、甘肃、云南、贵州、广西 7 个省（区）招本科生 150 名、在本省招本科生 2 000 名］，在本省招收专科生 400 名。实际录取 2 783 名，其中本科 2 326 名［本科插班生 162 名、在省外的 7 个省（区）招本科生 156 名、在本省招本科生 2 008 名］，专科 457 名。从录取生源情况来看，自学校 2010 年改制成功并开始作为普通高等学校招收第一届本科生以来，在学校努力改善办学条件和不断加大招生宣传力度的前提下，学校生源质量和报考考生人数呈逐年上升趋势。广东省 2A 最低控制分数线为：文科类：总分 546 分；理科类：总分 516 分。广东省 2A 文科类最低投档分为 563 分，录取最高分 611 分，平均分 567.85 分；2A 理科类最低投档分为 530 分，录取最高分 582 分，平均分 538.13 分。艺术类、体育类考生出档后按综合分（综合分＝文化成绩×30%＋术科成绩×70%）从高到低进行排名。美术类录取综合分为 262.1～306.6 分；音乐类录取综合分为 265.0～306.7 分；体育类录取综合分为 264.0～306.7 分。2013 年专科省控最低分数线：文科 430 分，理科 400 分。学校文科录取最低分 430 分，最高分 532 分，平均分 455.20 分；理科录取最低分 400 分，最高分 507 分，平均分 532.58 分。本科插班生报考人数 483 名，计划招生 150 名，实际录取 162 名。成人高考方面，招生办继续协助成人教育学院完成 2014 年成高招生录取工作，共录取新生 7 280 名，其中本科 3 688

名，专科 3 592 名。

2014 年，教育部下达学校招生计划 2 600 名，其中本科 2 300 名［本科插班生 125 名、在省外的 7 个省（区）招本科生 150 名、在本省招本科生 2 025 名］，在本省招收专科生 300 名。2014 年普通高考共有 38 个专业（方向）招生，其中本科专业（方向）33 个，专科专业（方向）5 个。实际录取 2 692 名，其中本科 2 392 名［本科插班生 106 名、在省外的 7 个省（区）招本科生 160 名、在本省招本科生 2 126 名］，在本省招收专科生 300 名，比原计划多录 92 名。

2015 年，学校普通高考计划招生 3 000 名，全部为本科层次招生，其中外省招生 20 名。实际录取 3 096 名，其中在省外的 7 个省（区）招本科生 23 名，在本省招本科生 3 073 名，比原计划多录 96 名。

二、2006—2015 年学校毕业生就业基本情况

2006—2015 年学校普高毕业生各专业就业情况如下：

2006 年学校共有本科毕业生 511 名，截至当年 9 月 1 日已就业 440 名，初次就业率为 86.11%。截至当年 12 月 10 日已就业 507 名，总体就业率为 99.22%。其中，汉语言文学、英语教育、历史教育、数学与应用数学、化学教育、生物教育、计算机科学与技术、应用心理学八个专业总体就业率达到了 100%。

2006 年共有 15 位学生考上研究生，有 5 位学生光荣应征入伍，其中体育系 2005 级的陈潮发同学加入驻澳部队。403 名到普教系统工作，13 名到高等院校工作，去国家机关、事业单位者 17 名，到各类企业及灵活就业者 51 名，自主创业 2 名，出国 1 名。

表 4 - 1　2006 年各专业就业率统计

就业率　　　专业	参加就业人数	初次就业率（截至 9 月 1 日）		总体就业率（截至 12 月 10 日）	
		已就业人数	就业率（%）	已就业人数	就业率（%）
汉语言文学	61	56	91.80	61	100.00
英语教育	57	54	94.74	57	100.00
思想政治教育	41	35	85.37	40	97.56
历史教育	35	31	88.57	35	100.00
数学与应用数学	54	47	87.04	54	100.00
物理教育	37	31	83.78	36	97.30
化学教育	40	32	80.00	40	100.00
生物教育	36	31	86.11	36	100.00

（续上表）

专业＼就业率	参加就业人数	初次就业率（截至9月1日）		总体就业率（截至12月10日）	
		已就业人数	就业率（％）	已就业人数	就业率（％）
体育教育	31	20	64.52	30	96.77
美术教育	33	25	75.76	32	96.97
计算机科学与技术	50	46	92.00	50	100.00
应用心理学	36	32	88.89	36	100.00
合计	511	440	86.11	507	99.22

2007年共有本科毕业生614人，截至当年9月1日已就业577人，初次就业率为93.97％。截至当年12月10日已就业604人，总体就业率为98.37％。

2007年学校毕业生考上研究生的共有15人。参加省"三支一扶"工作的毕业生有2人。参加2007年西部计划的毕业生有1人，到普教系统工作者385人，到高校者4人，去国家机关、事业单位者48人，去各类企业和灵活就业者136人。

表4-2　2007年各专业就业率统计

类别	专业	参加就业人数	初次就业率（截至9月1日）		总体就业率（截至12月10日）	
			已就业人数	就业率（％）	已就业人数	就业率（％）
师范类	数学与应用数学	48	48	100.0	48	100.00
	计算机科学与技术	48	48	100.0	48	100.00
	历史教育	40	39	97.50	40	100.00
	应用心理学	50	48	96.00	49	98.00
	物理教育	44	42	95.45	43	97.73
	生物教育	40	38	95.00	40	100.00
	化学教育	39	37	94.87	39	100.00
	英语教育	60	57	95.00	59	98.33
	汉语言文学	50	46	92.00	49	98.00
	美术教育	47	43	91.49	46	97.87
	思想政治教育	41	37	90.24	40	97.56
	体育教育	40	34	85.00	38	95.00
合计		547	517	94.52	539	98.54

（续上表）

类别	专业	参加就业人数	初次就业率（截至 9 月 1 日）		总体就业率（截至 12 月 10 日）	
			已就业人数	就业率（%）	已就业人数	就业率（%）
非师范类	生物工程	32	31	96.88	31	96.88
	电子信息工程	35	29	82.86	34	97.14
	合计	67	60	89.55	65	97.01
总计		614	577	93.97	604	98.37

　　2008 年共有毕业生 2 708 人，截至当年 9 月 1 日初次就业率为 83.0%。其中，本科初次就业率为 82.8%，专科初次就业率为 83.2%。截至当年 12 月 10 日总体就业率为 97.78%，其中本科总体就业率为 98.11%，专科总体就业率为 97.57%。

　　2008 年毕业生就业的主要特点有：普教系统就业仍占主流，到广东省普教系统的有 1 174 人，占师范类人数的 63.08%，占所有毕业生人数的 43.35%；到各类企业和灵活就业的学生增多。到各类企业以及以各种灵活就业形式工作的有 1 142 人，人数较多；到机关、事业单位的毕业生相对较少，为 62 人；自主创业 4 人；参加省侨办海外支教项目到印尼支教者 2 人；出国 1 人；报考公务员并被录用者 6 人，参加士官计划报名参军 2 人；升学逐渐成为学校毕业生增加就业竞争力的首选。2008 年学校本科毕业生考上研究生的 16 人，考取普高专插本的有 86 人，通过成人高考考取脱产专升本的有 78 人；引导学生到基层就业已成为学校毕业生就业中的一个亮点。2008 年学校有 2 人参加西部志愿者计划，28 人报名参加省“三支一扶”，最后录用 12 人。愿意到农村从教上岗并已签订意向书的非师范生有 27 人。还有很多师范毕业生自愿回到生源地，分去比较偏远的镇及镇以下的中小学任教。

表 4 - 3　2008 年各专业总体就业率统计（截至 12 月 10 日）

系	专业	师范类	学历	学制	参加就业人数	已就业人数	就业率（%）	差额人数
中文	汉语言文学	是	本科生	4	103	102	99.03	4
	语文教育	是	专科生	3	110	107	97.27	
	汉语	否	专科生	3	69	69	100.00	
政法	历史教育	是	本科生	4	42	41	97.62	25
	思想政治教育	是	本科生	4	104	98	94.23	
	电子商务（营销实务）	否	专科生	3	48	42	87.50	
	法律事务	否	专科生	3	58	49	84.48	
	行政管理	否	专科生	3	48	45	93.75	

（续上表）

系	专业	师范类	学历	学制	参加就业人数	已就业人数	就业率（%）	差额人数
音乐	音乐教育	是	专科生	3	71	71	100.00	0
物理	物理教育	是	本科生	4	48	48	100.00	4
	物理教育	是	专科生	3	101	98	97.03	
	电子信息工程	否	本科生	4	31	31	100.00	
	电子信息工程技术	否	专科生	3	44	44	100.00	
	应用电子技术（家电）	否	专科生	3	32	31	96.88	
外语	英语教育	是	本科生	4	100	99	99.00	4
	英语教育	是	专科生	3	101	100	99.01	
	英语教育（小学教育）	是	专科生	3	49	48	97.96	
	商务英语	否	专科生	3	49	48	97.96	
体育	体育教育	是	本科生	4	68	67	98.53	4
	体育教育	是	专科生	3	88	87	98.86	
	社会体育	否	本科生	4	29	27	93.10	
数学	数学与应用数学	是	本科生	4	98	97	98.98	2
	数学教育	是	专科生	3	149	148	99.33	
生物	生物科学	是	本科生	4	57	57	100.00	1
	生物教育（小学科学教育）	是	专科生	3	67	66	98.51	
	生物工程	否	本科生	4	33	33	100.00	
	生物技术及应用（城市园林）	否	专科生	3	74	74	100.00	
	园艺技术	否	专科生	3	37	37	100.00	
美术	美术教育	是	本科生	4	61	61	100.00	6
	美术学（产品设计）	是	本科生	4	29	28	96.55	
	美术学（环境艺术设计）	是	本科生	4	30	29	96.67	
	美术学（装潢艺术设计）	是	本科生	4	29	28	96.55	
	美术教育	是	专科生	3	27	27	100.00	
	美术教育（综合绘画）	是	专科生	3	27	26	96.30	
	环境艺术设计	否	专科生	3	22	22	100.00	

（续上表）

系	专业	师范类	学历	学制	参加就业人数	已就业人数	就业率（%）	差额人数
美术	视觉传达艺术设计	否	专科生	3	24	23	95.83	
	视觉传达艺术设计（新媒介设计）	否	专科生	3	22	22	100.00	
	艺术设计（产品造型设计）	否	专科生	3	23	22	95.65	
教育	小学教育	是	本科生	4	31	30	96.77	1
	应用心理学	是	本科生	4	40	40	100.00	
计算机	计算机科学与技术	是	本科生	4	50	50	100.00	1
	电子商务	否	专科生	3	38	38	100.00	
	计算机应用技术（计算机软件 BTEC 教育）	否	专科生	3	29	29	100.00	
	艺术设计（电脑动画）	否	专科生	3	44	43	97.73	
化学	化学教育	是	本科生	4	77	74	96.10	7
	化学教育	是	专科生	3	82	80	97.56	
	精细化学品生产技术	否	专科生	3	34	33	97.06	
	商检技术	否	专科生	3	39	38	97.44	
本科生	合计				1 060	1 040	98.11	
专科生	合计				1 606	1 567	97.57	
师范生	合计				1 839	1 807	98.26	
非师范生	合计				827	800	96.74	
总计					2 666	2 607	97.78	

2009 年，学校毕业生就业的特点是：到普教系统就业仍占主流，到企业就业人数上升。截至 12 月 10 日，到广东省普教系统工作有 585 人，占师范类就业人数的 50.83%，占所有参加就业人数的 32.74%。其中到小学担任教师者最多，占所有到普教系统工作人数的 53.22%。到企业工作的 764 人，占所有毕业生人数的 42.75%。其中以到私营企业就业居多，占所有到企业工作人数的 51.67%。毕业生就业去向更加多元化。由于学历限制，到国家机关、事业单位和高等院校等单位的毕业生很少，分别是国家机关、事业单位 22 人，高校 14 人。自主创业者较往年有所增加，登记的有 8 人。报考公务员并被录用者 5 人，参加士官计划报名参军 5 人，最后 1 人被录用。到各类中小企业的比例有所增加。升学（专插本）逐渐成为学校专科毕业生增加就业竞争力的首选。2009 年学校考取普高专插本人数为 235 人，占所有参加就业专科人数的 12.43%，比 2008 年上升了 7.18 个百分点。考上的学校包括广东警官学院、广州大学、广东技术师范学院、茂名

学院（今广东石油化工学院）、肇庆学院、韩山师范学院、韶关学院等，均是正规公办院校。2009 年毕业生考取成高专升本（脱产）57 人，其中 54 人考取了学校成教专业；引导学生到基层就业已成为学校毕业生就业的一个特点。2009 年学校有 2 人参加西部志愿者计划，87 人报名参加省"三支一扶"，最后录用 57 人。愿意到农村从教上岗并签订意向书，同时办理了教师资格证的非师范生有 14 人。还有很多师范毕业生自愿回到生源地，分去比较偏远的镇及镇以下的中小学任教，享受到农村从教上岗退费政策。

表 4 - 4 2009 年各专业总体就业率统计（截至 12 月 10 日）

系	专业	师范类	参加就业人数	已就业人数	就业率（%）	专业就业率排名	差额人数	系平均就业率（%）	系平均水平排名
中文	语文教育	是	221	215	97.29	10	8	96.56	9
	汉语	否	48	46	95.83	11			
政法	电子商务（营销实务）	否	52	51	98.08	6	1	99.31	2
	法律事务	否	50	50	100.00	1			
	行政管理	否	42	42	100.00	1			
音乐	音乐教育	是	155	155	100.00	1	0	100.00	1
物理	物理教育	是	92	92	100.00	1	0	100.00	1
	电子信息工程技术	否	38	38	100.00	1			
外语	英语教育	是	151	147	97.35	8	5	98.52	8
	英语教育（小学教育）	是	53	53	100.00	1			
	商务英语	否	56	55	98.21	5			
体育	体育教育	是	88	87	98.86	2	1	98.86	6
数学	数学教育	是	163	161	98.77	3	2	98.77	7
生物	生物教育（小学科学教育）	是	71	71	100.00	1	1	99.10	5
	生物技术及应用（城市园林）	否	42	42	100.00	1			
	园艺技术	否	37	36	97.30	9			
美术	环境艺术设计	否	16	16	100.00	1	0	100.00	1
	艺术设计（动漫设计与制作）	否	15	15	100.00	1			
	艺术设计（装潢艺术与设计）	否	22	22	100.00	1			
	美术教育（综合绘画）	是	52	52	100.00	1			
	美术教育	是	28	28	100.00	1			

（续上表）

系	专业	师范类	参加就业人数	已就业人数	就业率（%）	专业就业率排名	差额人数	系平均就业率（%）	系平均水平排名
教育	行政管理（公共事务管理）	否	44	44	100.00	1	0	100.00	1
计算机	计算机应用技术（BTEC）	否	70	69	98.57	4	1	99.28	3
	艺术设计（电脑动画）	否	40	40	100.00	1			
化学	化学教育	是	77	75	97.40	7	2	99.13	4
	精细化学品生产技术	否	31	31	100.00	1			
	商检技术	否	33	33	100.00	1			
师范生	合计		1 151	1 136	98.70		15		
非师范生	合计		636	630	99.06		6		
总计			1 787	1 766	98.82		21		

2010 年，学校没有毕业生。

2011 年，学校有 1 209 名专科毕业生参加就业，截至当年 9 月 1 日，系统上报的就业率为 89.58%，其中包括部分回生源地等待教育局招考的毕业生。截至当年 12 月 10 日，系统上显示学校总体就业率为 98.76%。学校毕业生就业特点为：到普教系统就业仍占主流。截至当年 9 月 1 日，学校毕业生到广东省普教系统就业的有 243 人，占师范类已就业人数的 37.67%；到国家机关、事业单位的毕业生相对较少，到企业就业的比较多，其中有 298 名毕业生到私营企业就业，占所有已就业人数的 24.96%；升学逐渐成为学校毕业生增加就业竞争力的首选。2011 年学校考取普高专插本人数为 149 人，考上的学校包括广东石油化工学院、仲恺农业工程学院、广东技术师范学院、肇庆学院、韩山师范学院、韶关学院等，均是公办院校。此外，还有 11 人出国留学，到国外大学继续深造；有 44 人报名参加省"三支一扶"，全部被录用。愿意到农村从教上岗并已签订意向书的非师范生有 5 人。还有多数师范毕业生自愿回到生源地，应聘到比较偏远的镇及镇以下的中小学任教。

表 4-5　2011 年各系总体就业率统计（截至 12 月 10 日）

系	学生总数	暂缓就业人数	参加就业人数	已就业人数	就业率（%）
化学	106	2	104	102	98.08
计算机	146	14	134	133	99.25
美术	158	13	131	130	99.24
生物	103	3	101	100	99.01

（续上表）

系	学生总数	暂缓就业人数	参加就业人数	已就业人数	就业率（%）
数学	111	12	109	107	98.17
体育	106	8	99	99	100.00
外语	133	15	132	129	97.73
物理	105	8	104	101	97.12
音乐	90	3	72	72	100.00
政法	115	7	113	112	99.12
中文	112	4	110	109	99.09
合计	1 285	89	1 209	1 194	98.76

截至 2012 年 9 月 1 日，学校有毕业生 2 427 名，除去"不纳入就业方案"的学生，参加就业的毕业生有 2 303 人，系统上报的就业率为 89.33%，其中包括部分回生源地等待教育局招考的毕业生。截至当年 12 月 10 日，系统上报的总体就业率为 99.26%，超额完成了学校定下的 98% 的目标。

在统计总体就业率时（12 月 10 日前），数据有部分变化，具体数据是：参加就业的毕业生有 2 311 人，其中正常派遣 1 907 人，专插本 298 人，出国 24 人，申请暂缓就业 82 人。从就业单位类型看，到广东省普教系统就业的有 429 人，占师范类已就业人数（1 100 人）的 39%；到国家机关、事业单位的毕业生有 90 人，相对较少；到企业就业的比较多，达到 1 402 人，其中到国企 69 人、外企 26 人，有 1 307 名毕业生到各种类型的私营企业就业，约占所有已就业人数的 56.97%。

表 4-6　2012 年各专业总体就业率统计（截至 12 月 10 日）

专业	系	学历	学制	学生总数	暂缓就业人数	参加就业人数	已就业人数	就业率（%）
化学教育	化学	专科生	3	65	1	64	64	100.00
计算机应用技术（BTEC 商检信息技术）		专科生	3	107	5	105	102	97.14
精细化学品生产技术		专科生	3	55	1	54	53	98.15
计算机应用技术（BTEC 计算机软件）	计算机	专科生	3	118	3	113	113	100.00
计算机应用技术（BTEC 嵌入式软件开发）		专科生	3	81	6	78	78	100.00

（续上表）

专业	系	学历	学制	学生总数	暂缓就业人数	参加就业人数	已就业人数	就业率（％）
艺术设计（电脑动画）	计算机	专科生	3	44	3	44	43	97.73
公共事务管理	教育	专科生	3	48	3	47	47	100.00
学前教育		专科生	3	53	1	53	53	100.00
环境艺术设计	美术	专科生	3	30	0	24	24	100.00
美术教育		专科生	3	87	0	77	77	100.00
美术教育（综合绘画）		专科生	3	58	6	53	53	100.00
艺术设计（动漫）		专科生	3	28	1	14	14	100.00
艺术设计（装潢）		专科生	3	29	1	22	22	100.00
计算机应用技术（BTEC信息生物技术）	生物	专科生	3	108	7	97	96	98.97
生物技术及应用（城市园林）		专科生	3	43	2	43	42	97.67
生物技术及应用（生物药学）		专科生	3	41	0	39	39	100.00
生物教育（小学科学教育）		专科生	3	66	0	64	64	100.00
园艺技术		专科生	3	44	0	43	43	100.00
会计	数学	专科生	3	64	1	64	64	100.00
数学教育		专科生	3	149	7	148	148	100.00
体育教育	体育	专科生	3	138	6	129	127	98.45
商务英语	外语	专科生	3	61	0	61	61	100.00
英语教育		专科生	3	106	3	106	105	99.06
英语教育（小学英语教育）		专科生	3	60	3	59	59	100.00
计算机应用技术（BTEC电子信息工程）	物理	专科生	3	123	6	114	112	98.25
物理教育		专科生	3	105	8	99	97	97.98
音乐教育	音乐	专科生	3	127	2	109	109	100.00
法律事务	政法	专科生	3	58	0	57	55	96.49
旅游管理		专科生	3	56	0	54	54	100.00
行政管理		专科生	3	74	0	70	70	100.00
汉语（文秘）	中文	专科生	3	62	1	62	62	100.00
语文教育		专科生	3	145	5	145	144	99.31
合计				2 433	82	2 311	2 294	99.26

截至 2013 年 9 月 1 日，学校有毕业生 1 112 名（含 5 名推迟到 2013 年毕业的往届学生），其中师范生 666 名、非师范生 446 名，除去 60 名"不纳入就业方案"的学生，参加就业的毕业生有 1 052 名，系统上报的初次就业率为 95.63%。截至当年 12 月 10 日，系统上报的总体就业率为 99.72%。本年度毕业生就业特点为：专科生到教育系统就业已非主流。截至当年 12 月 10 日，学校毕业生到教育系统就业的有 192 人，占师范类已就业人数（629 人）的 30.52%，比去年有所降低，师范专业专科在就业市场明显不占优势，非师范专业就业面比师范专业更加广阔；到国家机关、事业单位的毕业生有 34 人，相对较少，到企业就业的比较多，达到 601 人，其中，到各种类型的私营企业就业的有 587 人，约占已就业人数的 55.64%，比上年略有下降；升学的有 219 人，约占所有毕业生的 19.69%，升学深造逐渐成为学校毕业生增加就业竞争力的首选。同时有 18 名毕业生选择出国。

表 4-7　2013 年各专业总体就业率统计（截至 12 月 10 日）

专业	院系	学历	学生总数	参加就业人数	已就业人数	就业率（%）
学前教育	教育学院	专科生	92	92	92	100.00
计算机应用技术（BTEC 信息生物技术）	生物系	专科生	40	36	36	100.00
体育教育	体育系	专科生	131	108	106	98.15
计算机应用技术（BTEC 电子信息工程）	物理系	专科生	62	55	55	100.00
物理教育		专科生	91	88	88	100.00
音乐教育	音乐系	专科生	121	114	114	100.00
化学教育	化学系	专科生	49	49	49	100.00
计算机应用技术（BTEC 商检信息技术）		专科生	59	55	55	100.00
计算机应用技术（BTEC 计算机软件）	计算机系	专科生	84	82	82	100.00
计算机应用技术（BTEC 嵌入式软件开发）		专科生	27	27	27	100.00
数学教育	数学系	专科生	69	68	68	100.00
商务英语	外语系	专科生	50	49	49	100.00
英语教育		专科生	50	50	50	100.00
法律事务	政法系	专科生	82	82	82	100.00
计算机应用技术（BTEC 旅游信息管理）		专科生	42	40	40	100.00
语文教育	中文系	专科生	63	63	62	98.41
合计			1 112	1 058	1 055	99.72

2014 年学校有毕业生 1 645 名（含 7 名推迟到 2014 年毕业的往届学生），其中本科 863 名、专科 782 名，除去"不纳入就业方案"的学生，参加就业的毕业生有 1 604 名。根据省教育厅要求，学校积极跟进学生就业情况，对学生就业信息及时更新，对离岗就

业者不列入就业率统计，保证就业信息的真实性。截至当年 9 月 5 日，上报省就业管理系统和教育部监测系统的就业率数据为专科 91.03%，本科 88.60%，初次就业率为 89.74%。截至当年 12 月 10 日，上报省就业管理系统和教育部监测系统的就业率数据为专科 99.07%，本科 98.24%，总体就业率为 98.63%。

2014 年本科生就业特点为：截至当年 12 月 10 日，学校本科毕业生到高等院校（含独立学院、民办院校、普通高校、高职高专等）的有 16 名，到普教系统的有 361 名，到幼儿园的有 4 名，到民办普教学校的有 37 名，合计从事教育行业的有 418 名，占师范类本科毕业生已就业人数（769 名）的 54.36%；到党群、机关、政法系统、医疗、卫生单位的有 15 名，到其他事业单位的有 20 名，相对较少；到私营企业的有 348 名，占已就业本科毕业生人数（836 名）的 41.63%；到国企的有 7 名，到外企的有 1 名；成功考研的有 17 名，出国、出境留学的有 4 名。

专科生就业特点为：截至当年 12 月 10 日，学校专科毕业生到高等院校（含独立学院、民办院校、普通高校、高职高专等）的有 11 名，到普教系统的有 48 名，到幼儿园的有 61 名，到民办普教学校的有 15 名，合计从事教育行业的有 135 名，占师范类专科毕业生已就业人数（331 名）的 40.79%；到党群、机关、政法系统、医疗、卫生单位的有 11 名，到其他事业单位的有 14 名；到私营企业的有 451 名，占已就业专科毕业生人数（746 名）的 60.46%；到国企的有 4 名，到外企的有 5 名；成功专插本的有 130 名，出国、出境留学的有 16 名，二者合计占已就业专科毕业生人数的 19.57%。

表 4 - 8　2014 年本科毕业生初次就业率统计（截至 9 月 10 日）

专业	院系	学生总数	参加就业人数	已就业人数	就业率（%）
应用心理学	教育学院	100	99	85	85.86
生物科学	生物系	110	110	94	85.45
美术学	美术系	169	167	156	93.41
美术学（产品设计）		29	28	22	78.57
美术学（环境艺术设计）		29	27	20	74.07
美术学（装潢设计）		26	24	19	79.17
数学与应用数学	数学系	214	211	186	88.15
汉语言文学	中文系	186	185	172	92.97
合计		863	851	754	88.60

表4-9 2014年本科毕业生总体就业率统计（截至12月10日）

专业	院系	学生总数	参加就业人数	已就业人数	就业率（%）
应用心理学	教育学院	100	99	97	97.98
生物科学	生物系	110	110	110	100.00
美术学	美术系	169	167	164	98.20
美术学（产品设计）		29	28	27	96.43
美术学（环境艺术设计）		29	27	23	85.19
美术学（装潢设计）		26	24	23	95.83
数学与应用数学	数学系	214	211	209	99.05
汉语言文学	中文系	186	185	183	98.92
合计		863	851	836	98.24

表4-10 2014年专科毕业生初次就业率统计（截至9月10日）

专业	院系	学生总数	参加就业人数	已就业人数	就业率（%）
学前教育	教育学院	95	93	89	95.70
生物技术及应用（BTEC教育）	生物系	38	32	24	75.00
电子信息工程技术（BTEC教育）	物理系	71	64	56	87.50
物理教育		1	0	0	0.00
商检技术（BTEC教育）	化学系	100	98	87	88.78
计算机应用技术（BTEC计算机软件）	计算机系	79	76	72	94.74
计算机应用技术（BTEC嵌入式软件开发）		20	19	19	100.00
数学教育	数学系	60	58	54	93.10
商务英语	外语系	73	72	65	90.28
音乐教育	音乐系	104	100	87	87.00
旅游管理（BTEC教育）	政法系	64	63	58	92.06
语文教育	中文系	72	71	68	95.77
精细化学品生产技术	化学系	1	1	1	100.00
合计		778	747	680	91.03

表 4 – 11　2014 年专科毕业生总体就业率统计（截至 12 月 10 日）

专业	院系	学生总数	参加就业人数	已就业人数	就业率（%）
学前教育	教育学院	95	93	93	100.00
生物技术及应用（BTEC 教育）	生物系	38	32	32	100.00
电子信息工程技术（BTEC 教育）	物理系	71	64	64	100.00
物理教育		1	1	0	0.00
商检技术（BTEC 教育）	化学系	100	98	98	100.00
精细化学品生产技术		1	1	1	100.00
计算机应用技术（BTEC 计算机软件）	计算机系	79	76	74	97.37
计算机应用技术（BTEC 嵌入式软件开发）		20	19	19	100.00
数学教育	数学系	61	59	58	98.31
商务英语	外语系	73	72	71	98.61
音乐教育	音乐系	105	101	101	100.00
旅游管理（BTEC 教育）	政法系	66	66	64	96.97
语文教育	中文系	72	71	71	100.00
合计		782	753	746	99.07

2015 年，学校本科毕业生就业情况为：截至当年 10 月 8 日，学校本科毕业生到政府机构就职的有 42 名，到事业单位就职的有 767 名，到企业就职的有 1 440 名，去部队的有 1 名，灵活就业的有 37 名，成功升学的有 17 名，参加国家地方项目就业的有 15 名，出国留学的有 36 名。可以看出，去企业就职的居多。学校专科生就业特点与本科生大致相似，截至当年 10 月 8 日，专科毕业生到私营企业就职的有 213 名，升学的有 90 名，两者合计已占参加就业专科总人数 80% 以上。

表 4 – 12　2015 年各院系最终就业率统计（截至 10 月 8 日）

院系	学生总数	暂缓就业人数	专业对口人数	参加就业人数	已就业人数	就业率（%）
化学系	161	6	16	152	150	98.68
计算机系	101	6	20	92	89	96.74
教育学院	368	64	188	350	342	97.71
美术系	266	77	196	258	242	93.80

（续上表）

院系	学生总数	暂缓就业人数	专业对口人数	参加就业人数	已就业人数	就业率（%）
生物与食品工程学院	315	138	119	306	288	94.12
数学系	352	209	266	340	313	92.06
体育系	268	152	121	257	246	95.72
外语系	347	195	177	346	319	92.20
物理系	214	67	81	199	193	96.98
政法系	291	97	135	283	268	94.70
中文系	359	174	261	357	331	92.72
合计	3 042	1 185	1 580	2 940	2 781	94.59

总体来看，2006—2015 年，学校毕业生到普高系统就业虽呈波动态势，但自改制后毕业生在此系统就业人数略有上升，而毕业生到各类企业及灵活就业人数总体上呈上升趋势。

三、学校招生就业工作的创新之处

（一）招生工作的创新之处

（1）积极有效、全方位、多渠道的招生宣传工作。首先，加大宣传力度。根据多年经验，学校招生简章分别制作大版面和小版面两种，既有利于宣传，又经济节约。同时，未雨绸缪，及早行动，提前紧锣密鼓地开展招生宣传工作，除了向各地教育局、中学寄发招生简章外，还分别到地级市参加当地教育局组织的高考咨询会，为考生和家长提供现场咨询服务。其次，广开宣传渠道。除了在全省普高招生目录、《中学生报》、学校招生简章等纸质媒体上刊登学校招生信息外，还利用"阳光高考平台""中国教育在线高考服务平台""安徽高考咨询平台""盈速招生广场""招生考试导航"等网络媒体公布详尽且图文并茂的招生信息，提供在线咨询，吸引了不少考生查看和咨询；同时不断更新学校招生办主页，完善功能，针对每年招生新情况增加相关内容；提供电话、网络留言板咨询，并在高考咨询高峰期的周末加班值班，为数以千计的考生和家长提供电话、网络留言、电子邮箱等多方位详尽的咨询服务。

（2）阳光招生，完善录取程序，加强纪检监督，完善信访工作。响应教育部进一步深入推行"阳光高考"的要求，招生办在学校党委和招生领导小组的领导下，紧紧围绕"公平、公正、公开"这个核心，全面实施阳光招生。在招生工作中，从招生章程、招生计划和收费、招生进度、录取结果等，都向社会公开公布，接受社会全方位监督。加强了招生纪检组的监督作用，凡涉及招生工作的原则问题，一概需经招生领导小组集体讨论决定，所有专业录、退考生一概需经招生纪检组组长审核；同时设立招生信访组，通过现场、电话、网络多种渠道接受考生和家长的咨询和投诉，热情为考生提供详尽的解答，发现问题及时处理，从根本上保证录取工作的公平、公正，确保录取工作圆满完成。

（3）落实科学发展观，积极发挥招生考试的正确导向作用，按照管理规定要求，强化各个环节的工作责任和纪律。学校一直加强对招生工作人员的培训，还要求各招生院系的录取工作人员与学校签订责任书，保证招生录取工作按时、按质完成。录取过程中，学校严格按照招生章程公布的录取原则操作，多年来投诉率为零，信访工作也轻松了。

（4）及时公布录取信息，方便考生及时查询录取专业。在录取新生审批通过后，及时在校园网开通录取查询系统，供考生查询录取专业，减少了接听考生电话咨询录取专业的工作量。

（二）就业工作的创新之处

（1）学校领导高度重视，统一认识，齐抓共管。一直以来，学校领导都高度重视毕业生就业工作，多次在校党政会议上强调，一定要全面落实全国和省就业工作会议精神，把毕业生就业工作作为整个学校发展的关键工程来抓紧抓好。学校成立了由校党委书记任组长的学校就业工作领导小组以及各系党总支书记任组长的系就业工作领导小组，各领导小组专门对就业工作进行研究讨论，抓紧抓好就业工作，认真进行毕业生就业调研，摸清毕业生就业意向，有针对性地开展工作；在掌握全系毕业生的基本情况基础上，给毕业生具体的、个性化的就业指导或建议；充分利用本系教职工及各种有利的社会资源，为毕业生提供就业信息，使全校上下充分认识就业工作的重要意义。

（2）分层分段开会议事，沟通信息解决问题。为了更好地沟通信息，及时解决问题，学校组织召开了专门的就业工作会议，包括就业工作会、就业咨询会、每周就业信息通报。每年3月上旬，学校即召开全员就业工作会议，参加会议的人员包括学校毕业生就业工作领导小组成员、职能部门工作人员、各系毕业生就业工作领导小组成员等。会议主题是总结研讨往年度毕业生就业工作，分析研究本年度面临的新形势和新任务，部署当年度毕业生就业工作。学校同时要求各有关部门、各系认真做好往年就业工作总结，拟订确保本年度毕业生就业率的就业工作计划，对就业工作中的有益经验、不足之处、心得体会以及碰到的新困难、新问题等进行交流，共同探索促进毕业生就业的新举措，形成一种互相赶超的良性竞争氛围。从3月份开始，各系每月统计一次毕业生就业情况，报就业指导中心备案。组织各系就业工作领导小组在每周召开的学生工作例会上通报各系就业工作进展情况，公布各系就业率，及时沟通、协商解决就业过程中遇到的各种难题，研讨确保就业率的措施。此外，要求各系召开本系就业工作碰头会，组织书记、辅导员、班主任以及教师和毕业生代表，分析本系毕业生就业形势和存在的问题，讨论改进本系毕业生就业的方法，研究部署下阶段的任务。

（3）加强就业指导课程建设，不断完善就业指导和服务体系。学校在就业指导方面，主要抓好三个方面的工作：

首先是开设好"就业指导课"，"就业指导课"为必修课，共18个学时，要进行考核，计1个学分。内容包括就业形势和政策、择业技巧、就业心理调适、职业生涯规划、相关法律、签约程序等。讲课教师包括就业工作主管领导、就业工作人员、心理学教授及其他相关教授专家等。

其次，开展灵活多样的就业指导，作为课堂就业指导的补充，如邀请教育局人事科负责人、中小学校长来校作报告，历届校友、已成功就业的学生来校参加经验介绍会，定期或不定期开展校、（院）系两级的就业咨询等。制作就业宣传栏张贴于学校内的显眼位置，内容包括就业形势、就业政策、自我定位、择业技巧等各个方面。

再次，做好个性化指导。就业指导中心随时接待有任何疑问的毕业生，给予他们耐心细致的讲解和指引。例如，加快犹豫不决、瞻前顾后的学生的签约进程；鼓励一心要留在珠三角的学生转变观念，到农村去，到基层去；对失去信心的学生进行动员；帮助就业条件不太理想（如没拿到英语四级证书或有几门课程不及格）的同学，分析自身条件，给予就业建议；给那些认为可以办理暂缓就业、找工作不积极的学生分析今后更加严峻的就业形势，促使他们尽快签约等。同时也要求各系根据本系学生就业情况的特点，开展如转变就业观念、返回生源地或到最有需要的地方去的动员会等就业指导活动，还针对学生个体差异性做好个别指导，促进更多毕业生成功就业。

（4）想方设法搜集信息，积极拓宽就业渠道。学校为毕业生提供更广的就业信息和更多的就业机会，这是毕业生最为关心的问题，也是做好毕业生就业工作的关键环节。为了抓好这一环节，学校想方设法做好"走出去、请进来"的工作。

首先，组织学生处和各系的有关老师下到广东省部分教育局和中小学校去，宣传学校生源特点和毕业生优势，分发毕业生就业宣传资料，通过多种途径推荐学校毕业生。

其次，在走出去的同时，还想方设法将用人单位请进来，通过发函、致电等方式主动与用人单位联系，寄发毕业生情况表和需求信息调查表，请用人单位反馈信息，广泛征集需求毕业生的就业信息，再与他们联系招聘事宜。

再次，学校邀请用人单位来校召开就业供需见面会，为毕业生与用人单位的直接交流提供平台。这不仅需要发挥职能部门的作用，还需要充分发挥全校教职工的作用，需要大家牵线搭桥，利用一切关系推荐学生。

同时，学校与招生办一起到省内各地做招生宣传、毕业生推荐工作。此外，学校在校内举行多场规模不等的招聘会，给毕业生提供更多的就业机会。

（5）充分利用校长培训班和骨干教师班，积极宣传毕业生。学校目前的普通高等教育毕业生大部分是师范类学生，就业去向主要是省内中小学校。由于全省校长培训班设在学校，每年都会有几批来自全省各地的中小学校长前来参加培训，还有各地中小学校的骨干教师培训、新课程改革培训及其他一些普教系统的培训。在培训期间，学校积极到场大力宣传学校的毕业生，及时收集有关学校的需求信息，很多学校都根据需要马上安排召开了专场招聘会；有的则把我们的毕业生信息带回去，再组织招聘人员前来招聘；有的确定了学生到学校去面试的安排，效果都很好。

（6）建立考评奖惩制度，调动各种积极因素。学校根据教育部、广东省教育厅的要求，正在探讨逐步建立起"三个适度挂钩"的管理运行机制，即将高校毕业生就业工作与事业发展挂钩，与专业设置挂钩，与学校办学水平、办学质量的评估挂钩。根据这些精神，学校继续实行就业工作奖惩制度，在每年的全校毕业生就业工作总结会议上宣布奖惩名单并实施奖惩。

（7）建立和实施就业率公布制度，形成竞争氛围。学校一直实施就业率公布制度。每年从3月份开始，学校开辟专门的就业率公布栏，设置在主干校道旁的宣传栏内。每月在公布栏中公布各系毕业生就业率，以引起全校的关注，起到促进和激励作用。

（8）加强就业率核查，就业追踪科学化、系统化。每年，广东省教育厅规定的师范类毕业生初次就业率统计的截止时间是9月1日，此时必须有教育局盖章的协议书才能计入就业率，但由于师范类毕业生的特点，有一部分毕业生的就业率难以估算。主要是6月份选择被派遣回生源地教育局的那部分毕业生，虽然大部分都会被当地教育局接受，但很少能在9月1日前提供教育局盖章的协议书，要等到9月份学校开学之后才能确定具体分到哪所学校。这对统计初次就业率很不利。此外，毕业生7月初离校之后，联系方式大多有所变化，追踪难度较大，每年都要花不少精力在联系离校后没有就业的毕业生上。

针对这种情况，学校建立了毕业生、（院）系、校三级追踪体制。首先，要求还没有确定具体单位的同学待确定之后必须主动向辅导员报告；其次，各（院）系密切掌握学生联系方式及其变动，确保随时都能联系到学生；再次，学校就业指导中心定期督促各（院）系上报追踪情况，加大力度，严格控制时间，确保任务完成。

（9）拓展思维，加强调研，努力进行就业质量反馈体系建设。首先，学校注重就业课程体系研究，2011年招生就业处就业办公室成功申请学校教学研究与改革项目，"以提高就业力为导向的就业指导课程体系研究"（2011zdzz05）被学校确立为重点项目，就业办公室以此为契机，在2012年开展调查研究，在研究中开展工作，大力促进了毕业生就业工作。

其次，学校以调查问卷的形式开展就业工作调研，主题有"广东第二师范学院毕业生就业信息调查""用人单位对大学生就业能力的调查"等。同时，学校开展了用人单位的调查回访工作，对相关用人单位进行电话回访，主要跟踪学校已毕业学生的就业情况和对本年度就业需求的调查，同时也征求了用人单位对学校就业指导方面的意见和建议。

再次，召开毕业生座谈会，了解学生的就业动向，收集毕业生对学校就业工作的意见和建议，促进就业工作的进一步开展。

最后，召开就业工作座谈会，针对就业指导课课程建设和派遣存在的问题、就业率追踪方法、如何提升就业服务水平、如何提高就业质量、如何拓宽就业渠道及办好校园招聘会、如何发挥校园活动的辅助功能、教师资格证办理中遇到的问题等进行了研讨，收到良好效果。

（10）加强就业服务网站的建设，进一步发挥网络优势。学校毕业生就业信息网站栏目包括最新信息发布、就业政策、求职技巧、在线答疑、规定与通知等，毕业生也可以在上面发布个人资料，以备用人单位查看。目前，除了把就业信息张贴到学生处就业信息公告栏上，将紧急的、重要的信息专门通知各院系之外，以上信息还随时上传到毕业生就业信息网上。

为了进一步加强就业指导中心与毕业生的交流和沟通，及时了解毕业生们的想法，倾听他们的心声，解答他们的困惑和问题，学校又在网上新增设了"在线答疑"的功能，毕业生有任何问题和建议都可以提出来，由就业指导中心的老师给予回答。这是一个毕业生与校方、毕业生与毕业生之间的交流平台。今后，将进一步整合人员和技术力量，加强学校就业网站建设，发挥网络优势，不断完善和丰富网页内容，特别要加强在提高用人单位点击率和宣传毕业生方面的作用。

自 2011 年始，随着学校新的办公系统、网站的更新，学校建立完善了新的"广东第二师范学院大学生就业在线"网页，建立起毕业生、用人单位、学校就业指导中心、各院系管理员之间的四维联系交流平台。毕业生也可以在上面发布个人资料，以备用人单位查看，可以填写派遣和就业信息，用人单位可以注册发布就业信息，院系用户可以整理和管理本院系数据，学校就业办可以发布最新信息和通知，宣传就业政策和提供求职技巧等。

（11）积极开展创业教育。学校认真贯彻国家、省教育厅关于鼓励大学生创业的政策，并进行广泛宣传。在就业指导课程中融入创业教育，开设了"大学生就业与创业实践"公选课，组织多位校内外相关专业人士进行指导，以实际操作和训练为主要内容，以培养学生就业与创业实践能力为主要目的。在必修课"大学生就业指导"的课程内容里安排了创业教育的内容。

另外，学校发挥学生创业与就业协会的组织能力，以大学生职业规划大赛等为载体，广泛宣传就业有关政策，主要有如下举措：

2011 年 5 月 31 日下午，学校花都校区举行"This is my world"首届创业营销活动。经过学生自主竞投、商品审批、摊主培训、颁发"营业执照"、正式经营等环节，现场正式设置 20 多个商品营销摊位，商品销售范围包括精品饰物、衣物鞋袜、电脑配件、文具、书籍、零食、水果等，活动受到学生的欢迎。此次活动是响应国家、省关于鼓励大学生自主创业的号召，激发学生的创业热情，锻炼学生的市场营销能力，收到良好效果。学校以学生自主创业活动为载体，使创业教育与指导工作再上一个新台阶。

同年，学校举行第二届大学生职业规划大赛。分别在 9 月 26、27 日晚在花都校区和海珠校区举行以"寻梦、圆梦"为主题的第二届大学生职业规划大赛决赛。整个比赛从 4 月份开始，经历了培训辅导、初赛、作品修改、决赛等阶段。比赛使广大同学在树立职业规划意识，及早树立目标和规划未来等方面产生了积极作用。

此外，学校尝试整合资源，利用就业实践基地、校企合作等平台，建立学生创业基地。培训一批有实力的老师，作为学生创业教育教师和创业项目实施指导人。

自 2013 年始，学校进一步探索创新创业教育途径，积极在全校开展创新创业教育。同时，大力引导学生到基层就业。创业教育是一种新的教育理念，是更高层次的就业指导，是高校创新人才培养、提高就业质量和就业满意度的重要途径。学校依托"广东第二师范学院大学生创新创业训练项目"这一平台，大力扶持大学生创业实践团队，成立了大学生创业孵化办公室，在校园中初步营造了大学生创业氛围。

为此，学校与广州市人力资源市场共青团分市场服务中心签署"大学生就业创业服务工作站"协议，这是学校就业工作首次走出去，与外单位建立强强公益性合作，有利于整合双方资源，既能发挥服务中心的平台作用和服务功能，又能调动学校的人才优势和实践动力，实现社会、用人单位、学校的无缝对接和良性互动，从意识、知识、技能和实践等方面提高学生的综合能力，为今后学校学生更好、更高质量的就业和创业奠定了基础。

为了更好地培养学生的创新创业意识，2013 年 6 月 20 日，学校大学生就业与创业协会的代表以及参加"助你创业，赢在广州"创业大赛初赛的优秀项目负责人共 16 人到广东培正学院创业园进行学习交流。同时，学校举办"助你创业，赢在广州"创业大赛初赛，来自各（院）系的 30 个参赛队伍进行了角逐。"广东第二师范学院家教中心""沉淀涂鸦咖啡馆""清而优手工坊""心路体验"等项目脱颖而出，获得了评委老师及同学们的高度认可。举办此次比赛，对于培养学校学生的创新创业意识，营造良好的创新创业氛围，进一步提高学校毕业生的就业质量将有积极引导作用。

另外，引导学生到基层就业已成为学校毕业生就业中的一个亮点。学校多次通过讲座的形式，鼓励毕业生到农村、到基层、到社会最需要的地方去。

（12）认真做好日常就业工作，加强就业工作制度建设，进一步完善工作机制。日常就业工作包括给毕业生办理有关手续，接受毕业生的个别咨询，上报有关数据给省教育厅、网上录入和报批等工作，为就业工作顺利进行和完成提供保证。加强就业工作制度建设主要体现在如下方面：

如自 2011 年始，学校建立和完善班级就业信息员制度。建立信息员综合测评制度，由就业办公室组织管理，负责对本班毕业生进行招聘、应聘技巧等各方面信息的传达沟通，通过班级就业信息员将学校就业指导中心的指导覆盖到每一个毕业生。

同时，学校加强对创业与就业协会这个学生社团的指导。完善协会章程，理顺工作流程，加强协会内部培训，鼓励其对外交流指导，使协会在就业实践基地建设、招聘会组织、职业技能考证等方面发挥更大作用。

此外，学校以生为本，以制度为保障。为使就业工作向规范化、制度化、科学化方向发展，经向兄弟院校取经并结合学校近十年就业工作开展的实际情况，2012 年，学校制定了《广东第二师范学院就业指导工作管理规定（征询意见稿）》，并在 9 月 26 日的就业工作座谈会上针对"管理规定"的内容进行了讨论，为使该规定具有较强的可操作性，在座谈会讨论结果的基础上，又进一步收集了部分辅导员老师的意见，并将征询意见稿修改形成讨论稿，该制度颁布之后将成为今后就业工作激励机制的依据，进一步保障了就业工作的和谐、稳定发展。

四、卓越教师培训项目

"卓越教师培养计划"是在 2012 年 12 月 31 日校长办公会议纪要（广东二师纪要〔2012〕37 号）的基础上进行审议的，学校教育发展力研修学院（培训处）龚孝华处长汇报了相关情况。为培养造就未来基础教育领军人物和优秀教师，学校协同创新工作小组提出"卓越教师培养计划"的建议，研修学院经调研并联系学校实际，制订了"卓越教师培养计划"实施方案，提请会议审议。会议经过讨论，形成决议：同意试行"卓越教师培养计划"实施方案，实施方案细化后报曾小龙副校长签发。研修学院（培训处）与教务处两个部门紧密配合，确保"卓越教师培养计划"顺利开展。

卓越教师培训项目实施是根据协同创新思想来运作，从学校学生当中选拔学员进行培养。从项目布局可以看出，项目牵头单位是培训处，培训处和教务处协同去做，科研处介入其中一些运作环节，整个项目运作属于协同创新模式，导师基本是以双位双奠定来配置，既有理论导师，也有学科导师，既有学科类的，也有教育理论类的，按照一个卓越教师应有的品质、素养去打造。此一计划实施极为符合国家基础教育改革发展需要。我国致力于在基础教育教师当中打造一批领军式的教师人物，打造一批能够引领基础教育改革发展或者将来发挥模范示范作用的老师，希望通过这个项目能够为入选的师范生成为基础教育的领军人物、骨干教师、示范人物奠定基础，这是一个重要考量。第二个重要的考量是学校一直以引领基础教育改革发展为己任，培养了一大批卓越教师、卓越校长，在基础教育改革发展中发挥着极其重要的作用。早些年我们学校毕业的学生或者在这里学习、培训过的校长评特级教师、先进教师或者基础教育的标志性人物大致占到40%的份额，堪称翘楚。学校希望这种光荣传统能够借由这个项目，经过老师努力、入选师范生的努力发扬光大，在广东基础教育界涌现出一批又一批我校毕业的特级教师、模范教师这类领军式人物，故此卓越教师培训项目的设立既符合国家需要、时代需要，也是由学校希冀更好地引领基础教育改革发展的目标所决定的。

"卓越教师培养计划"的理想是直面中国教育和社会问题，希望通过教师教育变革促进基础教育改革，以教育变革支持社会变革，为建设一个更为公正、充满关怀的和谐社会而努力。"卓越教师培养计划"努力构建理论课程与临床工作相互交织的教师教育课程。此外，还借鉴国外教师教育实践中运用服务学习、传记研究、儿童个案研究、成长记录档案袋等策略的经验，促使学生专业化发展。

卓越教师的培养要求为：热爱教育事业，具有坚定的职业理想和敬业精神；具有健全的人格品质，乐观向上，积极参加社团活动，在社团活动中发挥领导作用，有较强的组织管理能力；系统掌握所学专业领域知识体系、基本思想与基本技能，课程平均绩点不低于3.2；系统掌握教育的基本原理和主要方法，了解学生身心发展的一般规律与特点；具有娴熟的教育教学技能，主要包括教育教学设计、组织与实施、激励与评价等；具有准确、流利的口头表达和书面表达能力，普通话水平二级甲等以上；掌握一门外语，非英语专业学生通过大学英语四级考试，英语专业学生通过英语专业八级考试；具有较强的计算机应用能力，能熟练使用现代教育技术获取相关信息和从事教育教学工作，非计算机专业学生通过全国高等学校计算机水平Ⅱ级考试；乐于探究，具有较强的教育科研基础与教学反思能力，参与课题研究，有论文发表；具有终身学习的习惯和持续发展的能力。

卓越教师的培养措施如下：基本思路为夯实基础、重视实践、协同培养、持续支持。具体措施有：实行"3＋1"两段式培养模式。原则上将四年的本科学习分为两阶段：前三年为夯实基础阶段，主要是加强学科基础理论、教育基础理论和教育教学基本技能的学习，学生按照原有的模式在各系各专业学习，课余时间和节假日参加"卓越教师培养计划"项目组织的学习和活动；后一年为实践创新阶段，学生进入工作室进行教育技能、教育科研强化训练以及教育教学综合实践；注重个性发展和因材施教，实行"双导师"制。配合"3＋1"两段式培养模式，为参与"卓越教师培养计划"的学生分别配备校内学习的专业理论导师和校外实践的实践导师；强化学生的实践能力，构建多形式分层次的实践教学体系。以观察、分析、反思为特征的教育考察和观摩，将教学理论与教学实践相结合的教学技能训练，再加上以实践、研究、反思为特征的教师工作室跟岗实习，共同构成多形式的实践教学体系；注重学生特长的发展及创新精神的培养。鼓励学生参加各级各类学科竞赛，支持学生开展科研训练，把教师科研与学生的科研训练有机结合。通过第二课堂、社团活动等成就学生的特长发展，要求参加"卓越教师培养计划"的学生个个有特长；整合校内外力量，构建协同培养的机制。加强校内各（院）系、各部门的沟通交流，整合校内优质教学资源；加强与地方教育主管部门及中小学校的战略合作，构建地方教育部门及中小学深度参与、协同培养的机制；建立毕业跟踪指导机制，对"卓越教师培养计划"项目的毕业生进行跟踪管理，给予毕业生入职后持续的专业支持，与用人部门协作共同促进其专业成长，实现其成为优秀教师的目标。

卓越教师的培养课程方案如下：课程结构方面，"卓越教师培养计划"课程体系由通识教育课程、专业教育课程和教师教育课程三个模块组成。由于通识教育课程和专业教育课程仍然分别由学校各公共教学系部和各系承担，教师教育课程模块的课程设置采用叠加模式，即在原有的各专业人才培养方案的基础上增加一些课程，构建多形式分层次的实践教学体系。具体设置如下：增加"中外教育思想史"等教育理论基础课，进一步夯实学生的教育理论基础；增加"教育科研训练"等教师职业技能训练课，强化教师职业技能的训练；通过举办名师讲堂、读书报告会、观看教育影视、讲述教育故事等活动，将教师职业信念教育与教师的职业养成贯穿培养的全过程。

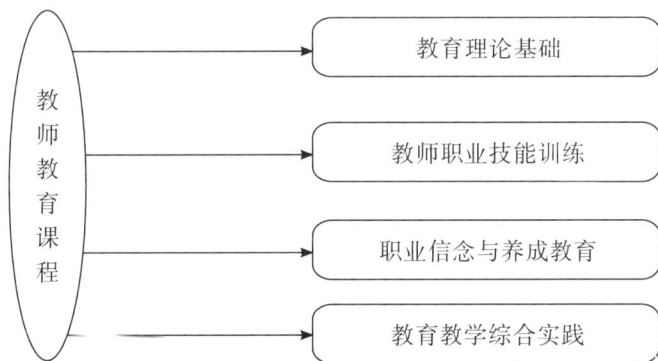

图 4 - 1 教师教育课程设置

卓越教师的培养对学分要求如下：除了按规定修读各专业培养方案规定的学分和课

程以外，还需另外修读"卓越教师培养计划"增设的教师教育课程，其学分分布如表4－13所示：

表4－13　增设的教师教育课程学分分布

模块		增加学分（分）
增设的教师教育课程	教育理论基础	7
	教师职业技能训练	5
	职业信念与养成教育	4
	教育教学综合实践	4
	合计	20

　　卓越教师的培养课程实施依照以下方案展开：开设时间方面：①"教育理论基础""教师职业技能训练"两个模块的课程开设时间与公选课开设时间相同。②"职业信念与养成教育"模块的课程主要安排在课余时间和周六开设。实施方式方面，"教育理论基础"课程按照"集中辅导、自主学习、统一考核"的方式实施。"职业信念与养成教育"模块的课程按照参加活动的数量和质量进行考核。"教育教学综合实践"模块中"教师工作室跟岗实习"替代各专业培养方案中的"实习"。师资配备方面，为"卓越教师培养计划"项目的学生选聘优秀的任课老师以及校内专业理论导师和校外实训导师。设施保障方面，学校为"卓越教师培养计划"项目提供专门的活动场所或教室。教师教育技能实训中心的实训场所优先满足"卓越教师培养计划"学生的技能训练。

　　卓越教师的培养对象选拔原则是择优选拔，宁缺毋滥。选拔标准为：品德优良，热爱教育、热爱学生，具有较强的责任感、使命感，有志从事教育教学工作；具有良好的语言表达能力、组织管理能力等教师基本素养，同等条件下有文体特长者优先；课程平均绩点不低于3.2；已经通过大学英语四级考试、普通话等级（对应学科的水平要求）考试、计算机等级考试者，同等条件下优先选拔。选拔对象为即将进入大学二年级学习的本科师范生。选拔人数为每期60人。名额分配总体上按各（院）系本科大一师范生数量在全校师范生总量中的比例确定，同时预留一定比例进行择优录取。

　　学校"卓越教师培养计划"项目实施已经两年，两年来在各级领导的关心支持下，在各位专家的精心培育下，首届与第二届卓越班学员苗壮成长，取得了较为丰硕的成果。在师范生技能方面，杨静、肖海霞等首届卓越班学员在省级、校级师范生技能大赛中取得了优异的成绩。在学术研究方面，首届卓越班学员已经在学术期刊公开发表学术论文八篇。例如，邱思婷、陈美玲、朱思思、张莹、张洪英等学员合作的学术论文《湖南花瑶挑花头帕的濒危现状调查与分析》在《文教资料》杂志发表；黄景平与导师唐志文老师合作的学术论文《共享区域活动：幼儿园区域活动新视角》，张祖娟、黄景平、薛晓雪、林毓秀与导师唐志文老师合作的学术论文《幼儿园班际共享区域课程的特点与模式》在《新课程》杂志发表，薛晓雪与导师唐志文老师合作的学术论文《幼儿社会情绪能力的研究综述》在《课程教育研究》杂志发表；莫桥养的学术论文《广东省韶关市曲江区中学生课外体育锻炼现状研究》在《拳击与格斗》杂志发表。第二届卓越班学员刘春芬在《杂文报》发表《天下母亲》，陈秀燕在国内知名网站共识网发表论文《我们能为德育做什么》《假如没有卢梭》。

卓越教师培训项目的主要工作有：首先，诚邀名师授课，保证了课程质量。两年来，"卓越教师培养计划"项目邀请了华东师范大学博士生导师刘良华教授开设了"教育名著导读"课程，邀请了华东师范大学博士生导师庞维国教授、深圳大学博士生导师李晓东教授、广州市教研室副主任特级教师谭国华教授、深圳龙岗进修学校刘静波教授、花都区教育局教研室主任高宏伟老师，以及学校发展心理学专家韩迎春副教授等专家共同开设了"教育心理学"课程，邀请了广州市教育系统首批创新学术团队"区域教研创新"研究学术团队张伟春教授、张惠平老师利用英特尔课程模块"21世纪课堂评价""设计混合式学习""信息化课堂中的合作学习"，创设了"教学设计——基于5D学习宝"课程。邀请了国家督学肖建彬教授开设"中外教育思想史"课程、广东省政府督学龚孝华教授开设"学校组织与管理"课程。邀请了伦敦教育学院科恩教授、香港合作学习协会何明生老师、数学教育家苏式冬教授、名师工作室主持人刘志伟教授、华南师范大学曾文婕教授、广东省名班主任李楠老师、广东省名班主任张彤老师、广东省校长培训中心客座教授叶小锋校长等专家进行专题讲座。其次，实施双导师指导，促使卓越班学员高效学习。卓越班学员在学科专业导师和教育理论导师的指导下主动学习，开阔了学术视野，受到了较为严格的学术训练和师范生技能训练。在学术研究方面，首届卓越班全体学员都主持或参与了小课题研究，并开展儿童个案研究。例如，朱思思同学主持的"民间非物质文化遗产保护调查——以民间人士对湖南省隆回县花瑶文化的挖掘与保护为例"获校级大学生创新创业项目立项，研究成果荣获广东省大学生挑战杯三等奖。首届和第二届卓越班学员主持国家级大学生创新创业训练计划项目2项，省级大学生创新创业训练计划项目2项，校级大学生创新创业训练计划项目20项。在师范生技能训练方面，首届卓越班部分学员在省级、校级师范生技能大赛中取得优异成绩；建立了卓越班研修室以加强师范生技能训练。再次，入选师范生走进教育现场，开展名校巡访和暑期支教活动。经验学习是卓越班学员专业学习的重要组成部分。首届和第二届卓越班学员先后赴华南师范大学教育科学学院教学实验室考察学习；先后在广东省实验中学初中部、广州市一中、广州市六中进行了名校巡访活动，在花都区圆玄中学、秀全外国语学校、广东第二师范学院番禺附属中学、东晓中学进行了为期六周的见习观摩。项目组组织了部分学员赴刘志伟名师工作室考察学习；指导首届卓越班学员成立三支社会实践小分队，分别赴云浮市、增城区、汕尾市开展暑期支教活动，提升了教育情怀和技能。最后，入选师范生开展项目实施的课题研究，发挥研究对项目实施的支撑作用。"卓越教师培养计划"项目作为协同创新项目需要深入开展项目实施研究，项目研究将为项目的有效实施提供强大的智力支持。"卓越教师培养计划"项目组成功申报了省级质量工程项目"卓越中小学教师培养计划"，广东省深化教育领域综合改革试点项目"协同创新视角下的卓越中小学教师培养计划"，校级教改课题"卓越教师培养计划项目教学改革研究：基于网络化合作活动学习方式"。项目导师桑志军教授申报了省质量工程项目"卓越中学语文教师培养"，左岚博士申报了省级教改课题"卓越教师评价标准体系与培养途径研究"，李俊博士申报校级教改课题"'基于项目的学习'模式应用于'卓越教师培养'的实践研究"。项目导师的研究将为学校"卓越教师培养计划"项目实施提供丰富的思想资源和实践智慧。

卓越教师培训项目的亮点与创新在于：聚焦教学设计能力培养，创设 5D 学习宝和科学取向教学论课程；整合校内外专家资源，构建了丰富的教师教育资源；注重个性发展和因材施教，实施"双导师"制；知行合一，构建理论课程与临床工作相互交织的教师教育课程。

卓越教师培训项目实施尚有一些问题亟待反思和解决。首先，卓越班课程设计需要不断完善。从两年来的实施情况看，卓越班学员本身的学科专业课程容量已经非常大，然而目前卓越班课程实施仍采用叠加模式，偶尔会使学员疲于应付。如何实现卓越班课程与各学科专业课程有效衔接，是亟待解决的问题。为此，项目组将从学校研究通过的"卓越教师培养计划"实施方案的基本精神出发，创新课程设计，着力打造既有学术引领性，也有实践操作性，让学生认同和主动学习的卓越班课程。其次，卓越班的招生管理、教务管理和学生管理亟待创新。从招生管理创新来说，卓越班学员选拔方式可以开展由教务处、培训处和各（院）系协同选拔的探索。从教务管理创新来说，卓越班课程可以尝试在学校公选课中为海珠校区和花都校区卓越班学生开设专门的公选课，助力卓越班班级文化建设和专业能力培养；可以尝试卓越班课程与卓越班学员原有培养方案公选学分互认的探索。从学生管理创新来说，可以尝试支持卓越班开展暑期夏令营活动；尝试安排卓越班学生集中住宿，构建卓越班宿舍文化；尝试分校区建立卓越班社团，构建卓越班社团文化。再次，卓越班实践基地建设亟待加强。目前学校卓越班实践基地主要是依托培训处校长培训和教师培训的基地学校。学校"卓越教师培养计划"项目与实践基地的合作尚处于零散的方式，项目本身也未能发挥支持基地学校教师专业发展的功能。事实上，实践基地与"卓越教师培养计划"项目的合作深度，直接影响构建理论课程与临床工作相互交织的教师教育课程的成效。因此，项目组拟借鉴"教师专业发展学校"的理念，致力于卓越班实践基地建设，实现实践基地支持卓越班学员专业发展，"卓越教师培养计划"项目专家支持实践基地教师队伍建设的双赢格局。

第三节　学生素质的全面提升与 2014—2015 年毕业生情况

一、学生素质的全面提升

改制以前，学校学生主要获奖情况如下：

2006—2009 年，在团的评比方面获奖 10 项，如王少波、岑家发、林臻获得广东省"优秀共青团员"称号。在文艺体育方面获奖 140 余项，如 2007 年庄寒冰获得广东省首届大学生文化艺术节书法大赛一等奖。在社会实践方面获奖 21 项，如 2006 年张平清获得广州市"见义勇为"十佳公民称号，同时当选该年度广州市"公益之星"。在学术科技方面获奖 23 项，如 2008 年黄顺盛、杨旭、朱彩蝶、钟巧瑜、陈丽旋、佘少清、魏均波的项目"心旅团康训练营服务公司"获广东省大学生第六届"挑战杯"创业计划竞赛铜奖。2009 年计算机科学系朱照擎、陈晓哲、张芳玉、赵宜明、邓凯文、韩思思的项目"基于 DSP 的图像处理系统"获得第十届"挑战杯"广东大学生课外学术科技作品竞赛自然科学类作品和学术论文高职高专组二等奖。

2010 年学校成功改制后，学生在校外各项赛事中获得的奖项数量逐年增多。

2010 年，在文化艺术体育方面获奖 50 项，如在国家体育总局主办的 2010 年海峡两岸暨港澳地区定向公开赛上，王煜炜获得短距离 M21C 组第二名的好成绩；在学术科技方面获奖 6 项，如在广东省科学技术厅、广东省团委、广东省教育厅、广东省学生联合会联合举办的第四届广东大学生科技学术艺术节上，李秀娴、王晓英、曾慧的项目"虾壳中提取复合氨基酸及复合氨基酸锌的制备"荣获生物化学实验技能大赛一等奖。又如在广东省教育厅、中国工业与应用数学学会共同举办的 2010 年全国大学生数学建模竞赛上，李金生、韦小华、范宗浩获得专科组广东赛区三等奖；在社会实践及志愿服务方面获奖 14 项，如第 16 届亚运会组委会志愿者部、广州 2010 亚残运会组委会志愿者部授予我校学生 53 人第 16 届亚运会组委会广东体育馆团队"志愿者之星"称号。广东省委宣传部、广东省精神文明建设委员会办公室、广东省教育厅、共青团广东省委员会、广东省学生联合会授予我校计算机科学系"情系乳源"三下乡服务队"广东省大中专学生志愿者'三下乡'社会实践活动优秀团队"称号；在团的评比方面获奖 4 项，如共青团广东省委员会、广东省学生联合会授予学校学生会广东省先进学生组织"菁英奖"。

2011 年，在文化艺术体育方面获奖 71 项，如赖银莲在共青团广东省委员会、广东省教育厅、广东省文化厅、广东省学生联合会共同举办的第六届广东大学生校园文化艺术节——"我身边的幸福事"微小说（微文学）创作大赛中获得最佳故事奖。又如郭祖儿钢琴独奏《贝多芬鸣奏曲》在中国文学艺术协会、泰国文学艺术界协会、东南亚国际艺术节组织委员会联合举办的"东南亚国际艺术节"上荣获银奖；在学术科技方面获奖 14 项，如教育部高等学校自动化专业教学指导分委员会授予广东第二师范学院 Emag－2（队）第六届全国大学生"飞思卡尔杯"智能汽车竞赛华南赛区电磁组优胜奖；在社会实践及志愿服务方面获奖 38 项，如黄裕佳、刘素娴、谷慧娟、刘炜、吴雨秋、周景泉在 Job168.com 第六届广东省大学生职业规划大赛暨广东第二师范学院第二届大学生职业规划大赛中荣获广东省高等学校毕业生就业指导中心授予的"校级十佳职业规划之星"称号。在团的评比方面获奖 5 项，如王穗超获本年度"广东省优秀共青团员"称号。

2012 年，在文化艺术体育方面获奖 65 项，如中文系高宜宜的作品《搬家》在全国青少年中华情征文活动组织委员会举办的第八届全国青少年中华情征文活动中荣获银奖；在学术科技方面获奖 15 项，如钟牟明、邹彩娟、肖经成、梁绮玲、刘嘉辉、梁航荣获由共青团广东省委员会、广东省教育厅、广东省科学技术厅、广东省学生联合会颁发的第六届广东大学生科技学术节之第八届"挑战杯"广东大学生创业计划竞赛铜奖；在社会实践和志愿服务方面获奖 46 项，如缪利莹在第十二届世界脑力锦标赛中国区选拔赛中被世界脑力锦标赛组委会、广州市全脑教育研究会、广东南方创新思维研究院、广东新思维教育科技有限公司评为杰出志愿者；在团的评比方面获奖 3 项，如柳琴（音乐系）被共青团广东省委员会评为"广东省优秀共青团员"。

2013 年 7 月中旬，生物系学生在第一届广东省高校生物学专业师范生教学技能大赛中获得佳绩。由广东省教育厅主办、华南师范大学生命科学学院承办的第一届广东省高校生物学专业师范生教学技能大赛于 7 月 12—14 日在华南师范大学举行，来自全省九所高校共 54 名生物学专业师范生参加了角逐。竞赛内容包括教学设计、说课、模拟课堂教学和答辩四个环节。由胡继飞教授和谢婕老师共同指导的我校生物系六名选手脱颖而出，荣获团体一等奖。其中，江苗怡和彭绚娴摘得特等奖殊荣，王得华和彭凌敏获得一等奖，许怡敏和伍彩梅获得二等奖。同时，江苗怡被评为本次大赛的四位最佳选手之一，并就"导管及其功能"主题的说课和模拟教学在总结表彰大会上再次被展示。

2013 年 7 月中旬，体育系学生在第一届广东省体育教育专业学生基本功大赛上获得佳绩。由广东省教育厅主办、华南师范大学体育科学学院承办的第一届广东省体育教育专业学生基本功大赛于 7 月 18—19 日在华南师范大学大学城校区举行，来自全省 13 所高校共 312 名体育教育专业师范生参加了角逐。学校 24 名参赛选手在专任教师的指导下，经过奋力拼搏，荣获团体二等奖，总分第七名。其中，4 名同学获得个人一等奖，10 名同学获得个人二等奖，10 名同学获得个人三等奖。

2013 年 8 月中旬，化学系学生在第一届广东省大学生化学实验竞赛中获奖。由广东省教育厅主办、中山大学承办的第一届广东省大学生化学实验竞赛于 8 月 17—19 日在中山大学化学与化学工程学院举行，来自全省 24 所高校的化学、应用化学、材料化学、化学生物学、化学教育、高分子材料与工程、化学工程与工艺专业的 72 名 2011 级全日制在校学生参加了角逐。由何强芳、陈承声等老师指导的化学系 2011 级应用化学本科班张许、施婷和余黛媚三名选手克服困难、努力拼搏，最终三人都荣获三等奖。

2013 年 8 月底，数学系学生在第一届广东省数学专业师范生教学技能大赛暨数学说题大赛中荣获佳绩。由广东省教育厅、广东省高师数学教育研究会主办，华南师范大学承办的第一届广东省数学专业师范生教学技能大赛暨数学说题大赛于 8 月 28 日在华南师范大学数学科学学院举行，来自全省 14 所师范院校"数学与应用数学"专业的 2011 级全日制在校学生共 40 多名选手参加了角逐。比赛分两个阶段进行：笔试阶段和答辩阶段。代表学校参加比赛的三名学生获得了优异的成绩，其中陈嘉瑜荣获一等奖，林晓虹荣获二等奖，朱炳辉荣获三等奖。

2013 年 9 月中旬，外语系学生在第二届广东省本科高校英语专业师范生教学技能大赛中荣获佳绩。由广东省教育厅主办、华南师范大学外国语言文化学院承办、广东教育学会外语教学专业委员会协办的第二届广东省本科高校英语专业师范生教学技能大赛决赛于 9 月 14 日在华南师范大学第一教学楼隆重举行，来自全省 17 所师范院校的 35 名选手参加了角逐。竞赛内容包括教学设计、教学实施和教师基本素养三个方面。在袁春艳老师的悉心指导下，代表我校参加比赛的外语系 2011 级学生韩苑婷、陈贺义均荣获二等奖。

2013 年 9 月中旬，美术系学生在首届广东省本科高校美术专业师范生教学技能大赛中荣获佳绩。由广东省教育厅主办、华南师范大学美术学院承办的首届广东省本科高校美术专业师范生教学技能大赛在华南师范大学美术学院举行，共有来自全省八所师范院校的 37 名选手参加比赛，9 月 14—15 日，参赛选手通过说课、笔试、绘画等环节竞赛，代表我校参加此次比赛的美术系 2010 级师范生黄嘉慧和张青青分别获得一等奖和二等奖的佳绩。

2013 年 10 月 13—14 日，中文系学生在首届广东省语文师范生教学技能大赛中荣获佳绩。由广东省教育厅主办、华南师范大学文学院承办的第一届广东省语文师范生教学技能大赛决赛在华南师范大学文科楼演讲厅举行，来自全省 12 所师范院校的 35 名选手参加了决赛。本次比赛包括教学设计、模拟课堂（说课＋模拟授课）和即席讲演三个环节。经过中文系黄淑琴教授、陈涵平教授的精心指导，代表学校参赛的三位中文系选手取得优异成绩。其中，石玉莹荣获大赛一等奖，赖思好、钟嘉琳荣获大赛二等奖。

2013 年，在文化艺术体育方面获奖 147 项，如学校声乐节目《遥远的小渔村》荣获教育部颁发的全国第三届大学生艺术展演活动艺术表演类甲组二等奖；在学术科技方面获奖 60 项，如数学系朱朝诗、梁锦华、王婉娜在 2013 年高教社杯全国大学生数学建模竞赛中获得教育部高等教育司、中国工业与应用数学学会颁发的本科组二等奖；在社会实践和志愿服务方面获奖 37 项，如我校"星辉"三下乡服务队、"青春追梦"三下乡服务队被中共广东省委宣传部、广东省精神文明建设委员会办公室、广东省教育厅、共青团广东省委员会、广东省学生联合会评为 2013 年广东省大中专学生志愿者暑期"三下乡"社会实践活动优秀团队；在团的评比方面获奖 3 项，如数学系张月红被共青团广东省委授予"广东省优秀共青团员"称号。

2014 年，在文化艺术体育方面获奖 379 项，如音乐系林丹琪在亚洲国际艺术交流大赛组委会、亚洲音乐家协会联合举办的"2014 亚洲国际艺术交流大赛"中荣获中国赛区古筝重奏项目青年组第一名；学科竞赛方面获奖 42 项，如数学系谢润帮、李慧珠、陈靖华在 2014 年获得广东省教育厅、中国工业与应用数学学会颁发的全国大学生数学建模竞赛广东赛区一等奖。在社会实践方面获奖 120 项，如 2014 年 3 月广东第二师范学院"青春飞扬"三下乡服务队（王薇娜、徐怡敏、管敏燕、李钟萍、邵慕华、陈旭填、潘允杰、曾俊标）的作品《追梦》在广东省教育厅主办的 2013 年"我的中国梦"——"立志·修身·博学·报国"主题教育系列活动之"最美中国梦"主题摄影创作大赛中荣获二等奖；在团的评比方面获奖 8 项，如 2014 年 6 月共青团广东省委员会、广东省学生联合会授予广东第二师范学院学生会"广东省优秀学生会"称号。

2015 年上半年，学校在第十三届"挑战杯"广东大学生课外学术科技作品竞赛中获得 1 个一等奖、7 个三等奖的好成绩，这是学校在广东赛区的历史最好成绩。11 月，外语系张海桐获"岭南杯"英语写作比赛一等奖，在"外研社杯"广东赛区比赛中，潘思韵获演讲比赛三等奖，丁海婷、章逸佩获阅读比赛三等奖，颜文丽、邹明珠获写作比赛三等奖。另外，学校组织学生积极申报广东省大学生创新专项资金，有 12 个项目获得该专项资金的资助，总金额为 22.5 万元。

表 4 – 14　2006—2015 年我校学生主要获奖情况

序号	年份	获奖者	系别	奖项	颁奖单位
1	2007	李岗、高飞	音乐系	作品《飞越无限》在全国第八届大学生运动会歌曲演唱比赛中获得一等奖	教育部、国家体育总局、共青团中央
2	2009	周振华	美术系	作品《书法》获全国第二届大学生艺术展演活动二等奖	教育部
3	2009	李龄、林黛婉、姚寅森、梁怡、刘俊利	—	作品《女主角》获第五届"德艺双馨"全国文艺比赛影视表演成人组话剧金奖	中国艺术家协会、中国教科文卫事业促进会、全国"德艺双馨"文艺比赛组委会
4	2011	祝荣善	美术系	作品"衣魅系列"获中国大学生美术造型与设计铜奖	中国大学生美术作品年鉴编委会
5	2011	郭祖儿	音乐系	钢琴独奏《贝多芬鸣奏曲》获"东南亚国际艺术节"银奖	中国文学艺术协会、泰国文学艺术界协会、东南亚国际艺术节组织委员会
6	2011	林秀慧	美术系	书法作品《母亲颂》获第十九届全国书法摄影作品大赛金奖	中国书画摄影家协会、书画教苑报社
7	2012	陈婧	音乐系	获全球华人文化艺术"新星"大赛暨"福娃杯""福缘杯"全国文化艺术总展演活动古筝专业少年B组金奖	中国国际文化艺术联合会、中国公益总会
8	2012	高宜宜	中文系	作品《搬家》在第八届全国青少年中华情征文活动中荣获银奖	全国青少年中华情征文活动组织委员会
9	2012	梁彩婵	中文系	作品《两年前后》在第八届全国青少年中华情征文活动中荣获铜奖	全国青少年中华情征文活动组织委员会
10	2013	广东第二师范学院	—	声乐节目《遥远的小渔村》荣获全国第三届大学生艺术展演活动艺术表演类甲组二等奖	教育部
11	2013	广东第二师范学院	—	舞蹈节目《梦里寻她千百度》荣获全国第三届大学生艺术展演活动艺术表演类甲组三等奖	教育部

（续上表）

序号	年份	获奖者	系别	奖项	颁奖单位
12	2013	邓文轩、田晓辰、黄仁捷、林燕秋、叶杞文	美术系	作品《绿草·沙漠》《成长》《美育·中国梦》《艺术色彩》《设计师的烦恼》获第六届全国美育成果展一等奖	中国高等教育学会美育专业委员会、全国"十二五"教育部课题美育专项课题组、全国美育成果展演组织委员会
13	2013	邹翠银、罗梓伟、欧阳诗慧、温嘉勇、王桂萍、吴永莹	美术系	作品《树》《拯救可爱的天鹅》Hope《往育丑，今育美》《保护京剧》《读万卷书，行万里路》获第六届全国美育成果展一等奖	中国高等教育学会美育专业委员会、全国"十二五"教育部课题美育专项课题组、全国美育成果展演组织委员会
14	2013	刘海怡	音乐系	获第四届香港国际钢琴邀请赛中国赛区青年组三等奖	亚洲音乐家协会、香港国际钢琴邀请赛组委会
15	2013	陈婧	音乐系	获全国青少年艺术大赛全国总决赛古筝专业青年A组银奖	中国文化部、中国文联、中国国际文化艺术中心、中国公益总会
16	2013	朱朝诗、梁锦华、王婉娜	数学系	获高教社杯全国大学生数学建模竞赛本科组二等奖	教育部高等教育司、中国工业与应用数学学会
17	2013	陈许群	数学系	在第五届全国大学生数学竞赛（数学类）预赛中获得三等奖	中国数学会普及工作委员会
18	2013	张许	化学系	在第五届全国大学生数学竞赛（非数学类）预赛中获得三等奖	中国数学会普及工作委员会
19	2013	王凯慧	计算机科学系	获第八届全国大学生"飞思卡尔杯"智能汽车竞赛华南赛区光电组三等奖	全国大学生"飞思卡尔杯"智能汽车竞赛组织委员会、教育部高等学校自动化专业教学指导委员会
20	2013	吴铭英、李俏丽	计算机科学系	获第四届"蓝桥杯"全国软件专业人才设计与创业大赛广东赛区C/C＋＋程序设计本科B组优秀奖	全国高等学校学生信息咨询与就业指导中心、工业与信息化部人才交流中心

（续上表）

序号	年份	获奖者	系别	奖项	颁奖单位
21	2013	张嘉颖	计算机科学系	获全国大学生计算机应用能力与信息素养大赛本科组二等奖	全国高等院校计算机基础教育研究会、高等职业技术教育研究会
22	2014	王伟将	物理系	获"中国大学生自强之星"提名奖、"中国大学生新东方自强奖学金"	共青团中央委员会、中华全国学生联合会
23	2014	林丹琪	音乐系	获"亚洲国际艺术交流大赛"中国赛区古筝重奏项目青年组第一名	亚洲国际艺术交流大赛组委会、亚洲音乐家协会
24	2014	黄榆珊	音乐系	获"亚洲国际艺术交流大赛"中国赛区古筝重奏项目青年组第一名	亚洲国际艺术交流大赛委员会
25	2014	方亦旋	音乐系	获"明日之星——香港国际青少年文化艺术节"香港总决赛古筝合奏青年A组金奖	中国国际文化艺术中心、中国公益总会、中国国际文化艺术联合会、香港国际青少年文化艺术节组委会
26	2014	何欣颖	政法系	在"第二届全国英语口语测评大赛（NSEC）"中荣获大学生—本科非英语专业组一等奖	全国英语口语测评大赛组织委员会
27	2014	叶新河	音乐系	获"中国梦"全国艺术特长优秀作品展钢琴项目青年B组金奖	中国艺术教育家协会、中国电视音乐家协会、中国艺术人才协会、中国教育家交流协会
28	2014	张思华	中文系	获第九届全国大学生文学作品大赛一等奖	第九届全国大学生文学作品大赛组委会、湖北省文学艺术界联合会、世界中文作家协会
29	2014	黄秀娟	外语系	获第九届全国大学生文学作品大赛一等奖	第九届全国大学生文学作品大赛组委会、湖北省文学艺术界联合会、世界中文作家协会
30	2014	杨丽君	数学系	获第六届全国大学生数学竞赛（数学类）预赛二等奖	中国数学会普及工作委员会

（续上表）

序号	年份	获奖者	系别	奖项	颁奖单位
31	2014	吴昭奋	数学系	获第六届全国大学生数学竞赛（数学类）预赛二等奖	中国数学会普及工作委员会
32	2014	谢润帮、李慧珠、陈靖华	数学系	获2014年高教社杯全国大学生数学建模竞赛本科组二等奖	全国大学生数学建模竞赛组织委员会
33	2014	辜家杰、吴燕秋等27位同学	数学系	获2014年全国大学生数学建模竞赛优胜奖	中国工业与应用数学学会
34	2014	陈韵玉	物理系	获全国第六届"立思杯"大学生与研究生自制教具与设计实验展评二等奖	中国教育学会物理教学专业委员会
35	2014	曾剑婷、刘惠敏	物理系	获全国第六届"立思杯"大学生与研究生自制教具与设计实验展评三等奖	中国教育学会物理教学专业委员会
36	2014	温志浩	化学系	获"中国大学生自强之星"提名奖	共青团中央
37	2015	周亚晓、王林锋、李建鹏	音乐系	获第十八届"放飞梦想"全国艺术人才展示盛会声乐项目青年B组金奖	中国艺术教育家协会
38	2015	邹嘉儿、陈浩钦、熊也	音乐系	获第十八届"放飞梦想"全国艺术人才展示盛会钢琴项目青年B组金奖	中国艺术教育家协会
39	2015	丘笑笑	音乐系	获第五届亚洲国际艺术交流大赛中国赛区古筝项目青年组第三名	亚洲音乐家协会
40	2015	聂剑锋、周莹、黄文魁、李文秋	美术系	获绚丽年华第八届全国美育成果展评一等奖	中国高等教育学会美育专业委员会
41	2015	吕美琦、邓嘉淇、彭淑玲、孙智翔、李凤	中文系	获第十届全国大学生文学作品大赛一等奖	全国大学生文学作品大赛组委会、湖北省文学艺术界联合会、世界中文作家协会
42	2015	黄慧	外语系	获第十届全国大学生文学作品大赛一等奖	全国大学生文学作品大赛组委会、湖北省文学艺术界联合会、世界中文作家协会

（续上表）

序号	年份	获奖者	系别	奖项	颁奖单位
43	2015	王创哲	美术系	作品《等待》《深渊》入选第九届中国大学生美术作品年鉴	中国大学生美术作品年鉴编委会
44	2015	朱穆朗	美术系	作品《珠江新城》《状态》入选第九届中国大学生美术作品年鉴	中国大学生美术作品年鉴编委会

二、2014 年毕业生情况

（一）本科毕业生

2014 年本科毕业生就业情况分析如下：

从生源分布情况来看，2014 年本科毕业生生源分布较均匀，覆盖了全省各地级市，人数居前三位的是茂名、梅州、广州三地。具体见图 4-2。

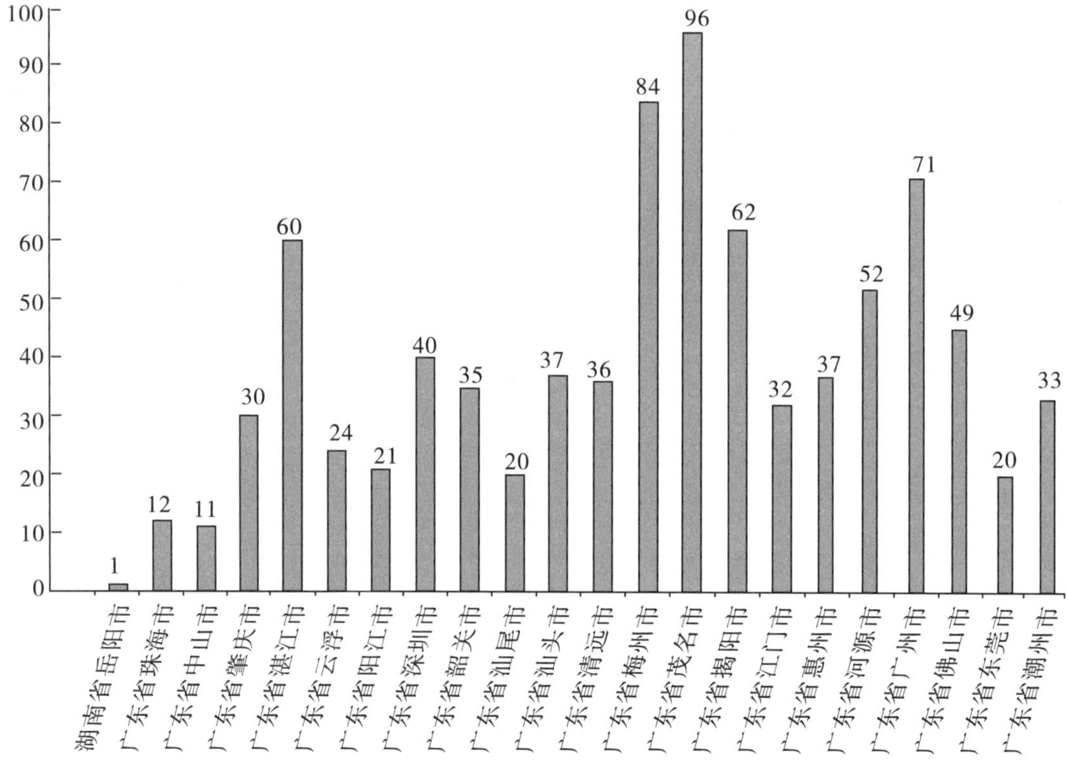

图 4-2　2014 年本科毕业生生源地统计（单位：人）

从专业分布情况来看，2014 年学校本科专业主要为师范类专业，毕业生中师范类学生占 90.27%，非师范类学生占 9.73%。具体见表 4-15。

表 4 – 15 2014 年本科毕业生专业分布

类别	专业	人数	小计
非师范生	美术学（产品设计）	29	84
	美术学（环境艺术设计）	29	
	美术学（装潢设计）	26	
师范生	汉语言文学	186	779
	美术学	169	
	生物科学	110	
	数学与应用数学	214	
	应用心理学	100	
总计		863	863

从性别比例情况来看，2014 年学校本科毕业生性别统计中，男生 204 人（占 23.64%），女生 659 人（占 76.36%），女生人数明显比男生人数多。

从本科毕业生就业流向来看，2014 年学校已就业本科毕业生中，有 41.63% 的毕业生到私营企业就业；有 2.03% 的毕业生成功考研；到普教系统的占 43.18%，到民办普教学校的占 4.43%，到高校、中专（技校）的占 1.91%，到党群、机关、政法系统、医疗、卫生单位及其他事业单位的人数较少，合计仅占 4.19%。具体见图 4 – 3。

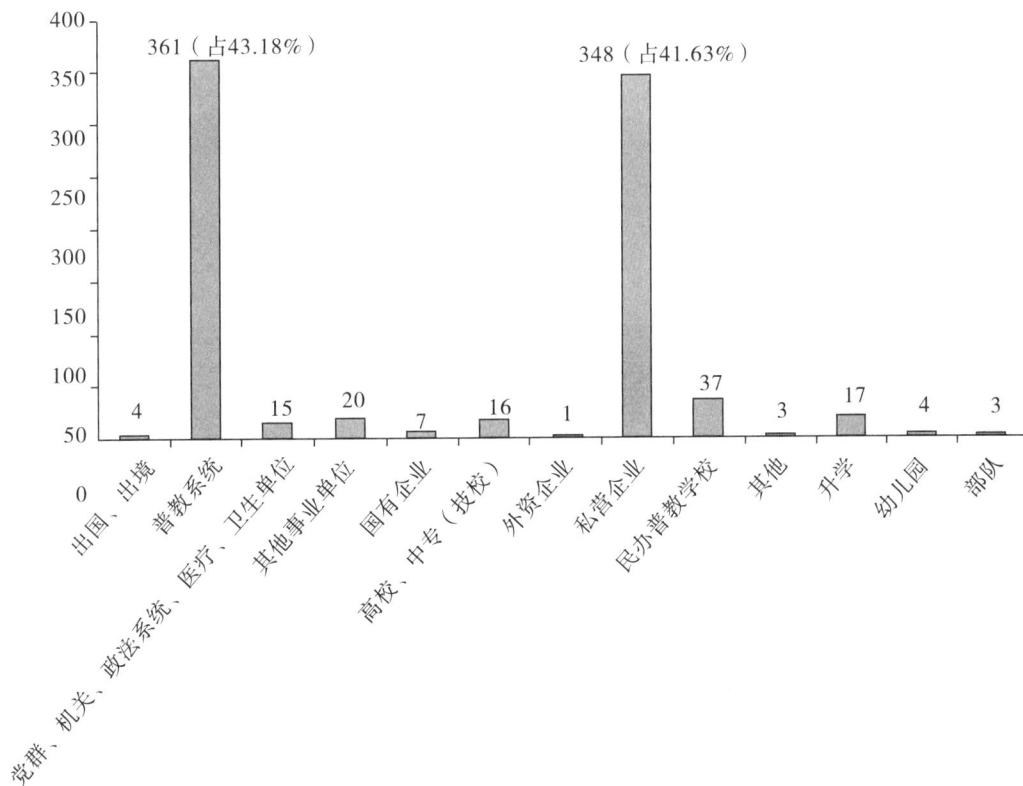

图 4 – 3 2014 年本科毕业生就业流向统计（单位：人）

从本科毕业生就业地区流向来看，毕业生就业地区主要集中在广州市，占39.40%，其次是佛山市，占11.19%，广东省外就业极少。

表4-16 2014年本科毕业生就业抽样薪酬统计

专业	院系	学生总数	参加就业人数	已就业人数	平均薪酬（元）	统计薪酬人数
应用心理学	教育学院	100	99	97	3 058	90
生物科学	生物系	110	110	110	2 776	107
美术学		169	167	164	3 296	160
美术学（产品设计）		29	28	27	3 283	23
美术学（环境艺术设计）	美术系	29	27	23	3 304	23
美术学（装潢设计）		26	24	23	3 429	21
数学与应用数学	数学系	214	211	209	3 296	207
汉语言文学	中文系	186	185	183	3 818	180
合计		863	851	836	3 282.50	811

表4-17 2014年本科毕业生专业对口率统计

专业	院系	学生总数	参加就业人数	已就业人数	专业对口人数	专业对口率（%）
应用心理学	教育学院	100	99	97	47	47.47
生物科学	生物系	110	110	110	66	60.00
美术学		169	167	164	134	80.24
美术学（产品设计）		29	28	27	15	53.57
美术学（环境艺术设计）	美术系	29	27	23	18	66.67
美术学（装潢设计）		26	24	23	14	58.33
数学与应用数学	数学系	214	211	209	167	79.15
汉语言文学	中文系	186	185	183	170	91.89
合计		863	851	836	631	74.15

（二）专科毕业生

2014 年专科毕业生就业情况分析如下：

从生源分布情况来看，2014 年专科毕业生生源分布较均匀，覆盖了全省各地级市，人数居前三位的是广州、茂名、梅州三地。

从专科毕业生就业流向来看，2014 年已就业专科毕业生中，有 59.42% 的毕业生到私营企业就业；有 17.13% 的毕业生成功插本；到高校、中专（技校）、普教系统、民办普教学校、幼儿园等从事教育行业的合计占 16.86%；到党群、机关、政法系统、医疗、卫生单位及其他事业单位的人数较少，合计仅占 3.29%。

从专科毕业生就业地区流向来看，毕业生就业地区主要集中在经济较发达地区，如广州市占到 58.63%，其次是深圳市，占 7.91%，广东省外就业极少。

表 4 - 18　2014 年专科毕业生就业抽样薪酬统计

专业	院系	学生总数	参加就业人数	已就业人数	平均薪酬（元）	统计薪酬人数
学前教育	教育学院	95	93	93	2 840	89
生物技术及应用（BTEC 教育）	生物系	38	32	32	2 623	30
电子信息工程技术（BTEC 教育）	物理系	71	64	64	2 385	44
商检技术（BTEC 教育）	化学系	100	98	98	2 454	72
计算机应用技术（BTEC 计算机软件）	计算机系	79	76	74	2 846	58
计算机应用技术（BTEC 嵌入式软件开发）		20	19	19	3 013	12
数学教育	数学系	61	59	58	2 597	34
商务英语	外语系	73	72	71	2 533	63
音乐教育	音乐系	105	101	101	2 659	83
旅游管理（BTEC 教育）	政法系	66	66	64	2 278	53
语文教育	中文系	72	71	71	2 740	61
合计		780	751	745	2 633	599

表 4 - 19　2014 年专科毕业生专业对口率统计

专业	院系	学生总数	参加就业人数	已就业人数	专业对口人数	专业对口率(%)
学前教育	教育学院	95	93	93	83	89.25
生物技术及应用（BTEC 教育）	生物系	38	32	32	8	25.00
电子信息工程技术（BTEC 教育）	物理系	71	64	64	21	32.81

（续上表）

专业	院系	学生总数	参加就业人数	已就业人数	专业对口人数	专业对口率（%）
商检技术（BTEC 教育）	化学系	100	98	98	25	25.51
计算机应用技术（BTEC 计算机软件）	计算机系	79	76	74	29	38.16
计算机应用技术（BTEC 嵌入式软件开发）	计算机系	20	19	19	8	42.11
数学教育	数学系	61	59	58	27	45.76
商务英语	外语系	73	72	71	54	75.00
音乐教育	音乐系	105	101	101	69	68.32
旅游管理（BTEC 教育）	政法系	66	66	64	9	13.64
语文教育	中文系	72	71	71	59	83.10
合计		780	751	745	392	52.20

学校对 2014 年毕业生就业工作进行满意度调查，从回收的 430 份有效问卷分析：2014 年毕业生对我校的就业服务工作较肯定，对就业指导课的授课内容、就业指导工作人员提供的服务、其他就业服务等方面，满意度均达 90% 以上；在就业工作受到的重视程度、就业网站的内容、就业信息的收集和发布工作、就业政策宣传力度等方面满意度达 85% 以上。具体见表 4-20。

表 4-20　2014 年毕业生对就业工作满意度调查统计

内容	非常满意（%）	满意（%）	较满意（%）	不满意（%）	满意度（%）
对我校毕业生就业工作受到的重视程度是否满意	20.0	38.1	29.0	12.9	87.1
对就业指导课的授课内容是否满意	16.5	47.4	28.8	7.3	92.7
对我校就业指导工作人员提供的服务是否满意	15.3	42.5	33.5	8.7	91.3
对我校就业网站的内容是否满意	14.4	36.3	34.6	14.7	85.3
对我校就业信息的收集、发布工作是否满意	13.0	39.3	33.5	14.2	85.8
对我校举行的各类就业招聘活动是否满意	12.5	33.0	34.9	19.6	80.4
对当前就业政策宣传力度是否满意	14.4	36.7	34.4	14.5	85.5
对我校与企业间的交流与合作工作是否满意	14.6	30.5	39.6	15.3	84.7
其他就业服务	11.4	36.9	42.3	9.4	90.6
对我校就业工作的总体满意度如何	13.0	39.3	36.7	11.0	89.0

学校到用人单位进行了 2014 年毕业生满意度调查，共收回有效问卷 400 份。从问卷情况分析，毕业生在职业道德、工作态度、合作能力等方面受到用人单位的好评，但在外语水平、计算机水平、创新能力等方面还需要加强。具体见表 4-21。

表 4-21 2014 年毕业生用人单位满意度调查统计

项目	满意（%）	基本满意（%）	一般（%）	不满意（%）
职业道德	70.5	29.5	—	—
工作态度	70.3	29.7	—	—
工作业绩	57.2	42.8	—	—
心理素质	65.5	34.5	—	—
自学能力	66.8	33.2	—	—
合作能力	72.2	27.8	—	—
沟通能力	69.7	30.3	—	—
创新能力	55.3	44.7	—	—
专业技能	59.0	41.0	—	—
动手能力	66.0	34.0	—	—
计算机水平	58.0	42.0	—	—
外语水平	52.0	48.0	—	—
综合评价	54.8	39.0	6.2	0

三、2015 年毕业生情况

2015 年，我校共有应届本科毕业生 2 613 人，其中男生 729 人、女生 1884 人，非师范生 188 人、师范生 2 425 人，参加就业的本科生有 2 556 人。我校共有应届专科毕业生 429 人，其中男生 225 人、女生 204 人，非师范生 421 人，师范生 8 人，参加就业的专科生有 384 人。为做好本年度的就业工作，学校开展多途径宣传国家、省、市及我校就业政策，召开全校就业工作会议，学校与院系主要负责人签订了毕业生就业责任书；加强职业培训和创业培训，5 月份与广东南大职业培训学院合作开展毕业生职业技能训练培训；筛选 12 支创新创业项目优秀团队进驻学校创业孵化办公室，学校给予资金支持并进行创业培训和提供孵化服务等，这些措施对学生就业无疑是一种有力保障。根据 2015 年 10 月 8 日省教育厅核准的"粤教毕函〔2015〕35 号"文件可知，本年度我校毕业生总数为 2 940 人。其中本科毕业生初次就业率为 94.41%，专科毕业生初次就业率为 95.83%，学校就业率为 94.59%，就业形势良好。

第五章

新设院系与师资队伍的壮大

2005—2015 年，学校在办学规模、办学层次、办学结构上均取得了较大发展，在原有院系基础上，陆续新增设了一批院系以及研究管理机构，专业设置进一步完善，极大地提升了学校的整体学科实力和地区影响力。同时，师资队伍建设也同步进行并逐步加大力度，通过各种鼓励政策，引进大批高素质人才，迅速提高了师资队伍整体水平。

第一节　音乐系、教育学院、生物与食品工程学院的成立

一、音乐系

音乐系于 2005 年 3 月 3 日成立。其前身是广东教育学院原有的公共艺术教研室，负责全院学生音乐类课程教学。随着社会的发展与基础音乐教育人才培养的需求，学校在公共艺术教研室的基础上，于 2005 年成功组建音乐系，开设音乐学（师范）专业。2005 年至 2012 年，音乐系经历了七年的高等师范专科音乐教育人才培养发展阶段。2012 年经教育部批准，首次迎来音乐学音乐教育专业本科招生，实现办学层次从专科教育到本科教育的提升。

音乐系以"站好讲台、兼顾舞台"的教学理念为核心，以培养学生的中小学音乐教育能力、组织音乐活动能力、学科专业研究能力为目标。音乐系下设五个教研室：声乐教研室、钢琴教研室、理论与器乐教研室、舞蹈教研室、艺术实践教研室。设立四个以学生为主体的艺术实践团队：舞蹈队、合唱团、音乐剧剧团、管乐队。

音乐系现有教职工 28 人，其中专任教师 24 人、专职行政人员（含教辅人员）4 人，教授 1 人、副教授 6 人、讲师 11 人。音乐系目前的领导班子成员：纪俊娟任副主任（主持系全面工作），李彦明任副书记（主管系学生工作），梁小玲任副主任（主管系教学工作）。音乐系在校学生人数自 2005 年开始招生以来呈现每年递增趋势，2015 年招收新生 173 名，在校总人数达 616 名。自建系以来共培养五届普高学生，且五年来毕业生就业率均达 98.3%。

近五年来，音乐系获批国家级项目 3 项、省市级项目 14 项、校级项目 12 项、大学生创新创业项目 15 项，其中校级精品课程 2 项——"声乐""钢琴"。参编省级"十一五"规划教材 1 部，主编教材 6 部，自编讲义 9 套。在国内外学术期刊上发表论文 111 篇，其中在核心刊物发表论文 40 余篇。此外，教师科研论文、教学比赛、表演、作曲等成果获得省级以上评比一等奖 11 名，二等奖 4 名，三等奖 5 名。指导学生参加比赛获一等奖 4 项，金奖 39 项，二等奖 16 项，银奖 60 项，获得"优秀教学奖""十佳教师""优秀辅导教师""最佳辅导奖""国际优秀导师奖"等称号共 67 人次；培养"千百十优秀人才"3 人，"高级访问学者"2 人次。

音乐系目前共有教学实用面积 16 799.6 平方米。其中，有琴房 110 间，开放时间长，覆盖面广，配套齐全。音乐系各项仪器设备及相关设施的总体利用率达 100%。未来两年内，将建设一座音乐厅。

音乐系借助学校坚实的传统师训平台，面向基础音乐教育，承担省级以上各类音乐学科培训，包括广东省中小学声乐骨干教师、广东省普通高中新课程教师、基础教育新课程骨干教师、东莞骨干音乐教师、台山和增城教师转岗等培训班，学员达 598 名，培训效果明显，得到各级部门的充分肯定，相关调查问卷结果显示，学员满意度为 100%。

在短短的十年时间内，学校音乐系经历了从无到有，从专科到本科的建设之路。音乐系的师资队伍不断壮大，教学理念、模式不断更新，教学质量不断提升，教学设备不断完善，呈现出良好的发展动力和发展趋势。综观整体发展情况，学校音乐系已经成为华南音乐教育的一支重要力量。

二、教育学院

教育学院于 2012 年 12 月 20 日成立，其前身为教育系。作为岭南教育的一支主力军，教育系曾经缔造过学校的辉煌历史。从 1984 年开始，教育系就创建了全国第一批教育管理本科专业（成高），经过几十年的发展，尤其在 2010 年学校改制为普通本科院校后，教育系办学规模不断扩大，专业设置不断增加，对外教育、交流日益增多。相形之下，原有的系级建制已不适应各项工作发展的需要。为此，对照学校关于成立二级学院的师资、学生数、专业设置等方面的基本要求，在充分论证了成立二级学院的必要性与可行性的基础上，由教育系提出申请，学校审议同意，决定以教育系为基础，组建教育学院，成为学校第一个真正意义上的二级学院［《关于设立广东第二师范学院教育学院的通知》（广东二师〔2012〕143 号）］。

教育学院以"面向基础教育、研究基础教育、服务基础教育、引领基础教育"为办学宗旨，下设心理学系、教育管理系、学前教育系、特殊教育系（教育系）四个系，并开设有应用心理学、公共事业管理、学前教育学、特殊教育专业四个四年制普高本科专业，教育管理学和学前教育学两个函授本科专业。教育学院目前有 21 个教学班，在校学生 1 066 名。学院 2014 届毕业生一次性就业率达 98.46%，被学校评为"就业先进单位"。

教育科学研究所与教育学院合署办公，教育科学研究所下设基础教育研究中心、民办教育研究中心、学校管理研究中心、中小学心理健康指导中心和中小学德育研究中心以及《广东基础教育研究》杂志社。教育学院目前由周峰任院长，袁立新、郭凯任副院长。教育学院（教科所）现有教职工 49 人，其中专任教师 38 人、专职行政人员（含教辅人员）7 人。专任教师中具有高级职称的 22 人，其中教授 7 人、副教授 15 人；具有硕士以上学位的 43 人，其中博士 16 人、在读博士 2 人。

教育学院还设有教育培训办公室，承担了广东省中小学校长（含幼儿园园长）的省级岗位培训、提高培训、高级研修，以及安排我省中小学校长（含幼儿园园长）和教师的异地跟岗学习，组织中小学校长和教师的出国或出境教育考察等大量工作。教育培训办公室还根据各地教育局或学校的要求，承担校长与教师的其他各类培训。2014 年，由学院承办的"百千万人才培养计划"项目成果显著，被《中国教师报》整版报道。

在教学研究方面，教育学院近年取得较大成绩。其中，闫德明教授主持的"学校组织与管理"获得 2012 年国家级教师教育精品资源共享课立项，成为我校第一个国家级精品课程项目。2014 年，教育学院在研科研项目总量近 30 项，由学院教师主持的在研省（部）级科研项目 8 项。

三、生物与食品工程学院

生物与食品工程学院是 2014 年 5 月在原生物系和烹饪科学学院的基础上组建的。其前身生物系筹建于 1982 年，1985 年开设生物教育专业，1987 年开展生物本科成人教育，1993 年起开设生物科学本科专业，2003 年新增生物工程本科专业。1993 年至 2004 年招收了通过普通高考考入的 11 届生物科学专业和 2 届生物工程专业学生。2010 年学校改制为普通高校后，生物科学成为学校首批本科专业。生物系是"初中生物教师国家级培训基地""广东省生物骨干教师培训基地"和"广东省科学骨干教师培训基地"，长期承担国家和广东省生物教师和科学教师的在职培训任务。原烹饪科学学院是学校基于"协同创新"理念于 2013 年 6 月创建的〔《关于成立广东第二师范学院烹饪科学学院的通知》（广东二师〔2013〕58 号）〕，师资队伍以生物、化学系 20 多名博士、教授为依托，拥有包括营养学、中医药膳学、烹饪工艺、工商管理等不同学科背景的优质专任教师队伍，以及高水准的厨艺技能和企业管理导师团队，目标是将学生培养成为科研和教学、公共服务和企业管理、营养顾问和烹饪工艺等领域的专业人才。2014 年 5 月，学校为了更好地整合校内资源，优化学科专业结构，突出办学特色，提高办学质量，在原生物系和烹饪科学学院的基础上，组建成立了生物与食品工程学院〔《关于组建生物与食品工程学院的通知》（广东二师〔2014〕60 号）〕，由袁学文任院长，唐以杰为总支书记，吴映明、胡继飞、陈非为副院长。同时撤销原生物系和烹饪科学学院的建制。

生物与食品工程学院下设生物科学、环境生态工程、烹饪科学三个系和一个实验教学中心，成立了学术委员会、学位委员会和教学督导组。广东第二师范学院科学教育研究所和广东教育学会科技教育专业委员会秘书处挂靠在生物与食品工程学院。目前开设有生物科学、环境生态工程、烹饪与营养教育和食品卫生安全四个本科专业，还有生物技术及应用（BTEC 生物药学）一个专科专业，目前在校生 913 人，其中本科生 813 人、专科生 100 人。拥有一栋建筑面积 2 440 平方米的独立实验教学大楼，设有 10 个专业实验室。2010 年以来，获得中央和省财政专项实验室建设经费 670 多万元，新建了"应用生态学实验室"和"科学探究实验室"。现有 250 多种单价 800 元以上的进口或国产品牌的精密仪器设备，在校外建立了 17 个专业见习和实习基地，为教学和科研提供了较好的实验和实践条件。

生物与食品工程学院现有教职工 42 人。在专任教师 32 人中，有教授 6 人、副教授（高级实验师、副研究员、高级工程师）9 人，副高职称以上者占专任教师的 46.88%，有双职称教师 8 人；有博士后 4 人、博士 15 人、硕士 7 人，有硕士以上学位者占专任教师的 81.25%。教师中全国模范教师 1 人，南粤优秀教师 1 人，广东省高校优秀共产党员 1 人，教育部国培专家 2 人。一批教师受聘担任国家级和省级专业学会和研究会的理事、常务理事、委员、副主任委员等社会兼职。

自 2010 年以来，学院教师承担了国家级科研项目 12 项、省部级科研项目 18 项、省级教学质量与教学改革工程项目 13 项，获得广东省科技进步二等奖 1 项、国家冰心儿童图书奖 1 项，拥有国家发明专利 6 个，参与制定国家质量标准 3 个。

从 2002 年起，学院连续主办了 14 届生物科技文化节，锻炼和培养了生物科学专业学生的人文素养和综合素质。学院毕业生受到社会和用人单位的认同和欢迎，就业率一直保持在 98% 以上。生物系团总支获得"广东省五四红旗团总支"称号。改制后的首届生物科学专业本科生就有三人考取了中山大学、暨南大学和华南师范大学的硕士研究生。在第二届毕业生中，有 21% 的学生考取了 211 高校的研究生或出国出境留学深造。多人获得"挑战杯"广东省大学生课外学术科技作品竞赛三等奖。在广东省教育厅主办的第一届广东省本科高校师范生教学技能大赛中，荣获生物组一、二、三等奖各 2 个，在第三届广东省本科高校师范生教学技能大赛中获得一等奖和特别奖各 1 个，名列全省师范类高校前茅。

第二节　教育发展力研修学院、成人教育学院、国际教育学院、远程教育中心的设立

一、教育发展力研修学院

学校是国家级中小学骨干教师和骨干校长的培训基地，是"国培计划"——示范性集中培训项目培训机构。学校的教师培训事业源远流长、经验丰富，为广东省基础教育事业发展作出了突出的贡献。根据学校培训工作任务发展的需要，2006 年 3 月，学校成立了培训处，设立干部培训科、师资培训科、职业技术培训科。2012 年 9 月，学校决定在培训处的基础上成立教育发展力研修学院〔《关于成立广东第二师范学院教育发展力研修学院的通知》（广东二师〔2012〕94 号）〕。由龚孝华教授出任院长，古立新副教授任副院长。

教育发展力研修学院下设"三部两室"：校长与学校发展研修部、教师专业发展研修部、职业培训部、卓越教师培养研究室和办公室。教育发展力研修学院对校内外教师资源进行了有机整合，使我校的教师教育改革尤其是职后教师培训有了坚实的服务管理实体平台。

教育发展力研修学院的成立，是学校整合培训力量、服务广东省基础教育的又一个里程碑。目前学院已经确立了覆盖全员培训、骨干培训、校本培训、学校管理及国内外区域合作，覆盖"全学科、全学段、全层次"的能满足关于教师培训全部需求的完整培训体系。2014 年学校培训人数已达 25 万人次，成为全省乃至全国培训规模最大的院校之一：

2011 年，培训人数 155 502 人次，培训经费 2 349.299 万元，比 2010 年增长了 21.43%。

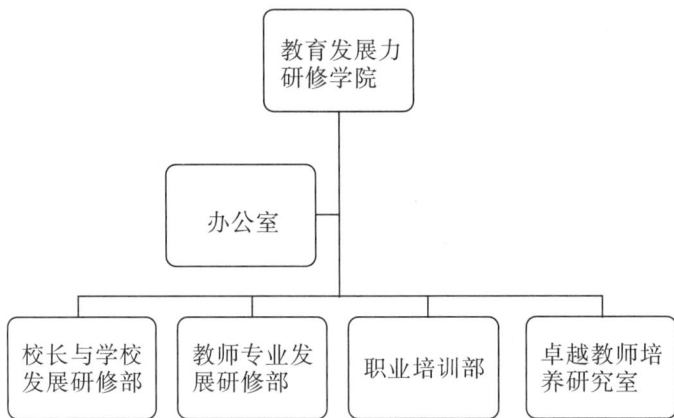

教育发展力研修学院架构图

2012 年，共举办校长、教师培训班 150 多个，培训人数达 203 440 人次，培训经费约为 5 893.781 万元。

2013 年，共举办中小学校长、教师培训班 100 多个，培训人数 177 710 人次，培训经费约 7 340.259 7 万元，与上年同期相比，培训人数下降 11.82%，培训经费增长了 23.39%。

2014 年，共举办中小学校长、教师培训班 137 个，培训人数 250 170 人次，与 2013 年同期相比，培训人数增长了 40.77%。

在如此巨大规模的培训基础上，教育发展力研修学院在培训效果和影响力上，也形成了一系列鲜明特色：①培训地位重要，积累了丰富的培训资源。学校在培训示范、项目推广、决策咨询、培训研究、专业指导等领域作了许多开拓性的工作。此外，学校自行开发的广东省中小学教师继续教育管理信息平台成为教育厅重要的专项平台，入库教师已达 80 多万人，也积累了丰富的课程资源。②运用开拓性思维，培训内容和模式具有创新性。包括"三位一体"的骨干教师培训模式、跟岗学习模式，以及现在的校长六项能力提升等，都是引领全国的模式创新。教育部和中国移动开展的影子培训以及教育部在西部实施的培训模式创新，最早都是由我校创立。③打造了一批高端品牌，培训层次不断提高。如教育部"国培计划"、教育部—中国移动校长影子培训、广东省中小学校长中英合作培训、广东省中小学百千万人才培养工程、京苏粤中小学中青年优秀校长高级研修班、京苏粤浙中小学卓越教师高端研修班、广东省中小学校长教师跟岗学习、广东省中小学骨干教师培训等，都是我校颇具影响力的高端培训品牌项目。④研究成果丰硕，社会影响力较大。近年来，学校更加重视研究的系统性和成果的系列化，承担了多项国家级、省级、校级课题立项并已经开展研究。⑤地市联动合作共赢，服务基础教育能力凸显。与市、县（区）教育部门按照"权责明晰、优势互补、合作共赢"的原则建立了稳定的合作机制。

教育发展力研修学院依靠创新驱动，形成了实践取向、能力为重、问题解决的培训特色，取得了许多有全国性影响的创新性成果，在中小学校长和教师培训领域，位居全国先进行列。在教育部组织的"国培计划"综合测评中，学校已完成的项目综合排名大多位居全国第二至四名，最低的为第九名，体现了学校在教师教育方面的国内领先地位。

二、成人教育学院

成人高等教育一直是学校传统办学特色，历史悠久，影响深远，几十年来为广东省社会发展和经济建设培养了大批较高层次专业人才，得到了社会各界的关注和好评。2011年，学校成人高等教育共有在校学生5 000余人，在省内设有15个校外教学站（点）。为了更好地适应学校改制后的工作需要，2012年6月学校正式成立成人教育学院，负责学校成人高等学历教育工作，由熊焰教授担任院长。

成人教育学院是在学校直接领导下的二级教学机构，承担全校除夜大、自考之外的成人学历教育。具体工作职能为：①负责拟订学校成人教育发展规划、教学工作计划，做好成人招生计划申报及编制，做好招生宣传发动和录取工作，做好成人高考术科加试工作，完成学校下达的招生任务。②负责草拟校内外成人教育招生布点规划，做好校外教学点的创建、联络、管理、业务指导等工作。③负责组织成人教育各专业的申报工作，起草有关文件，组织制定、修改教学计划、教学大纲，组织编写自学指导书、辅导材料等工作。④负责任课教师的资格审查及聘用工作。⑤组织教学质量检查，深入各教学点了解教学计划、教学大纲及各种教学管理文件的实施情况；组织相关课程的考试和考核。⑥建立学历教育教学专业档案，收集、整理教学评估材料，做好成人教育评估检查工作。⑦负责制定成人教育学籍管理规定，并组织实施。⑧负责成人教育学生学籍资格的审查、学籍的建立管理和归档工作（含新生档案、学生名册、学生学籍表、成绩登记表、毕业生审批表等）。

目前，成人教育学院具有省教育厅备案的25个教学点，已形成了多专业、多层次、多形式、多站点的办学体系，建立了比较完善的成人高等教育管理体系。在办学层次上，有高中起点专科、专科起点本科等不同办学层次，与学校普通高等教育相对应的所有学科门类的专业均可招生。在专业设置上，成人本科设置了教育学、学前教育、汉语言文学、英语、历史学、思想政治教育、数学与应用数学、物理学、计算机科学与技术、行政管理、生物科学、应用心理学、体育教育、音乐学、美术学15个专业；成人专科设置了会计、行政管理、语文教育、学前教育、商务英语、英语教育、计算机应用、数学教育、音乐教育、法律事务10个专业。在办学形式上，有函授、业余等学历教育，也有岗位培训和短期继续教育等形式，先后承担过广东省各类项目培训，如中小学骨干教师培训、学科教师区域合作培训、区域教育行政中层管理干部培训、中学实验教师（实验管理员）培训、幼儿园园长和骨干教师培训、中小学英语教师继续教育和骨干教师培训等。

自成立以来，成人教育学院2012年录取学员1 178人，其中本科909人、专科269人；2013年度录取新生7 283人，其中本科3 691人、专科3 592人。2014年度录取新生 7 925 人，其中本科 3 093 人、专科 4 832 人。现有在学学生 15 833 人，其中专升本 3 600 多人。

三、国际教育学院

我国市场经济体制的逐步完善，为高等院校参与国际教育服务贸易活动提供了良好的外部条件，尤其在加入世界贸易组织（WTO）之后，留学生教育、中外合作办学以及聘请外籍教师等形式的国际教育服务贸易迅猛发展。留学生教育的规模、质量和声誉已经成为一所大学国际化水平的重要标志和整体综合实力的表现。学校随着自身实力的不断增强，也迎来了发展留学生教育的良好机遇。通过几年的努力，学校已经基本建立了完整的学科和高等教育培养体系，办学条件已基本能够满足留学生教育的要求。在这样的基础上，2013 年，学校正式成立国际教育学院（《关于成立广东第二师范学院国际教育学院的通知》广东二师〔2013〕124 号）。这既符合学校实际发展的需要，也是学校全面参与高等教育竞争的具体行动。

国际教育学院是广东第二师范学院的二级学院，下设英语培训中心、国际教育中心、汉语国际教育交流中心三个教学部门以及学院办公室，由刘焱鸿博士担任主要负责人。学院以广东第二师范学院为依托，以国际教育服务贸易为立足点，面向国际市场，开展以中外合作办学项目、涉外教育培训以及汉语国际教育（留学生教育）和语言文化交流为主的业务，主要有：①举办中外合作办学项目，包括学历教育和非学历教育项目。②开展汉语国际推广和留学生教育，具体包括学历留学生、外国进修生和短期来华学习汉语的外国学生的教学和生活管理。承担"中华文化传承基地"的工作，统筹对外汉语培训教学和海外华文教育工作以及负责学校公派对外汉语教师和教学志愿者的选拔、培训和派出工作。在条件成熟的情况下，积极筹划建立（海外）孔子学院（课堂），作为学校对外汉语教学向外延伸的平台。③开展针对校内现有中外合作教学项目的在读学生以及面向社会人士的出国英语、学术英语、英语水平考试以及专业英语的教学、辅导。与相关机构合作开展针对在职中小学教师的境外培训项目以及文化交流项目。开展涉及英语语言和文化的国际学生交流和交往活动。④开展对国际先进教育模式和培训体系的研究，构建突显我校教育和培训品牌的学术知识体系，在借鉴国外先进教学理念和课程体系的基础上，加快对国外经验的转化和吸收。整合学校在涉外培训领域的学术力量，探寻向国外合作方进行知识转移和提供教育咨询服务的产出机制。⑤承担国家留学基金委"国家公派教师、学者出国选拔、培训基地"的工作。

目前国际教育学院正在进行中的涉外项目有本科项目和专科项目两种。本科项目为本硕连读课程（HND 学生捷径课程）：广东第二师范学院与英国纽曼大学（Newman University）携手合作，为获得英国 HND 的国内学生量身打造国内第一个本硕连读直通车课程项目。获得 HND 文凭证书的学生，在广东第二师范学院进行本科学历衔接课程（一年），毕业者获得英国纽曼大学的本科毕业证。符合资质的学生赴英国攻读纽曼大学的工商管理硕士学位（一年）。该项目由两校共同核准，并通过英国高等教育质量保证委员会的核准，而国内一年的本科学历课程，也极大节约了留学成本。目前，学校也和美国哈瑞森学院就本科学分互认课程项目的启动进行了充分交流，并签署了合作意向书，为两校的国际化办学与交流合作奠定了基础。

对外合作的专科项目为广东第二师范学院"香港名校衔接课程"。这是由学校专门为有志于赴香港求学的高中毕业生精心设计的预备课程，是国内专门面向香港顶级名校而设立的直升项目，专门为准备到香港攻读学士学位课程的学生"量身定制"的大学捷径课程，旨在帮助学生建立语言上、学术上、心理上等赴香港大学生活和学习的扎实基础。所有入读该课程的学生满足条件后至少被香港一所优秀大学优先录取。截至2015年9月，该项目已经招收了两届学生。第一届学生取得喜人成果，均获得香港"八大名校"的录取通知书，包括香港大学、香港浸会大学、香港城市大学等，相关专业如语言与人文、媒体传播、工商管理等的老师均对学校毕业生的优秀表现予以高度评价。

2015年，学校与台湾朝阳科技大学签署了合作备忘录，此外，与美国华盛顿杰斐逊学院、澳大利亚西悉尼大学、英国纽曼大学等高等院校签署了合作备忘录，与内布拉斯加大学奥马哈分校授权的大卫教育公司签署了合作协议，开展本科生、研究生奖学金项目，不断开拓国际交流与合作的空间。

为了扩大国际教育学院的规模，提高办学效益，学校将积极构建市场化运行机制。在借鉴国内外经验的基础上，拟在招生推广、办学投入等领域尝试引入校企合作机制。

四、远程教育中心

广东第二师范学院远程教育中心是学校下属二级教学机构，于2010年11月30日正式成立[《关于设立广东第二师范学院远程教育中心的通知》（广东二师〔2010〕53号）]由孟月萍副教授任中心主任。中心主要负责筹建远程教育网、开展远程教育等业务，业务范围覆盖省教育厅委托的教师专业培训、面向社会的职业技能培训、出国留学培训及学生就业培训等领域。中心下设培训部、资源部、国际部、技术服务部、财务部及人事行政部等部门。中心引入企业化管理模式，为合作伙伴和个人提供专业化、精细化的教育服务，通过网络平台提供个性化的网络学习解决方案和完善的教学支持服务体系。该中心在广东省中小学教师教育技术能力建设项目办公室远程培训经验的基础上，形成平台建设方案，成功开发广东省中小学教师继续教育管理平台、广东第二师范学院远程教育网。（具体培训情况见第八章）

远程教育中心的课程内容与面向

国际课程篇		
英特尔系列课程	乐高系列课程	培生TDI英语教师培训课程
提升工程篇		
核心课程相关	技术素养类相关	教师专业发展类相关
中小学管理者篇		
班级建设相关	班级管理相关	班级活动相关

（续上表）

安全教育相关	法制教育相关	心理教育相关
家庭教育相关	团队建设相关	社会资源相关
中小学教师篇		
通识课程		
基于项目的学习	21世纪课堂评价	创新思维技能
信息化课堂中的合作学习	运用数据进行高级思维	小课题研究
法治教育	教师心灵密码	教育技术初级、中级课程
学科课程（全学段、全学科）		
学科知识相关	基础理论相关	教学技能相关
学科科研相关	拓展性资源相关	教学风格相关
幼儿园教师篇		
园长领导艺术相关	政策与规定解读相关	法制教育相关
健康领域相关	社会领域相关	科学领域相关
语言领域相关	艺术领域相关	教学资源相关
环境创设相关	幼儿心理相关	
"三名工程"篇		
名校长培训课程体系相关	名班主任培训课程体系相关	名教师培训课程体系相关
特殊教育篇		
聋专业教师培训课程相关	弱智专业教师培训课程相关	盲专业教师培训课程相关

第三节　师资队伍的发展壮大

　　师资队伍的建设，对于任何一所学校来说，都是工作的重中之重。打造一支高水平师资力量，既关切到学校在当下和未来的发展潜力与竞争力，更是"教书育人"这一事业本身提出的不懈要求。进入21世纪，随着网络化时代的到来，信息的传达与更新以前所未有的效率实现，这也对传统教育理念、教育方法提出了更高的挑战。为此，近十年来，学校一直高度重视师资队伍建设，尤其在学校改制后，更是将师资人才的建设放在重要位置，从制度建设、师资培训、中青年骨干教师培养以及高层次人才引进几方面着手，全力构建一支高素质、年轻化的师资队伍。

一、建章立制，为师资发展提供政策保障

　　近十年来，学校先后出台一系列文件，从人才引进、师资培养、人才管理、绩效激

励等方面订立具体标准，推动了学校师资建设的制度化和规范化。文件包括《广东教育学院引进优秀专业技术人才暂行办法》（2006 年）、《广东教育学院科研评价积分方案》（2008 年）、《广东教育学院各系列人员准入条件暂行规定》（2009 年）、《广东教育学院引进优秀专业技术人才工作实施方案》（2009 年）、《广东教育学院教职工继续教育规定》（2009 年）、《广东教育学院教师职业道德规范》（2009 年）、《广东第二师范学院岗位设置与聘用实施方案（试行）》（2011 年）、《广东第二师范学院专业技术人员继续教育培训管理办法（试行）》（2012 年）、《广东第二师范学院名誉教授客座教授聘请规定（试行）》（2012 年）、《广东第二师范学院兼职教师聘请规定（试行）》（2012 年）、《广东第二师范学院教学成果奖励实施办法》（2012 年）等，涉及教师队伍建设的各个环节，切实保证了我校师资队伍建设的良性发展。

二、强化培训，提高队伍水平

为了进一步提高教师队伍的整体素质，学校多年来持续鼓励教职工参加多种形式的进修培训，并尽量为教职工创造机会参加各种在职进修、外出访学和出国深造。

（1）实施中青年骨干教师选拔培训计划，按照《广东教育学院关于选拔培养中青年骨干教师的暂行办法》和《关于高等学校千百十人才培养工程实施办法》的要求，开展了相关工作。十年来，培养了一批中青年骨干教师：

2005 年，选拔了学校中青年骨干教师第四批培养对象（17 名，培养期 2005 年 3 月至 2009 年 2 月）：丁静、袁立新、殷丽萍、彭斌、陈涵平、蔡莉莉、涂兵兰、黄启亮、孙丽英、罗质华、郭琳、唐以杰、肖望、周如旗、程耀、黄祖江、张细谦。

2006 年，选拔了"高等学校千百十人才培养工程"第四批省级培养对象李样明（培养期 2006 年 5 月至 2010 年 4 月）；校级培养对象：张秀莲（2008 年 9 月转为省级）、高慎英、张细谦、李海生。

2008 年，选拔了"高等学校千百十人才培养工程"第五批省级培养对象张秀莲（培养期 2008 年 9 月至 2012 年 8 月）；校级培养对象：王光松、郭凯（2 名，培养期 2008 年 9 月至 2012 年 8 月），邬依林、龚玉莲（2 名，2009 年 10 月起转入中青年学术骨干）

2008 年，选拔了学校第五批中青年学术骨干（6 名，培养期 2008 年 5 月至 2012 年 4 月）：周朔、傅瑞屏、曾小宁、杨飒、陈作义、刘立民。

2010 年，选拔了"高等学校千百十人才培养工程"第六批省级培养对象尹伟（培养期 2010 年 11 月至 2014 年 10 月）；校级培养对象（9 名，培养期 2010 年 11 月至 2014 年 10 月）：苏鸿、吴开华、韩迎春、杨春方、葛立斌、徐志林、王爱珍、周如旗、翁中清。

2012 年，选拔了"高等学校千百十人才培养工程"第七批省级培养对象（2 名，培养期 2012 年 11 月至 2016 年 10 月）：曹曼丽、李俊，校级培养对象（12 名，培养期 2012 年 11 月至 2016 年 10 月）：贾汇亮、文霞、陈芝国、夏令伟、黄先勇、马璇、曾碧健、陈国明、陈忆群、区洁、喻涛、赵丹华。

2014 年，选拔了"高等学校千百十人才培养工程"第八批校级培养对象（6 名，培养期 2014 年 11 月至 2018 年 10 月）：张谦、赵昕、黄凌燕、和炳、张然然、钟香炜。

（2）根据《广东省高等学校优秀青年教师培养计划实施方案》，2013 年选拔了贾汇亮、赵丹华和陈芝国为广东省高等学校优秀青年教师培养对象（培养期 2014 年 1 月至 2016 年 12 月）；2014 年选拔了马璇、张然然和夏令伟为广东省高等学校优秀青年教师培养对象（培养期 2015 年 1 月至 2017 年 12 月）。

（3）鼓励和支持中青年骨干教师到国内外名校访学及到博士后工作站开展研究工作。近些年赴国内外名校访学教师共计有：

2005 年，刘永林（教育系）。

2006 年，惠萍（物理系）。

2007 年，傅瑞屏（外语系）、姜艳芳（教育技能实训中心）、许锡良（教育系）、吴开华（教育系）、李海生（生物系）。

2008 年，周如旗（计算机科学系）、李漫萍（外语系）。

2009 年，何强芳（化学系）、陈忆群（计算机科学系）、徐世中（中文系）、叶晓青（中文系）。

2010 年，刘欢（外语系）。

2011 年，欧阳兴旺（化学系）、邓朝霞（化学系）、周蕴蓉（政法系）、周朔（中文系）。

2012 年，陈承声（化学系）、杨春方（政法系）、傅瑞屏（外语系）。

2013 年，王淑杰（国家留学基金委）、陈俊成（政法系）、刘戈（外语系）、杨少娟（外语系）、李俊（化学系）、杨飒（物理系）、高鸣（音乐系）、夏令伟（中文系）、徐世中（中文系）、陈芝国（中文系）、辛冬梅（数学系）、黄先勇（数学系）。

2014 年，柳淑芬（外语系）、张细谦（体育系）、罗文勇（美术系）、王光松（政法系）、余新明（中文系）、和炳（数学系）、冯明军（数学系）、郝祝平（外语系）、谢满兰（外语系）、陈水勇（思政部）、李俊（化学系、国家留学基金委）、管延华（教育学院）。

2015 年，邓建国（外语系）、袁春艳（外语系）、蔡英谦（思政部）、柯略（美术系）、毕进杰（体育系）、陈国明（计算机科学系）、龙秋生（体育系）、王爱珍（数学系）、吴焚供（数学系）、李杰玲（中文系、国际交流基金会）。

（4）重视继续教育，鼓励在职进修学历。近十年来，学校培养了一批博士、博士后，共计有：

进修博士：

2005 年，周峰（教育系）、杨春方（政法系）、龚玉莲（生物系）、徐志林（中文系）。

2006 年，韩迎春（教育系）、余红江（政法系）、葛立斌（中文系）。

2007 年，贾汇亮（教育系）、邝红军（教育系）、覃跃海（数学系）、陈作义（化学系）、毕进杰（体育系）、吴晓懿（美术系）、蒋冬梅（政法系）、曾小龙（生物系）。

2008 年，吴开华（教育系）、王红明（化学系）、郭红梅（生物系）、陈彩燕（教务处）、常建芳（教育系）。

2009 年，何强芳（化学系）、陈忆群（计算机科学系）、徐世中（中文系）、叶晓青（中文系）。

2010 年，刘晓达（美术系）。

2011 年，陈华（思政部）、吴焚供（数学系）、刘林东（计算机科学系）。

2012 年，李博（教育学院）。

2013 年，乐思伟（外语系）、吕洪刚（思政部）。

2014 年，容宇恩（外语系）、陈珏（美术系）、黄先勇（数学系）。

2015 年，周如旗（计算机科学系）。

博士后：

2011 年，阮锦新（计算机科学系）、谢丽英（物理系）。

2012 年，陶乾（计算机科学系）、郑誉煌（物理系）、张朝霞（计算机科学系）、吴晓懿（美术系）。

2013 年，李杰玲（中文系）。

2014 年，李俊（培训处）。

2015 年，曹俊飞（数学系）、刘文婷（化学系）。

三、大力引进优秀人才，提高教师队伍整体素质

在注重在职教师的培养和培训的同时，近十年学校也加大力度引进了更多高层次人才，进一步优化学校教师的学历结构、职称结构、年龄结构。2009 年，为了适应学校改制发展的需要，确保学校人才队伍建设做到高起点、高质量、高水平，学校出台《广东教育学院各系列人员准入条件暂行规定》（粤教院〔2009〕37 号），结合学校的编制情况及各类专业技术人员队伍结构现状，确立了"引优补缺""公平公开""实事求是"等进人原则，为有计划引进急需人才提供政策保障。

近十年人才引进的主要情况如下：

2005 年：吴映红（化学系副教授），李彦明（音乐系副教授）。

2007 年：袁学文（生物系教授），另有博士 5 人、硕士 4 人。

2008 年：石璐（音乐系副教授），另有硕士、博士 15 人。

2010 年：马璇（数学系副教授），另有博士 10 人、硕士 21 人。

2011 年：胡振邦（音乐系副教授），高家方（政法系教授），另有博士及博士后 24 人、硕士 13 人。

2012 年：纪俊娟（音乐系教授），郝朝帅（中文系副教授），童乾（数学系副教授），另有博士 32 人、硕士 15 人。

2013 年：吴彩琴（外语系副教授），陈静安（数学系教授），沈海波（计算机科学系教授），龙秋生（体育系教授），另有博士后 6 人、博士 27 人、硕士 25 人。

2014 年：招聘 53 人，其中博士 31 人，使我校获博士学位教师增至 139 人。

截至 2015 年 9 月，全校共有教职员工 674 人，其中专任教师 434 人，占教职工总数的 64.4%，在专任教师中，具有博士学位的有 141 人，约占专任教师的 32.5%，拥有副高以上职称教师为 177 人，占专任教师总数的 40.8%。在有些院系，如中文系中，拥有高级职称者已经占教工总人数的 54.54%；拥有博士学位者占专任教师人数的 78.78%。在过去的十年间，学校在人才培养和人才引进方面，取得了巨大的成绩。

第六章

大学文化建设与依法治校

第一节　新形势下大学文化的创建

　　大学以人才培养、科学研究、社会服务、文化传承与创新为主要功能，而大学文化是一所大学在长期办学过程中经过历史沉淀、人文积累所形成的价值取向、信念目标、理想追求、道德导向和行为准则，是对学生进行人格塑造并影响其人生轨迹的精神存在。大学文化又是复合多元的，既体现在抽象的精神理念上，又体现在具象的物质和制度上。学校在60年曲折而辉煌的创业历程中，也凝聚出自己独特的精神气质与文化。最近十年，尤其在成功改制之后，学校更从各个层面加强了大学文化建设。

一、校训校徽　凝聚信念

　　校训、校徽是一个大学自身精神的最直观、最凝练的体现。

　　一直以来，学校校训都是"进德修业，为人师表"，这一校训是学校的兴校之魂，言简意赅地传递出学校师范教育特色和对德才相济、谦虚进取的不懈追求。校训砥砺着我校一代代教师、一代代学子不事功名、踏实勤勉地锤炼自我修养，自觉做到学高为师、身正为范，为心中的一份教育理想奉献出宝贵的时光与辛勤的汗水。2008年5月到7月，为进一步构建更加健康向上的校园人文环境，学校工会在全校开展了"校训解读"征文比赛活动。广大教工踊跃参与，积极投稿，最后经过专家评委严格评审，共评出征文一等奖2名，二等奖3名，三等奖4名，优秀奖2名。其中，荣获学校一、二等奖的李克玉、郑兆胤、郭树斌、苏江生、邓志坚五位老师的征文作品被学校报送到省教育工会参加省级评比，又分别获得二等奖和三等奖的好成绩。此次征文极大促进了教职工对校训内涵的深入思考与自觉践行，弘扬了学校优良的办学传统，推动广大教职工增强对学校的认同感、归属感、使命感。

　　2010年学校改制，更名为"广东第二师范学院"。在经过广泛征集、认真比较后，确立了改制后的"广东第二师范学院"校徽图案，并于同年开始使用。

　　校徽采用本校2008级美术系视觉传达专业谢勇的设计图案。该图案以"广东第二师范学院"和"师"字为设计主题，中间图形的主体部分为"师"字的反白图形，像"书"字也像"人"字，取"三人行必有我师"之意，寄望学校师生以开放心态，科学严谨地求学和施教，既修业又修身，充分体现我校"进德修业，为人师表"的校训精神。

　　校徽中间图形的主体部分又是篆体字"水"的变体，"上善若水，厚德载物"，它代表了孕育岭南文化的珠江之水，凸显坐落于珠江之滨的广东第二师范学院激流勇进、同舟共济、争先发展、迎难而上的精神风貌。

校徽中间图形的底部，标明学校创办的时间是1955年，暗寓学校多年办学历史积淀所形成的发展平台，也适应整体图案视觉的平衡与稳定。

校徽中间图形的圈外配以校名标准中文字体和英文全称，形成众星捧月之势，暗寓学校办学与国际化的接轨。

校徽外形采用圆形，取意于太阳，象征着学校教育事业发展的日新月异和光明前景，也寓意教育是"太阳底下最光辉的事业"，并且体现出学校坚持不懈、培育祖国未来和希望的生生不息的办学理念。

校徽以绿色（C：38 M：35 Y：100 K：1）为主色调。绿色代表着生命和希望，寓意青春、向上、健康，充分展示了学校充满青春和活力的精神风貌，以及自然、朴实、和谐的现代环保意识，传达出学校"学为君子，兼善天下"的园丁精神。

二、师风师能 砥砺提升

高校教师的师风和师能水平是构建良好大学文化的关键。被誉为"太阳底下最光辉的事业"，这既是教师职业的荣耀，也是对教育从业者的一种鞭策。尤其是作为培养未来教师的师范学院，对自身素质的建设更需要高标准、严要求，自觉加强道德自律和专业修养，在思想品质、专业素质、教学态度、教学技能几方面实现综合提升。

2007年，学校举办了首届青年教师课堂教学比赛，调整和充实了教学督导组成员，多形式开展教学督导工作；制订了《广东教育学院校级精品课程建设方案》，积极开展创建精品课程工作；完善了教学管理信息化系统，利用"网络教室教学质量评估系统"对教师教学质量进行有效监督和评价。生物系曾小龙老师获"全国模范教师"荣誉称号，数学系李样明老师获"南粤优秀教师"荣誉称号，数学系杨必成老师获"广东省师德先进个人"荣誉称号。

2008年，学校开展了主题鲜明的师德建设和师德教育活动，积极参加省教育工会组织的"解读校训"征文活动并取得优异成绩，校工会获优秀组织奖。同年，学校启动了"广东教育学院十佳教师"的评选活动，进一步激发了全体教师的责任心，发挥榜样的带头作用。

2009年，举办了第二届青年教师课堂教学比赛。本次竞赛活动经预赛、复赛、决赛三个阶段，历时七个多月，竞赛内容分课堂讲学和师德演讲两部分，全校35岁以下青年教师全员参赛，在学校产生了较大影响；同年，学校还开展了"优秀教学奖"等评选活动，一批优秀教师受到表彰。数学系许兴业老师获得"南粤优秀教师"荣誉称号。

2010年，学校启动教学研究立项，推动教学改革。根据《关于申报广东第二师范学院2010年教学研究与改革项目的通知》，经评审决定对31个项目进行立项；举办了多媒体教育软件大奖赛活动，学校推荐了6个作品参加2010年广东省计算机教育软件大奖赛和第十四届全国多媒体教育软件大奖赛，有4人次获奖。

2011年，教学质量工程建设取得良好成效。一是积极组织教学质量工程项目建设的申报，争取到一批省级建设项目；二是积极组织学生参加全国和广东省的各种竞赛。如计算机科学系学生获得首届全国高校计算机综合应用能力大赛全国总决赛团体三等奖，第六届全国大学生"飞思卡尔杯"智能汽车竞赛华南赛区光电组三等奖 2 项，电磁组三等奖、优胜奖各 1 项，音乐系学生参加广东省艺术比赛获得一等奖等诸多奖项。

2012 年，召开了广东第二师范学院第一次教学工作会议，进一步确立了教学的中心地位；修订和完善了《广东第二师范学院教研室建设与管理办法（试行）》，制定了《广东第二师范学院听课暂行办法》，进一步加强教学制度建设和规范管理。调整了学校教学指导委员会委员，推荐了教育部和广东省新一届高等学校教学指导委员会委员。组织教师参加全国和广东省教学技能竞赛和大学生各种竞赛 13 场次，获得广东省首届本科院校公共体育课优秀教学课例录像评比一、二等奖各 1 人，大学生个人和团体比赛奖项 52 人次，优秀指导教师 6 人次。物理系罗质华老师获得"南粤优秀教师"荣誉称号。

2013 年，启动了改制后第一届青年教师课堂教学比赛，举行了第二届校级教学名师评选活动。继续加强教学质量工程建设。组织了省质量工程、省级教学成果奖等项目的申报工作，进行了特色专业、教学团队、实验示范中心等项目的中期检查工作；撰写了《2011 年教学质量年度报告》。按照《广东第二师范学院贯彻〈关于党风廉政建设和反腐败工作及整治庸懒散奢等不良风气工作分工的通知〉的实施意见》，通过召开座谈会、发放调查问卷等方式，全面查摆学校存在的庸懒散奢问题，相关职能部门有针对性地作出整改承诺并逐步改进。在全校重点部门开展廉政风险防控第二阶段工作，并分别制定了风险岗位职权目录和权力运行图。

2014 年，学校成立了教师教学发展中心，大力支持教师教学技能提升，全年组织教师和教学管理人员参加各种形式的培训学习共六场次，近 200 人次；组织思想政治、中文、数学、外语、物理、化学、生物、美术和音乐九个师范本科专业的相关教师到学校省级大学生校外实践教学基地开展了为期一周的调研活动，提高了师范生培养的针对性和实效性；采取各种措施加快培养名师和优秀青年教师，组织了青年教师参加校内课堂教学观摩活动、参加省级教学竞赛，张然然老师获得省级青年教师教学竞赛优秀奖；组织申报省教育厅"千人互聘计划"，贾汇亮、苏鸿、曹曼丽三位教师首批入选；制定了校级优秀教学奖标准，组织了优秀教学奖的评选活动，共有五名教师获得 2014 年度广东第二师范学院优秀教学奖。

2015 年，物理系惠萍教授荣获"广东省师德先进个人"荣誉称号，中文系郑卓睿副教授获得"南粤优秀教师"荣誉称号，思政部陈水勇老师成功入选"广东省理论宣传青年优秀人才"；美术系罗文勇老师成功入选"中国中青年美术家海外研修工程"；音乐系余少萤副教授入选首批"广东特支计划"青年文化英才；外语系刘欢老师在省教育厅"立德树人　立教圆梦"主题师德征文活动中获得三等奖。

为进一步提高学校辅导员的职业能力和专业素养，推进辅导员队伍职业化、专业化建设，学校于 2015 年 6 月至 11 月举行以"见证六十，历练专长"为主题的首届辅导员职业能力大赛。大赛初赛部分设职业能力测试（笔试）、主题演讲环节，11 月份各（院）系辅导员围绕大赛初赛部分的主题演讲环节，通过自我介绍、案例分析、谈心谈话、人才推荐等形式进行竞赛和角逐。

三、群团活动　风光无限

大学校园中，丰富多彩的群团活动永远是一道最亮丽的风景线。师生们在各种活力无限的舞台上，营造高雅清新的文化氛围，培养健康和谐的校园风气。而多样的群团活动，也在潜移默化间增强了师生们的集体凝聚力，促进个人荣誉感和对集体的归属感、认同感。一直以来，学校的群团活动保持了品位高、方式活、参与多的良好传统。以校园学术科技节和校园文化艺术节为龙头，努力营造积极向上、求实创新的校园氛围。通过社团文化月、师范生技能大赛、图书馆活动周、计算机作品大赛、社团文化展示、外语节、校园舞蹈大赛、女生节、合唱比赛、新年晚会等丰富多彩、灵活多样、卓有成效的活动，推动群众性校园学术、文化活动的开展，吸引青年学生投入到健康向上的文化氛围中来，自觉抵御社会低俗文化，促进青年学生的兴趣爱好和各项特长的全面发展。

2007年，举办了校园文化艺术节、大学生学术科技节、专业技能大赛和师范生综合技能大赛、校园歌手大赛等系列活动，同时积极参加第二届广东省大学生文化艺术节的各项活动，承办了时装设计暨演绎大赛、民族舞大赛的部分赛事，通过高雅艺术的熏陶、优秀文化的感染，展示了学校良好的校园文化氛围。

2008年，以抗震救灾和迎接奥运等事件为抓手，进行爱国主义教育。一是承办了由省关工委、省教育厅、羊城晚报报业集团主办的"广东省抗震救灾战地报告会"；二是开展了大规模的"国旗飘扬校园"行动：当北京奥运圣火传递经过广州大道时，师生们在综合大楼A区靠广州大道墙面上插满了五星红旗，以此表达学校师生炽热的爱国情怀，《广州日报》等各大媒体对这一活动均有报道。

2009年，为迎接国庆50周年大庆，学校开展了以"科学发展，爱国荣校"为主题的系列教育活动，举办以"祝福祖国"为主题的庆祝新中国成立60周年师生文艺晚会，60多位教职工登台表演；举办"江山多娇"摄影和"墨韵礼赞"书法比赛及展览活动，展现学校师生书法和摄影艺术情怀；承办了第五届广东省大学生职业规划大赛启动仪式，拓展了"行知讲坛""成长之路"访谈、"职业导航"辅导等品牌活动。

2010年是学校建校55周年，举办了一系列校园文化活动，尤其重视在花都校区组织开展多项文体活动，丰富学生的校园生活。在广州亚运会和亚残运会期间，学校共有156名赛会志愿者和1 200名城市志愿者参与服务，专项志愿者在闭幕式上表演了节目《狂欢》。赛会志愿者承担了广东体育馆跆拳道、空手道竞赛和燕子岗体育场足球训练服务；城市志愿者承担了从客村立交到琶洲会展中心的交通、咨询服务和会展中心、黄埔古港城市驿站服务。这些服务活动充分展现了学校志愿者吃苦耐劳、尽心尽力、"关爱、奉献、互助、进步"的精神风采。学生宿舍也在亚运会期间开展"国旗飘扬校园"行动。同时，社团文化月、歌咏十佳、图书馆活动月、服装设计大赛等也风风火火地开展起来。

2011年，为纪念中国共产党建党90周年，学校参与省教育系统组织的纪念建党90周年"南粤校园党旗红"系列活动，包括：以"党在我心中"为主题的征文活动；以"创先争优，争当先锋"为主题的演讲比赛；"南粤校园党旗红"书画摄影比赛等。征文比赛获教工一等奖一项、学生三等奖三项；演讲比赛获高校学生组优秀奖一项；大合唱获高校组二等奖；书画摄影比赛获教工组优秀奖五项，学生组一等奖一项、二等奖三项，并获得优秀组织奖。此外，学校举办了"永远跟党走"大型文艺晚会；纪委开展了纪念建党90周年反腐倡廉建设理论研讨征文活动，离退休协会、关工委、各系都举行了内容风格多样的纪念活动。同时，面向学生党员开展了"党旗飘扬——创先争优，创建学生党员示范宿舍"活动，300多名学生党员都积极参与，发挥"一个党员，一面旗帜；一间党员宿舍，一座先锋堡垒"的作用。

同年，举办了"行知讲坛""成长之路"访谈、"职业导航"辅导等专题讲座共九场，其中，邀请了曾经获得奥运会跳水冠军的杨景辉、获得曲棍球世界冠军的侯晓兰等与大学生进行深入的交流。组织了优秀大学生（国家奖学金和国家励志奖学金获得者）报告团和亚运优秀志愿者报告团进行宣讲。开展了诚信感恩月系列活动。开展"5·25"大学生心理健康宣传活动。以"我爱我心、放飞心灵"为主题，历时近一个月，通过心理健康知识展示、心理健康讲座、现场心理咨询、团体心理辅导、心理沙龙、团康体验营、心理调查等多种形式，全方位宣传及倡导心理健康理念。

2013年，开展大规模纪念毛泽东同志"向雷锋同志学习"题词50周年以及"我的中国梦"大讨论，开展"诚信·感恩"教育月系列活动、心理健康月系列活动、"廉洁·诚信"演讲比赛、党员示范宿舍评比等活动。举办学校首届大学生"廉洁·诚信"辩论赛，并参加全省大赛。

2014年，学校红十字会被选为第二批广东省"青春健康"艾滋病防控学校（全省仅有20所高校）。校学生会被评为2013—2014年度"广东省优秀学生会"，手语协会、舞蹈协会被评为2013—2014年度"广东省优秀学生社团"。

2015年，学校制定并出台了校园文化项目化管理实施办法，对调动基层学生组织积极性、活跃校园文化起到很好的指导作用。在广东省第九届大学生运动会上，学校健儿共获得七金、四银、十一铜，奖牌总数22枚，取得乙组总分排名第四的优秀成绩；在第十三届"挑战杯"广东大学生课外学术科技作品竞赛中获得一个一等奖、七个三等奖的好成绩，这也是学校在广东赛区的历史最好成绩；在"图书馆杯广东全民英语口说大赛"中，学校有197名同学积极参赛，其中3名同学获得大赛三等奖；在"2015亚太国际手风琴艺术节"上，由学校音乐系五名手风琴专业学生组成的"passion"手风琴乐团获得室内乐组金奖，这也是学校音乐系首支手风琴乐团走出国门比赛并获得佳绩。

第二节 团学工作的新气象

一、共青团工作

学校共青团组织在学校党委和上级团组织的领导下，坚持以党建带团建，坚持"夯实基础、搭建舞台、创新理念、拓展领域"的工作思路，团结带领全校广大团员青年为学校改革、发展、稳定的大局作出自己的贡献。以"灵魂塑造工程""组织创优工程"

"素质培养工程""文化育人工程""文明创建工程""实践锤炼工程"为工作重心，服务于大学生自身个性发展，稳步推进大学生素质的全面提高。

（一）做好思想政治教育，用社会主义核心价值观构筑当代青年的精神支柱

认真抓好团员青年的政治理论学习活动，发挥学生科学发展观研究会、基层团支部、学生组织的辐射带动作用，加强广大青年学生的思想道德建设。在常态的学习教育之外，及时结合重大时政与历史纪念日开展教育活动。近些年，更是以"五四"90周年纪念、建党90周年纪念、建团90周年纪念、2008年北京奥运、2010年广州亚运等重大历史为契机，开展了系列大型主题教育活动。通过征文比赛、团日活动、社团活动、支部生活等途径，用报告会、辩论赛、演讲、参观爱国主义阵地等生动活泼的形式，在团员青年中深入进行党的基本理论、基本知识教育，增强团员青年的民族自豪感、历史使命感和时代紧迫感，坚定信念跟党走。组织各种专题活动："反腐倡廉"名作名篇诵读比赛、"学雷锋"志愿服务、"我的梦，中国梦"征文比赛，"学习贯彻党的十八大精神"演讲选拔赛，"社会主义核心价值观"和"学习习近平重要讲话精神"征文比赛，"廉洁花都"漫画创作大赛，广东高校反腐倡廉文艺作品创作交流及展演展览，"成绩诚可贵，诚信价更高"学风建设活动等大型思想教育活动。

同时，学校团委坚持建设好"一报一网"。团委机关报《烛光》及时对共青团工作和大学生思想成长、学习、生活、工作情况进行宣传、报道；"广教青年网"作为学校共青团工作网站群，通过网络，充分利用现代技术，发挥网络思想政治工作的优势。积极建设健康向上、生动活泼的网上思想政治教育新平台。

2014年，共青团素质教育学校"青马工程"培训班开班，学校青年思想政治工作再上台阶。以青年马克思主义者培养工程为统领，举行基层团、学干部岗位培训班，逐步提高团干部队伍特别是新任职团干部的理论素养、知识水平和业务能力，打造基层团学组织领路人。

（二）加强团的组织建设，不断增强学校团组织的吸引力、凝聚力和战斗力

首先加强团委自身建设，制定出完善的《团委工作职责》《共青团广东第二师范学院委员会管理制度汇编》，让工作规范化、制度化。制定出《广东第二师范学院共青团总支部委员会评优办法》和相配套的一系列评优表格，使组织建设和评优的各项工作有理可依、有据可查。

通过共青团素质教育学校，团、学干部岗位培训班和专项素质培训班，逐步提高团干部队伍特别是新任职团干部的理论素养、知识水平和业务能力，真正建设一支"党放心、青年满意"、能够适应高水平大学建设需要的团干部队伍。以"推优入党"和团员先进性教育为重点，加强团员队伍建设。并且充分利用现代网络技术，创建学校各级各类学生组织微博群。

建立起以团支部为重点的工作机制，强化支部工作目标责任，形成健全的管理体系，增强团支部"自转"能力；各班级团支部以创建"五四"红旗团支部为切入点，制定了切实可行的支部评优细则，不断完善团支部的评优量化体系和团总支的考评体系；

各基层支部根据各自的特点开展特色支部生活，举办团日设计比赛、团日活动及定期召开团支部会议等，既活跃了组织生活，又起到良好的教育作用。

学校团委连续荣获 2009 年度"广东省'五四'红旗团委""广东省 2010—2011 年度'五四'红旗团委"光荣称号。外语系荣获 2005 年度"广东省'五四'红旗团总支"光荣称号，生物系团总支荣获 2008 年度"广东省'五四'红旗团总支"以及 2010 年度"广东省'五四'红旗团总支标兵"光荣称号，计算机系团总支被评为 2010—2011 年度"广东省'五四'红旗团总支标兵"。教育学院团总支被评为 2013 年度"广东省'五四'红旗团（总）支部"。化学系团总支被评为 2014 年度"广东省'五四'红旗团（总）支部"。

2010 年胜利召开了广东第二师范学院第十次团代会，认真总结了八年来的共青团工作经验，布置了未来五年的工作任务和目标。

（三）服务青年学生成长成才，开展社会实践和青年志愿者活动

大学生暑期"三下乡"社会实践服务活动是团组织工作的一个重要方面，多年来，学校大学生暑期"三下乡"社会实践服务活动硕果累累。青年学子积极投身其中，足迹遍布南粤大地。"三下乡"服务领域也不断拓展，从传统的下乡支教、家电维修、文艺宣传扩展到团体康乐活动、英语夏令营、音乐教育、档案整理、农村税费改革政策宣传及督查等项目。近年"三下乡"活动又增加了"最美中国"摄影、微电影、博客等大赛活动内容。所有这些活动都受到服务地党群一致赞扬和上级组织的肯定。2010 年"计算机科学系情系乳源三下乡服务队"团队和广东第二师范学院"青春飞扬"团队被评为广东省大中专学生志愿暑期"三下乡"服务重点团队，"青火'三下乡'实践团""社联韶关仁化队""'向日葵'艺术团""肇庆怀集队"被评为"福彩扶贫团队"。

2015 年参与学校大学生暑期"三下乡"活动的人数为 700 多人，又达历史高位。同时，学校"三下乡"活动还参与到广东省教育厅"我的中国梦"志愿服务类主题系列教育活动，增加了开展支边支教、扶贫教育、科技支农、关注留守儿童、关注环境保护、法律援助、医疗服务等活动。

青年志愿者活动也是共青团工作的一个重要方面，从 2005 年开始，青年志愿者协会每年组织志愿者开展暑期"社区助理"志愿服务，从卫生检查、法律咨询到档案整理、民事调解，涉及的服务内容方方面面。2006—2010 年，每年都参与广东省旅游文化节、广交会、中博会等志愿服务；本着"巩固基础、丰富内容、提高层次、讲求实效"的原则，以文体、科技、法律、卫生"四进社区"为载体，持续深入开展"大学、中学、小学校园文明一条线"活动和社区援助活动，广泛与海珠区南洲街、南石头街、赤岗街、琶洲街等街道，花都区炭步镇、梯面镇等合作，通过社区建设、环境保护、帮孤助残、支教扫盲、医疗卫生、无偿献血等多种形式服务社会，培养大学生的公民意识、奉献意识、服务精神和实践能力；开展大中小学生交流座谈、研讨征文、演讲活动、班级互助共建活动、联谊活动等，推进校园文明向社会辐射的桥梁作用。同时，学校志愿者积极参与广交会志愿服务、广州创文迎国检、稻草人志愿计划、看望敬老院老人等活动。学校志愿者还进行了多次募捐活动，为患有严重疾病而没条件进行医治的同学筹款，为遭

受自然灾害的地区捐款。

2008年10月，学校青年志愿者参加了在广州东站商业城举行的"2008北京奥运会巡回展"广州站的志愿服务，前后共25天，有1 500多人次的志愿者参加了服务。在2010年广州亚运会中，有150名同学成为亚运通用和赛会志愿者；学校还承担了亚运城市志愿者和亚运城市生活驿站志愿者的任务，共有900多名志愿者参与，在整个亚运和亚残运期间，累计总共出动城市志愿者达27 000人次；同时，亚运会闭幕式节目《狂欢》的演员也由我校青年大学生组成。在2010年下半年，学校还举办了亚运志愿者之夜、城市志愿者动员大会等大型活动，弘扬志愿者精神。

学校青年志愿者协会2005年被评为"海珠区首届青年志愿者服务先进集体"，2008年被评为"广东省优秀青年志愿者协会"，2009年获得"广东省青年志愿者集体铜奖"，同年，化学系彭新同学被评为"广东省优秀青年志愿者"。

（四）以艺术、科技为主旋律，建设高品位的校园文化体系

为努力营造积极向上、求实创新的校园学术文化氛围，校团委按照"分级管理、协作组织、项目运作、联动保障"的组织原则，积极组织好高品位、多层次、受益面广、影响力大的校园文化品牌活动，制定并出台了校园文化项目化管理实施办法，更规范、更科学地组织、指导校园文化活动。

校内丰富多彩的文化科技活动，在活跃校园气氛、培养学生综合素质的同时，也磨炼出一批有较高实力、较强竞争力的校园高手走出校门，为学校赢得了诸多荣誉，提高了学校的社会影响力。

2005年底，学校艺术团的舞蹈《鼓舞声声》在团省委举办的"广东省大学生纪念'一二九'学生运动大型文艺汇演"中获得三等奖。2007年和2008年，舞蹈《邵多丽》和《中国妈妈》荣获第二届和第三届广东省大学生校园文化艺术节舞蹈大赛一等奖。2007年至2010年，学校学生在生物化学实验技能大赛、ERP沙盘大赛、舞蹈大赛、歌手大赛、主持人大赛等各项赛事中，总共获得一等奖4个、二等奖8个、三等奖15个、优秀奖13个、入围奖1个、优秀组织奖3个。特别是2008年，学校承办了第二届广东省大学生校园文化艺术节时装设计暨演绎大赛、民族舞大赛广州天河区以外的本科院校分赛区的赛事，取得圆满成功，得到团省委和兄弟院校的肯定和好评，这也是学校首次承办广东省大学生重大赛事。2009年，学校又再次成功承办第三届广东省大学生校园文化艺术节校园歌手大赛、舞蹈大赛广州地区本科院校分赛区的赛事。2012年，学校在广东省大学生"挑战杯"创业规划大赛中取得历史性突破，有三项作品入围决赛，取得三项铜奖的好成绩；计算机科学系在第二届全国高等院校计算机核心技能与信息素养大赛总决赛中，两名学生分别获得一、二等奖，团体获得二等奖；音乐系在全国第三届大学生艺术展演活动中，声乐节目《遥远的小渔村》获二等奖、舞蹈节目《梦里寻她千百度》获三等奖。2014年，在第四届广东省大学生艺术展演活动中，学校获得一等奖9项、二等奖5项、三等奖5项；在2014年广东高校"唱响中国梦、百歌颂中华"歌咏活动中，学校荣获合唱组一等奖；校合唱团首次出国参加第一届新加坡国际合唱节，获得了同声合唱组和民谣组两项银奖。

2015 年，在广东省教育厅主办的第二届广东省本科高校师范生教学技能大赛中，学校学子在语文、数学、生物、美术四个组共获得 5 个奖项；在第十三届"挑战杯"广东大学生课外学术科技作品竞赛中获得 1 个一等奖、7 个三等奖的好成绩，这也是学校在广东赛区的历史最好成绩；为庆祝学校建校 60 周年，由校团委、中文系党总支主办，中文系团总支学生会和交际与口才协会联合承办的以"立志、修身、博学、报国"为主题的演讲大赛也在花都校区成功举办。

（五）构筑"一体两翼"工作体系，深化服务，拓宽管理

校团委认真指导学生会、学生社团联合会开展工作，明确"两会"工作"自我教育、自我管理、自我服务"的方向，努力培植有影响和有特色的学生活动和社团活动，充分发挥"两会"作为学校党政部门联系学生的桥梁和纽带作用，积极参与学校的民主决策，做好调研提案工作。

学生社团是大学生开展科技文化和社会实践活动的主要载体。截至 2014 年底，学校两个校区已经拥有思想理论型、学术科技型、文化艺术型、文娱体育型等各种学生社团 87 个，其中花都校区 48 个、海珠校区 39 个。严格而灵活的管理使这些社团的发展也日趋规范化、系统化，呈现良好的发展态势。

通过评选红旗学生会和星级学生社团加强学生干部队伍的培训和教育，切实指导"两会"开展好各项工作。2011 年召开了第三次学生社团代表大会，2015 年召开了第四次学生社团代表大会，逐步形成了学生社团和学生社团联合会的联动机制，以社团为主，学生社团联合会支持，完成了全校性的活动，如陶行知诞辰 120 周年大会，职业规划大赛、校园招聘会等，大大提高了社团和学生社团联合会学生干部的能力，提升了部门影响力。

二、学生工作

学生工作一直坚持"生本核心，规范管理，赏识教育，精神辐射"的工作理念和学生全面发展的培养目标，以学生为主体，遵循大学生身心发展的特点和规律，立德树人，努力营造"教书育人、管理育人、服务育人、环境育人"的良好氛围，增强工作的针对性、实效性、时代性和吸引力、感染力，努力为学生的健康成长和全面成才提供政治导向、精神动力、智力支持和思想保障，促进学生综合素质的全面提高。

（一）针对新形势，构建"一个中心，九个平台"的工作新体系

"一个中心"是指以学生成长成才为中心，"九个平台"是指理想信念塑造平台、党员形象示范平台、文明道德修身平台、优良学风强化平台、帮困助学励志平台、创新能力培育平台、就业工作拓展平台、文化素质提升平台、心理健康教育平台。通过主题教育活动的开展，通过九个平台的搭建，不断提高校、系两级学生工作水平，实现学生工作的制度化、规范化和科学化。

（1）理想信念塑造平台。根据学生思想特点和时代特点，通过深化"爱校爱系爱班，自爱自立自强"主题教育活动，深入进行世界观、人生观和价值观教育，不断加强弘扬和培育民族精神教育，积极开展公民道德教育，从而引导大学生正确认识社会发展规律，不断追求更高的奋斗目标，树立民族自尊心、自信心和自豪感。

（2）党员形象示范平台。以个体学生党员为点、学生党支部为线、全体学生党员和入党积极分子为面层层展开，叫响"从我做起、向我看齐、对我监督""有困难找党员"的口号，充分展示学生党员的良好形象。营造一种"以形象本身示范群众，以精神实质带动群众"的党建工作氛围。

（3）文明道德修身平台。深入开展以学生会、学生社团和学生骨干为依托，以文明校园建设、文明教室建设、文明宿舍建设及网上文明建设等为主要内容的文明道德修身工程，积极发挥学生自我管理、自我服务、自我教育的作用。组建学生自我管理委员会，不断推进文明守纪工程建设，切实提高大学生自身文明素质。

（4）优良学风强化平台。大力弘扬"勤奋、严谨、求实、创新"的优良学风。建立学风情况监控网络，实行情况通报制；要求辅导员进课堂，了解情况，及时解决问题。同时加强对学生成长过程的咨询指导，使系领导、教师与学生建立多种形式的沟通机制，为学生成长提供经常性咨询指导。

（5）帮困助学励志平台。不断完善资助体系，通过建立以国家助学贷款为主渠道，以奖学金、助学金和勤工助学为辅助，以社会资助和困难补助为补充的多元化扶贫助学资助体系，切实消除经济困难学生经济方面的后顾之忧，实现了"不让一名学生因为家庭经济困难辍学"的承诺。

（6）创新能力培育平台。通过完善以大学生学术科技节、"挑战杯"全国大学生课外学术科技作品竞赛为龙头的创新赛事体系，深入开展大学生学术、科技创新实践等活动，不断强化综合技能和创新能力培育。以学研产相结合、课内外相结合、校内外相结合的教学模式为基础，并为具有创新实践能力的学生提供资质证明，增强学生未来竞争能力。

（7）就业工作拓展平台。将完善集教育、管理、指导、服务为一体的毕业生就业服务体系作为工作目标，采取各种有效措施，千方百计做好就业指导工作。完善校、系两级就业工作的管理体制和工作机制，规范就业工作流程；对非毕业班学生也展开职业生涯规划教育，开设有关课程。

（8）文化素质提升平台。不断提高校园文化品位，营造高雅的校园文化氛围。以文化素质教育为依托，以优秀社会文化和民族文化为主线，坚持弘扬主旋律，通过开展丰富多彩的校园文体活动，积极营造健康、文明、向上的校园文化氛围，全面提升广大学生的思想道德和科学文化素质水平。

（9）心理健康教育平台。积极培养大学生自尊、自爱、自律、自强的优良品格，增强大学生克服困难、经受考验、承受挫折的能力。在全校实行班级心理委员制度，成立心理委员组织——朋辈互助会，实现了"学校—系—班级"的心理健康教育与心理危机预警三级体系，有效发挥了在学校心理健康教育与校园安全监控体系中的作用。

（二）加大制度建设与队伍建设力度

自2005年始，针对学生教育管理中出现的新问题、新情况，从学生工作特点和学校实际出发，加大了制度建设的力度，积极推进学生工作的规范化和制度化建设。

试行学生工作评估方案。学生工作评估的目的是通过总结回顾学生的工作情况，肯定工作成绩，交流工作经验，互相取长补短，提高工作水平。2005年的一个重要任务就是要推进学生工作评估方案的实施，达到"以评促建、以评促改、以评促管、评建结合、重在建设"的目的，进一步健全和完善学校的学生工作评估体系。从当年11月开始，根据评估条例组织各系开展自评。

学习贯彻教育部新颁发的《普通高校学生管理规定》。教育部新颁发的《普通高校学生管理规定》，强调"育人为本"和"以学生为本"，在"德育为先，强化道德规范；依法治校，维护学生权益；转变职能，扩大高校自主权；针对问题，强化相关管理"四个方面有重大改变。首先，依照教育部新的管理规定重新修订了学校的学生管理规章制度；其次，通过讨论会和培训，使学生工作队伍正确理解把握新的管理规定的精神和要求，提高科学管理、依法管理、服务管理的意识和水平；再次，组织全体学生通过学习，加深对新的管理规定的消化理解，加强对学生的教育，从严把握对学生的管理。

在制度建设的同时，队伍建设的力度也同样加大。认真贯彻教育部和省教育厅有关文件精神，协同有关部门和各系做好学生思想政治工作队伍（特别是辅导员班主任队伍）建设，建章立制，形成这支队伍的岗位设置、职责待遇、考核评价等制度，增强队伍的战斗力和稳定性。

努力营造"勤于工作，乐于奉献，团结协作，追求实绩"的工作作风，使学生工作队伍的作风具有表率作用。同时结合建设学生管理电子系统的需求，组织现有人员提高电子信息操作技术，并补充有关专业人员，使学生管理工作上台阶。

尊重学生的主体意识，本着"科学、民主、严格"的原则，通过对学生干部进行培训、开展丰富多彩的活动，鼓励学生干部参加社会实践、加强学习交流、结合人文专业开展实践创新，不断提高其工作覆盖面和影响力，巩固和拓展团学工作阵地，培养一支"来自学生、服务学生，率先进步、共同进步"的学生干部队伍。

组织学生干部到兄弟院校学习、参观、考察，进行对口交流，开阔工作视野，拓宽工作思路，学习借鉴先进经验，促进学校的学生管理和就业。

（三）不断创新思想政治教育工作新模式

走出传统思想政治教育工作模式，紧密结合学校和社会生活中的重大事件，以学校成功改制、校庆55周年、花都校区启用等为契机，开展"我的学校我的家"等主题教育活动，引导学生了解校史校情，增强集体荣誉感和归属感，并促进其思想道德素质、科学文化素质和健康素质协调发展。全面推进学风、班风、舍风建设，努力培养有特色的大学精神。

树立终身学习的理念，打造学习型组织，注重理论创新、制度创新、组织创新，加强"以形象本身示范群众，以精神实质带动群众"，进一步完善培养、考核、奖惩机制，打造一支实干型、学习性、思考型和创新型的学生工作队伍。

开展以"关怀教育"为特色的大学生日常思想政治教育，尤其对家庭经济困难学生、孤儿、单亲家庭学生以及有心理障碍、学习能力差、组织纪律涣散等学生给予特殊关照，使学生工作更加贴近实际、贴近生活、贴近学生。

继续推进"行知讲坛"、"成长之路"访谈、"职业导航"辅导等活动，邀请各专业学术带头人、社会各界专家围绕专业前沿问题、国际国内热点问题、形势政策问题、社会问题及个人发展问题，面向全校学生开办讲座，在校园内营造良好的学术氛围和学习风气。教育引导学生既开拓知识视野和提高动手能力，又具有高尚的道德情操，促进其全面发展。

加强学生廉政文化教育和诚信教育。根据适应新时期的要求探索廉政文化建设新途径，依托活泼的形式提高教育效果；组织学生代表走出去，在社会实践活动中受教育，使廉洁、诚信、守法等良好道德意识和法纪观念根植于学生头脑之中，为大学生的健康成长和未来的廉洁从业奠定坚实的思想道德基础。

2015年7月，在海珠校区、花都校区同时举行了"进德学社"和"修业学社"学生社区命名揭幕仪式。学生工作部（处）在学校党政领导下，协同相关职能部门，指导学校学生自律会开展学生社区管理服务。其中，"进德学社"将进一步拓展原有的服务功能，将"辅导员工作室""党员工作站""爱心厨房"等服务进一步提升深化。"修业学社"将力争整合资源、协同创新，在现有的"心灵之约"工作室、"文友阅读室"的基础上探索建立"学生发展服务中心"，全方位服务广大同学的成长。

（四）卓有成效的心理健康教育

1. 普查——在新生中开展心理普查

学校心理咨询与辅导中心成立于2003年，中心自成立以来，每年对入学的全体新生开展心理健康状况普查，并建立学生心理健康档案。2008年以来，学校更配备了先进的心理测评软件，提高新生测评效率，进一步优化了学生心理档案的管理。

2. 教育——开设心理健康教育课程

从2009学年开始，学校面向大一学生开设了"大学生心理健康教育"的公共选修课，以专题形式探讨大学阶段常见的心理困惑与关注的问题，提高学生维护心理健康的意识，满足了学生对心理健康知识的需求。

学校"三下乡"队伍深入粤东、粤西农村，开展暑期支教活动和未成年儿童的思想政治品德教育，特别关注留守儿童和困难家庭儿童的心理健康教育，通过知心姐姐信箱、团体康乐训练营、个别谈心等形式，让他们心理成长更加健康。

3. 宣传——"5·25"心理健康宣传活动

学校自2005年开始，每年于5月份集中开展为期一个月的"5·25"心理健康教育宣传活动，活动月以多种形式宣传心理健康知识，形式囊括了心理沙龙、心理知识竞赛、心理测量、心理调研、心理电影赏析、团体心理辅导、心理仪器展示等十余种，多渠道、全方位地开展心理健康宣传工作，促使全校学生关注心理健康，提升维护心理健康的意识。

4. 咨询——专业化心理咨询与危机干预

中心除配备一名专职心理咨询师外，另有六位心理学老师担任兼职心理咨询师，为主动来访的学生提供专业的心理咨询服务。2006年以来，中心每年接待的来访学生近

200 人次，有效满足了学生的需求。

此外，中心的咨询老师在每年新生入学普查后对需要进一步关注的学生开展一对一面谈，明确需进一步关注的学生的问题，有效筛查具有疾病状况的学生并给予专业的建议。对于各系发生的学生心理危机事件，中心也及时给予专业干预和必要的追踪辅导。

5. 互助——建立朋辈互助会

在心理健康教育队伍建设方面，学校自 2006 年 11 月开始在全校实行班级心理委员制度，每个班级设立 1～2 名心理委员，并于 2007 年 5 月成立心理委员的组织——朋辈互助会，实现了"学校—系—班级"的心理健康教育与心理危机预警三级体系。心理委员作为师生互助体系的基层部分，有效发挥了在学校心理健康教育与校园安全监控体系中的作用。

6. 康乐——开展康乐型团体辅导

在学校开展团体辅导中，除了针对同质群体开展的主题型团体辅导外，还依托辅导老师对学生干部群体开展康乐型团体训练营，增强学生干部群体的凝聚力和团队协作精神。同时，多次在海珠区中小学开展中小学生康乐型团体训练营，得到了热烈的反响和一致的好评。

第三节　依法治校与学校章程的编制实施

一、依法治校，加强制度建设和民主管理

当前，在深入依法治国的新形势下，随着社会主义民主法治和政治文明建设的推进，教育改革的不断深化，各级各类学校的发展环境、发展理念、发展方式正在发生深刻变化，迫切需要全面推进依法治校、加快建设现代学校制度。推进依法治校，是学校适应加快建设社会主义法治国家要求，发挥法治在学校管理中的重要作用，提高学校治理法治化、科学化水平的客观需要；是深化教育体制改革，推进政校分开、管办分离，构建政府、学校、社会之间的新型关系，建设现代学校制度的内在要求；是适应教育发展新形势，提高管理水平与效益，维护学校、教师、学生各方合法权益，全面提高人才培养质量，实现教育现代化的重要保障。

学校在依法治校和民主管理机制建设上，多年来常抓不懈，从思政建设、人才培养、科学研究、学科发展、师资队伍、社会服务、对外合作等各方面，针对学校发展过程中出现的新形势和新问题，及时发布、修订相应的规章制度，并坚定贯彻执行，最大程度保证了学校各项事业管理的科学化、民主化和法治化。

2006 年，高起点高标准制定了《广东教育学院"十一五"发展规划纲要》和《广东教育学院花都校区总体规划设计纲要》，明确了学校今后一个时期改革、建设、发展的主要任务和奋斗目标。

2007 年，筹备编印《广东教育学院教务管理文件汇编》；调整和充实了"广东教育学院教学工作指导委员会"，进一步完善了教学管理信息化系统；调整和充实了教学督

导组成员，更充分地督导全校教学工作。实施了新的《广东教育学院教学事故认定与处理条例》。

2008 年，建立和修订了《广东教育学院关于实施干部廉政谈话制度的暂行规定》《广东教育学院纪检监察信访工作条例》，促进廉政建设；出台了一批教学管理文件，包括《广东教育学院教学系分管教学工作系主任岗位职责》《广东教育学院教材管理办法》《广东教育学院校级精品课程建设方案》《广东教育学院校级精品课程管理规定》《广东教育学院"十佳教师"评选实施方案》等；新制订了《广东教育学院科研评价积分方案》，制定和修订了《广东教育学院人事调配实施办法（修订稿)》《广东教育学院兼职辅导员管理暂行办法》《广东教育学院非事业编制人员聘用管理办法（修订稿)》等，进一步完善制度建设。

2009 年，认真贯彻执行《广东省普通高校党委工作规定》《广东省普通高等学校校长工作规定》和《广东省普通高等学校教职工代表大会规定》等文件精神，规范了党委会议和院长办公会议的例会制度，及时研究和推进学院工作。同年制定了《广东教育学院经济合同管理办法》，开展合同执行情况检查，全面清理"小金库"，进一步规范了学校的经济活动行为；制定了《广东教育学院科研经费审计暂行规定》，加强对科研经费使用的监督，修订并编印了《广东教育学院财务制度汇编》，使财务管理工作更加规范化、制度化。

多形式、多渠道地扩大校务公开。进一步扩大校务公开的范围和规范校务公开的程序，学校的重大决策、重大项目、人事任免都经过民主决策、民主监督、民主参与来决定和执行；学校党委会议纪要、校长办公会议纪要、会议通知以及相关文件等，均由党委办公室和学校办公室通过电子文件发送到相关部门和人员的电子邮箱，校园网信息发布平台也进一步完善和使用，依法治校、民主管理水平明显提高。

加强了干部与人事管理制度建设，先后制定、修订了《广东教育学院各系列人员准入条件暂行规定》《广东教育学院教职工继续教育规定》《广东教育学院院聘合同工管理办法》《广东教育学院非事业编制转编条件补充细则》等管理制度，部署开展了"纪律教育学习月""加强保密教育""治理商业贿赂""建设效能机关"等专项活动，均取得较为明显的成效。

2010 年，开展了"我为学院发展献计策"征文活动。制定并实施了《广东第二师范学院校长办公会议议题范围及程序》，加大了对办公会议决议事项的督办、催办和落实工作的力度；制定了《基建与修缮工程管理办法（试行）》《学术委员会章程》《教师职业道德规范》等制度。开展了纪律教育学习月活动，清理"小金库"，落实"回头查"工作；修订了《广东第二师范学院保密工作制度》，落实保密工作责任制，开展了保密知识测试等宣传教育活动；制订了《广东第二师范学院突发公共事件应急预案》；进行了应急演练；制订并实施了《广东第二师范学院校园机动车辆停放管理办法》和花都校区安保方案；制订了亚运会期间学院维稳工作实施方案，做到亚运期间学院"零发案"。

2011 年，制定了《广东第二师范学院章程》《广东第二师范学院校区功能规划方案》和《广东第二师范学院"十二五"发展规划》。学校章程的制定和实施，是建立现代大学制度的重要标志，对学校的发展将产生重要的影响。"校区功能规划方案"奠定了学校多校区办学的新格局；学校"十二五"发展规划明确提出了未来五年的奋斗目标：把学校建设成为规模适当、特色鲜明、影响较大的多科性、教学型普通本科院校。制定了《基础教育研究与实践教学基地建设与管理办法》和《教育实习基地建设与管理办法》等规章制度，规范有序地推进实践教学工作；制定了广东第二师范学院《教研室建设与管理暂行办法》《全日制学生转专业暂行管理办法》等多个规章制度。全面修订学校的科研管理制度。对《广东教育学院科研工作条例》《广东教育学院科研项目管理办法》《广东教育学院教授博士专项经费管理办法》等文件进行了修订；制定了《广东第二师范学院科研评价办法》《广东第二师范学院非实体研究机构管理办法》。

同年，按照党的十七届四中全会关于加强民主政治建设的部署，依据《广东省高等学校教职工代表大会工作规程》的有关规定，制定《广东第二师范学院教代会实施细则》，使教代会工作进一步规范化、制度化。通过了《广东第二师范学院教职工代表大会提案工作条例（草案）》和《广东第二师范学院第十届工会会员代表大会选举办法（草案）》，选举产生了学校第十届工会委员会，顺利完成了工会委员会换届工作。切实保障教职工的知情权、参与权、表达权，强化教代会各专门委员会的职能，充分发挥教代会和部门工会在推进学院民主政治建设中的重要作用。

2012年，通过了《广东第二师范学院分配方案调整意见》，还制定实施了《广东第二师范学院管理系列中层干部选拔任用工作实施办法（试行）》《广东第二师范学院专业技术系列中层干部选拔任用工作实施办法（试行）》。扎实开展纪律教育学习月活动，全面启动廉政风险防控工作，认真开展党风廉政建设有关制度工作情况自查；重新制定并签订了新一轮的党风廉政建设责任书，重视反腐倡廉的源头治理，与投标单位签订廉政协议。制定了《广东第二师范学院贯彻执行"三重一大"决策制度的暂行规定》《广东第二师范学院领导干部廉洁自律实施办法》等规章制度。修订和完善了《广东第二师范学院教研室建设与管理办法（试行）》，制定了《广东第二师范学院听课暂行办法》。

2013年，学院制定了《党政联席会议制度》，努力实现基层决策的科学化、民主化和规范化；进一步加强各级领导班子和干部队伍建设。坚决贯彻执行中央《党政领导干部选拔任用工作条例》规定，建立了以常规绩效考核和聘期届中考核为主要内容的干部监管机制，对全校中层领导班子和领导干部进行任期届中考核工作。修订颁布了《广东第二师范学院学术委员会章程》。突出体现了学校根据高校改革方向和建立现代大学制度的原则，在学校重要学术管理与评判事务中，学校主要负责人不参加学术委员会，进一步加大专家教授治学治校力度。

同年制定、颁布的还有《中共广东第二师范学院委员会关于改进工作作风、密切联系群众的实施意见》《广东第二师范学院"三重一大"决策制度实施办法》《广东第二师范学院系（院）部党政联席会议议事规则（试行）》《广东第二师范学院学位委员会章程》《广东第二师范学院财务管理规定（修订）》《广东第二师范学院公务接待办法》《广东第二师范学院公务用车管理办法（试行）》《广东第二师范学院就业工作管理规定

（试行）》《广东第二师范学院学生基本医疗保险管理暂行规定（修订）》等多项规章制度，都已经逐步实施并初见成效。

2014年，学校把制度建设放在重要位置，重点推动了学校章程建设、规章制度的补充修订和办事程序的建立健全。经过几轮缜密细致的修改和交流后，学校章程通过省教育厅核准，成为我省首批四所通过核准的高校之一。这是具有里程碑意义的大事，为学校建立现代大学制度、提高依法治校水平奠定了重要基础。

同年还颁布了《管理部门工作规范与管理状态评估方案（试行）》《教辅单位建设与服务工作状态评估方案（试行）》《广东第二师范学院教师出国培训进修管理规定（试行）》《广东第二师范学院教师国内培训进修管理规定（试行）》《广东第二师范学院"千百十人才培养工程"实施办法（试行）》。

2015年，认真贯彻落实学校"基本法"。《广东第二师范学院章程》是学校的"基本法"，自2014年12月获省教育厅核准以来，学校围绕该章程的贯彻落实主要开展了以下工作：一是召开学校章程宣讲会，组织全校教职工开展学习章程活动；二是启动了学校现行规章制度的清理、修订工作；三是确立了新制定的规章制度合法性审查机制；四是启动了《学校规章制度管理办法》的起草工作；五是俗称学校"立法法"的《广东第二师范学院校内规章制定规程》，经2015年11月3日校长办公会议通过，11月9日学校党委会审定，11月12日王左丹书记签发，正式公布实施。该规程对学校规章的制定、修改和废止进行了严格规范，对保障学校规章的合法性、合理性和规范性，提高依法治校和依规管理水平具有重要意义。

努力推动学校法务工作。一是制定了《广东第二师范学院法律顾问制度建设方案》并上报省教育厅；二是按照建设方案，启动学校法律顾问制度建设的人员和岗位设置申报工作；加强了教代会的民主决策功能；进一步加强制度建设，制定《广东第二师范学院"创新强校工程"管理办法（试行）》等四份管理制度文件，加强"创新强校工程"的规范管理、项目实施、绩效考核等；修订了《广东第二师范学院重点学科管理办法》等文件，规范重点学科建设，构筑优势学科创新平台。

二、学校章程的制定与实施

对于现代大学来说，一部完备的章程是其合法性的重要来源，是其依法自主办学、实施管理和履行公共职能的基本准则，是高校制定内部管理制度及规范性文件、实施办学和管理活动、开展社会合作的依据。每一所大学都应当根据自身发展历程、现实状况、奋斗目标，制定出切合办学特色、有利于提升办学水平的章程。《广东第二师范学院章程》是学校章程，在2014年经广东省教育厅核准生效。

（一）学校章程制定过程

一直以来，学校高度重视章程建设工作。2003年，为配合学校向普通全日制高校改制，学校即组织人员起草了《广东教育学院章程（初稿）》，这是学校最早的一版章程；2005年，学校再次组织人员对《广东教育学院章程（初稿）》进行了修改，形成了《广东教育学院章程（修改稿）》；2009年，学校对《广东教育学院章程（修改稿）》作进一步修订，形成《广东教育学院章程（修订稿）》，并作为改制材料报高等学校设置委员会和教育部审批。

2010年，教育部批复同意学校在广东教育学院基础上组建广东第二师范学院，并明确了学校的性质、地位、层次、任务等重大事项。改制成功后，学校又根据教育部的有关批复和学校面临的新形势、新情况、新问题、新任务，对作为报送材料的《广东教育学院章程（修订稿）》进行了进一步修订。

2011年5月27—28日，《广东第二师范学院章程（审议稿）》经学校第六届教代会暨第九届工代会第三次会议审议通过，在吸取了会议代表提出的意见进行修改后，报2011年6月9日学校党委会审定，即呈请广东省教育厅核准。2011年10月9日，省教育厅发来《关于核准〈广东第二师范学院章程〉的复函》（粤教策函〔2011〕94号），正式核准了学校章程。学校根据省教育厅复函附件提出的《关于〈广东第二师范学院章程〉的修改意见》，结合自身实际情况并征求有关领导和专家的意见对章程进行了认真修改。修改后的《广东第二师范学院章程》经2011年11月10日校长办公会议审议通过，2011年11月24日报学校党委会审定后颁布。该章程在规范学校办学、提高办学水平方面发挥了积极作用。

在这一阶段学校章程的制定，主要依据1995年9月1日起施行的《中华人民共和国教育法》，1999年1月1日起施行的《中华人民共和国高等教育法》，以及1994年1月1日起施行的《中华人民共和国教师法》等一系列相关法律法规。2011年11月28日，教育部发布了《高等学校章程制定暂行办法》（中华人民共和国教育部令第31号），自2012年1月1日起施行。该办法从指导思想、方法目标等方面对高校章程的制定提出了明确要求，对高校的章程应载明的各方面内容、制定程序、核准与监督等也进行了详细说明。该办法为国家举办的高等学校章程的起草、审议、修订以及核准、备案提供了更加详细的政策依据。根据教育部令精神，学校随即在原有章程基础上启动新一轮章程的修订工作。

2014年3月12日，广东省教育厅发布《广东省教育厅关于制定地方高校章程建设三年行动计划的通知》（粤教策函〔2014〕23号），全面部署了我省各高校章程建设与核准实施工作事项。通知要求全省各高校要提高认识，高度重视学校章程制定工作，要加强领导、健全机制，确保章程制定程序和内容符合要求。通知同时要求各高校根据本校实际情况，于3月26日之前将本校的章程制定工作计划报省教育厅的政策法规处，并明确报送时间和申请核准的具体批次。因章程制定前期工作准备比较充分，学校申请接受第一批次核准。

2014年6月，省教育厅发布《广东省教育厅关于进一步加强我省高等学校章程建设的通知》（粤教策函〔2014〕48号），在通知中发布了《广东省公办普通高等学校章程建设三年行动计划（2014—2016年）》，计划到2016年底，全省85所公办普通高校（不含部属院校）全部完成章程建设并核准实施，并且从2014年6月起，原则上每半年组织一批高校章程核准工作，分六批次完成。学校位列第一批试点10所院校之中，于2014年6月30日前报送核准材料。同月，省教育厅转发了《教育部办公厅关于加快推进高等学校章程制定、核准与实施工作的通知》（教政法厅〔2014〕2 号），对我省高校章程建设工作进行进一步规范化。

根据省教育厅文件精神，学校成立了由肖建彬校长担任组长，由张路、黄可波、徐志林、吴开华、李杼机组成的章程修订小组，对 2011 年 10 月 9 日经省教育厅核准施行的《广东第二师范学院章程》进行了重新修订。5 月初形成初稿并送全体校领导审阅。6 月 12 日，将修订后的章程初稿及修订说明发至教代会各代表团讨论和征求意见。在 105 名正式代表中，有 92 人参与了讨论，提出修改意见和建议共 28 条。在吸取教代会代表意见的基础上，形成章程修订稿。6 月 26 日，校长办公会议对章程修订稿进行了逐句逐字修订，原则上通过了《广东第二师范学院章程（核准稿)》。7 月 3 日，《广东第二师范学院章程（核准稿)》经学校党委会议审议通过。

7 月 10 日，学校将修订后的章程第一次上报省教育厅核准。9 月 22 日，省教育厅发文《广东省教育厅关于广东外语外贸大学等五所高校章程修改建议的通知》（粤教策函〔2014〕94 号），对包括我校在内的五所省内高校提交的章程文本进行了初步审查，提出了具体修改建议，并通知各高校按照修改建议尽快完善章程文本和制定程序。该通知以附件形式对学校章程制定程序提出审查意见，并对提交的章程文本提出了 34 条修改建议。

9 月 18—28 日，根据省教育厅修改建议，章程修订小组对学校章程进行了重新修订，并将修订初稿发给学校领导审阅。9 月 29 日，学校召开教代会特别大会，审议通过了学校章程。章程修订小组在吸取教代会代表团意见的基础上，对章程进行了再修订。9 月 30 日，章程经校长办公会议审议通过。10 月 8 日，章程修订小组根据省教育厅《高校章程常用规范条文表述》进行了再修订，经学校党委会审定通过。

10 月 10 日，学校章程再次上报省教育厅核准。本次上报核准的章程文本根据省教育厅的修订建议进行了补充完善，同时，对于少数条款未按省教育厅建议进行修改之处，则提出了相应的充分理由。10 月 26 日，省教育厅发布《广东省教育厅关于广东外语外贸大学等四所高校章程第二次修改建议的通知》（粤教策函〔2014〕100 号），对各校第一次修订后的章程又提出若干修改建议。

学校章程修订小组根据通知要求，对章程进行了认真修订。章程再修订稿于 10 月 30 日经学校领导班子审定通过，10 月 31 日上报申请省教育厅核准。11 月 18 日，省教育厅发布《广东省教育厅关于章程核准委员会对广东外语外贸大学等四所高校章程修改意见的通知》（粤教策函〔2014〕108 号），第三次将省教育厅核准委员会委员提出的修改意见反馈给学校。意见分为两部分：一是合法性意见，为必须修改意见；二是适当性和规范性意见，为建议修改意见。其中对学校章程提出的合法性意见共 6 条，适当性和规范性意见共 13 条。

11 月 25 日，校党委会通过了再度修订后的章程文本，11 月 26 日，学校将修订后的章程按照要求上报省教育厅。月底，省教育厅发布《广东省教育厅关于确认广东第二师范学院章程的通知》（粤教策函〔2014〕117 号），审定了学校章程文稿。12 月 22 日，学校向省教育厅行文《广东第二师范学院关于确认学校章程的请示》（广东二师〔2014〕128

号），对审定后的文稿进行确认，同意省教育厅的修改意见，并在确认的章程文本相应条款中补充了学校校徽图示。随后将章程确认文本报送省教育厅，请予核准。

2014年12月23日，省教育厅向学校下达了《广东省教育厅高等学校章程核准书（第4号）》："广东第二师范学院：根据《中华人民共和国高等教育法》《高等学校章程制定暂行办法》，你校第一届学校党委会2014年第18次全体会议审议通过并报我厅核准的《广东第二师范学院章程》，经广东省教育厅高校章程核准委员会第1次会议评议，2014年12月11日广东省教育厅第8次厅长办公会议审议通过，现予核准。"根据核准书的要求，学校于2014年12月31日将《广东第二师范学院章程》在学校网站向学校和社会公布，即日起生效。为让全体教职工更好地熟悉、掌握学校章程，学校召开了专门的章程宣讲会，组织全校教职工学习章程。

（二）学校章程的特色

学校修订后的新章程共有八章七十四条，包括总则、办学活动、组织管理、教职工、学生、经费和资产管理、举办者与学校的权利和义务、附则，涵盖了教育部《高等学校章程制定暂行办法》规定的主要内容。

学校是在原广东教育学院基础上改制建立的普通本科院校，在60年的办学过程中，形成了鲜明的教师教育特色。2010年《教育部关于同意在广东教育学院基础上建立广东第二师范学院的通知》中，明确要求学校在做好本科教育的同时，"要进一步加强教师教育，把培养培训中小学教师作为学校的主要任务"。广东省教育厅在《转发教育部关于同意在广东教育学院基础上建立广东第二师范学院的通知》中，要求学校要"为提升广东教育尤其是基础教育发展水平作出新的贡献"。据此，学校章程的主要特色有：

（1）在章程起草过程中，重新定义学校与学生、教师与学生之间的关系。在原有观念中，学校与学生、教师与学生之间的关系更多是领导与被领导、管理与被管理的关系，现在最关键的是体现"指导"和"服务"。在服务定位上，提出立足广东，面向基础教育，着重为基础教育培养高素质人才。

（2）在办学理念上，学校提出以引领基础教育改革发展为己任，秉持"进德修业、为人师表"的校训，坚持民主与科学并重、人文与自然统一的办学理念，弘扬实践导向、能力为重、问题解决的鲜明风格和追求真理、关注民生、勇于担当的优良传统，激励师生"学为君子，兼善天下"。

（3）在培养目标上，提出培养"文化知识广、专业基础实、职业技能强的应用型人才"，并将培养学生的实践能力和创新能力作为人才培养的重要目标。

（4）在办学模式上，提出了"构建教师教育新体系，促进职前职后教育相结合，培养培训一体化"的新思路。

（5）章程突出了学校的民主决策和群众监督功能，凸显了师生的权利义务以及对师生合法权益的保护。

第七章

教学管理与评估

教学质量是高等教育的生命线，而"大道以多歧亡羊，学者以多方丧生"。故此，富有成效的教学管理是教学质量的有力保障，各种教学管理制度又是教学管理的圭臬。自 2006 年至 2015 年，学校审时度势，出台了一系列教学管理制度，保证了教学有序、有效地进行。同时，学校通过网上评教与教学督导制度的创新，实现了对教学质量的有效监控。自 2014 年开始，学校开展教学工作状态评估，不断发现问题，补苴罅漏，守经达权，努力进行制度更新，有力推动了全校教学工作水平的提高。以此为基础，学校分别在 2014 年和 2015 年顺利通过了 11 个专业的学士学位授予权评审，为以后的专业发展、学科建设奠定了坚实的基础。

第一节　网上评教与教学督导制度的创新

一、网上评教制度的发展及创新之处

（一）网上评教制度的形成背景及评价指标

开展学生网上评教是实现教学质量监控的重要环节之一。通过学生网上评教，可以发挥学生在教学中的主体作用，同时把教师在教学中存在的问题和不足反映出来，以帮助和促进教师改进教学工作，不断提高教师的教学水平和教学质量。

为监控和保障学校教育教学质量，在进行学生网上评教工作评价的过程中，学校要求各系负责教育并督促本系学生本着高度负责的主人翁态度，客观、公正地进行评价。评价对象为本学期开设的所有理论课、实验课、技能课，实践性课程（实习、见习、调查、论文等）除外。网上评教的评价指标分别按理论类课程、实验类课程、体育类课程论述。

理论类课程评价指标如表 7 - 1 所示：

表 7 - 1　理论类课程评价指标

序号	评价项目	评价语句	权重
1	学科知识	讲授和解释明确而具体	0.3
2	教学方法	能够激发学生的学习兴趣	0.1
3	教学方法	建立良好的师生互动	0.1
4	教学方法	充分利用课堂的教学时间	0.1
5	课外环节	布置课外作业并进行有效评价	0.2
6	教学资源	能够提供适当的学习资源和手段	0.2

实验类课程评价指标如表 7 - 2 所示：

表7-2 实验类课程评价指标

序号	评价项目	评价语句	权重
1	实验条件	实验所需仪器和材料的保障到位	0.2
2	实验准备	实验前对实验原理、目的、内容和方法讲解清楚	0.2
3	实验指导	实验指导到位，能够及时帮助排除故障和解决问题	0.2
4	实验意义	实验课对加强理解、增加动手能力、启发创造思维的帮助	0.2
5	实验考核	教师对实验过程、实验报告及时点评	0.2

体育类课程评价指标如表7-3所示：

表7-3 体育类课程评价指标

序号	评价项目	评价语句	权重
1	课程准备	课前器材场地准备充分	0.2
2	课上讲解	动作要领讲解透彻	0.2
3	课上示范	动作示范标准到位	0.2
4	课上指导	积极答疑和纠正动作	0.2
5	课堂计划	运动量和运动强度适当	0.2

学生对课程的评价指标如表7-4所示：

表7-4 学生对课程的评价指标

序号	评价项目	评价语句	权重
1	课程价值	课程内容的实用性强	0.3
2	个人偏好	课程对激发本人学习兴趣的表现	0.3
3	学习效果	学习此门课程的收获大	0.4

课程评价不同于教师评价，一是其评价项目仅从课程出发，不针对教师的教学过程；二是如果有两位教师各自承担一门课程，则课堂评价结果由两位教师所在班级的学生的评价综合而形成。对课程的评价不包括独立的实验课。

学生对教材的评价指标主要如表7-5所示：

表7-5 学生对教材的评价指标

序号	评价项目	评价语句	权重
1	总体评价	教材的可读性高	0.4
2	教师使用	课堂教学与教材的结合程度密切	0.3
3	学生使用	教材在课程学习中发挥的作用大	0.3

部分课程实际没有征订教材，但由于系统没有提供对未订教材的课程的有效处理办法，在网上评教过程中提示学生对无教材的课程选择中间选项。因此，没有教材的课程的教材评价分值可能较低。我们并不掌握各门课程教材征订的准确信息，建议各部门根据评价结果进行一次校对，以便对选用的教材作出准确的评价。

由于公共必修课教材相对固定，公共选修课未征订教材比例较高，故对这两类课程收集的评价数据未作统计。

（二）网上评教制度的实施情况

网上评教制度是随着学校采购正方教务管理系统后逐步开展的，2007年进行试评，自2008年开始正式实施。评价对象是本学期开设的课程，评价人是所有全日制学生，包括普高本、专科，成高本、专科脱产学生。以此为始，学校日常教学全面纳入网络化管理。为保障网上评教制度实施到位，学校将网上评教与学生成绩查询和公选课的选课关联起来，若学生没有进行网上评教，则日后将不能进行成绩查询和公选课的选课等操作。

网上评教制度实施情况良好，给教师日常教学、课程设计、教学方式、教材选择等提供了很多有参考价值的数据和建议。2011年后，网上评教的结果与职称评定挂钩，成为评价教师教学的重要数据，网上评教制度的作用愈加显现出来。

与过去评教主要通过问卷调查进行不同，网上评教有以下优点：第一，手段更为先进，通过网络平台，评价对象与评价主体全员化，不会出现遗漏、缺失；第二，评价在网络平台进行，学生评教更为客观，数据更为可靠，能够较为真实地反映教学情况，评教结果因此更为科学、合理，使学校能够及早发现教学过程中出现的问题并灵活调整对策，保证教学有效、有序地进行。正是因为网上评教的结果相较过去问卷调查获得的数据更为客观、真实、全面，其数据的效应逐渐扩大化，此数据不仅为教学分析提供基础材料，同时还可与教师其他方面的评价关联起来，更加显现出它们的现实价值。

二、教学督导制度的创新

早在2002年，为提高学校教育教学质量，推进课程建设，学校就出台了《广东教育学院教学督导工作条例》，建立教学督导队伍。2010年，为延续和承接原广东教育学院教学督导工作，学校决定成立广东第二师范学院教学督导组，并于当年7月6日举行了第一届教学专职教学督导员聘任仪式。曾小龙副校长出席聘任仪式并代表学校向受聘的教学督导员颁发聘书，同时还勉励大家为提高教学质量、提升办学水平作出新的贡献。此届教学督导组由卢家耀、谭树荣、曾晓春、李畅友、朱剑雄、肖景涛、曾丽苏、曾海云八名专职教学督导员组成，卢家耀任组长。教务处袁学文处长、人力资源处赵丹凌处长出席了聘任仪式，并与教学督导员们就实施以教学质量为中心的教师工作评价机制进行了深入的交流。教学督导员还考察了花都校区。

其后，为加强学校教学质量管理，进一步规范教学督导工作，经2012年11月2日校长办公会议通过，颁布《广东第二师范学院教学督导工作管理办法》。该管理办法强调，教学督导工作是学校教学质量管理工作的重要组成部分。教学督导是教学质量内涵建设的重要手段。

学校设立校级督导和教学单位督导两级督导机构，即学校教学督导组和系（部）教学督导组，两级教学督导机构在组织机构上各自独立，在工作任务上各有侧重。学校利用网络平台实现教学督导信息的记录和反馈，两级教学督导员通过信息系统提交督导记录和教学评价表，任课教师和教学单位通过网络平台查看督导评价和督导意见。对任课教师的教学督导评价，作为教师考核、晋级和推荐参评各种荣誉称号的重要依据；对教学部门的督查结果，作为教学部门工作业绩评价的重要依据。

学校教学督导组成员由主管教学的副校长聘任，对主管教学的副校长负责，接受高教研究与评估中心的日常管理，由退休人员和在职专任教师担任。学校教学督导组由7～11人组成，设组长1名，由退休人员担任；另设秘书1名，由高教研究与评估中心工作人员兼任。学校教学督导组每届任期两年，届满重新组建；个别督导员在任期内退出时，可以临时补充。退休人员担任学校教学督导员需要同时具备以下条件：副高及以上职称，或在教学相关管理部门担任过副处级以上领导职务；年龄在68岁以下，身体健康；责任心强，热心教学督导工作。在职专任教师兼任学校教学督导员需要同时具备以下条件：具有副高及以上职称；不担任系级行政职务；公平、正直，敢讲真话。

学校教学督导员按照以下程序聘任：本人申请或部门推荐；高教研究与评估中心审核；主管教学的副校长审批并颁发聘书。学校教学督导员对全校的教学工作行使督教、督管和督学职责，其工作重点是教学运行的监控和教学质量问题的调研。主要工作方式包括：进行教学秩序检查；组织教学活动专题检查或调研；管理学生教学信息员和督办学生教学信息员反馈的问题。学校教学督导组每学期向分管教学工作的副校长提交工作报告，根据工作安排提交专题调研报告，定期编制《教学督导简报》。学校为学校教学督导员提供必要的工作条件，保障教学督导员有效履行工作职责。

系（部）教学督导组由系内负责组建，其成员和组长由系主任聘任，接受高教研究与评估中心的业务指导。系（部）教学督导组一般由3～5人组成，其中设组长1名，另设秘书1名，由系（部）教学秘书兼任。系（部）教学督导员每届任期两年，届满重新组建。个别督导员在任期内退出的，可以临时补充。系（部）教学督导员由具有副高及以上职称的在职或退休教师担任，系领导原则上不担任系（部）教学督导员。主要职责是对本系范围的教学工作行使督教、督管和督学职责，其工作重点是对本系（部）教师的教学评价和指导。系（部）教学督导组对本系（部）教师教学评价和指导的方式为：系（部）教学督导组每学期完成本单位四分之一的教师的教学评价，每两年完成一轮对本单位教师的评价；教学督导员在听课后当场将指导意见口头反馈给授课教师，并在一周内将教学评价记入学校督导工作信息系统。系（部）教学督导员的教学评价是教师工作评价的组成部分，对每一位教师的评价由不少于三位教学督导员的评价综合形成。对系（部）教学督导员的教学评价由其他教学督导员或系主任、副主任完成，原则上不进行相互评价。系（部）为本单位教学督导员提供必要的工作条件，保障教学督导员有效履行工作职责。

据此办法，经部门推荐，学校分管领导批准，组建了广东第二师范学院第二届教学督导组。各系（部）确定了本部门第一届教学督导组成员并报高教研究与评估中心备案。两级教学督导组自通知发布之日起履职，至2014年8月31日任期届满。两级教学督导组组成人员如下：学校教学督导组组长为曾海云；教育系第一届教学督导组组长为袁立新，政法系第一届教学督导组组长为周蕴蓉，中文系第一届教学督导组组长为周朔，外语系第一届教学督导组组长为李华，数学系第一届教学督导组组长为杨必成，物理系第一届教学督导组组长为彭哲方，化学系第一届教学督导组组长为陈承声，生物系第一届教学督导组组长为王金凤，体育系第一届教学督导组组长为李建军，美术系第一届教学督导组组长为王豫湘，音乐系第一届教学督导组组长为李彦明，计算机科学系第一届教学督导组组长为牟来彦，思想政治理论课教学部（"思政部"）第一届教学督导组组长为殷丽萍。

2013年4月7日下午，学校召开学校和教学部门两级督导工作会议，教务处陈爱葵处长主持会议，曾小龙副校长出席会议。教务处副处长兼高教研究与评估中心副主任毕振力就教学部门督导员的作用、定位及与学校督导的关系作了说明，并对开学以来的调课情况进行了通报。学校教学督导组组长曾海云通报了本学期第一次教学检查情况，随后与会人员对学校督导工作的开展进行了讨论。最后，曾小龙副校长作了工作布置。曾副校长提出四点要求：第一，学校的发展面临规模与质量的双重任务，督导工作是教学质量建设的重要手段，近期的工作目标是把调课率降下来，把学生出勤率提上去；第二，树立督导权威，发挥好督导队伍督教、督学、督管和教学评价的职能；第三，各级领导要积极支持、配合教学督导员开展工作，教学部门要为本部门教学督导组开展工作提供保障和支持；第四，希望两级教学督导员讲真话、讲实话，大胆开展工作，落实并完成本学期教学督导工作计划。

2013年11月26日，学校教学督导组期中工作会议在综合楼十一楼会议室召开。新调整组建的校级教学督导员、教务处负责人、高教研究与评估中心负责人参加了会议。会议由教务处处长陈爱葵主持，曾小龙副校长到会为新调整的教学督导组成员颁发聘书，并对督导工作提出了新要求：第一，要以身作则，做好示范标杆；第二，要实事求是，敢于指出存在的问题；第三，要肩负责任，做好教学质量的"保护神"。

2014年11月19日下午，新一届学校教学督导组成立会议在综合楼11楼会议室举行。本届学校教学督导组由20位督导员组成，其中退休教师8位，在职教师12位，上届督导员留任14位，新聘成员6位，分别是督导组组长曾海云、督导员王学军、肖景涛、曾丽苏、吴光年、林志荣、彭哲方、朱青、刘永林、周蕴蓉、周朔、余民顺、钟建华、肖望、程煜、蔡秋、龙秋生、陈思敏、陈承声、冯毅。

教学督导工作的创新除校、系（部）两级督导制度体系的建立外，还体现在学生教学信息员制度的实施上。2013年上半年，学校颁布了《广东第二师范学院学生教学信息员制度实施办法（试行）》。根据该办法，学校成立了一支170多人的学生教学信息员队伍（每个教学班派一人参加）。

学生教学信息员队伍的组成以具有固定角色的学生为基础，同时向全体学生开放。各班级学习委员为学生教学信息员队伍的基础，所有学生都有教学信息反馈的权利，学生在提供教学信息反馈时自然成为学生教学信息员。学生教学信息员就以下方面提出意见、建议和评价：任课教师教学内容、方法、态度、规范等；因教学计划、教学安排、教学管理不合理对教学效果的影响；因教学条件、教学保障对教学效果的影响；学生学习纪律和学风问题。

学生教学信息员可以实名或匿名反映意见，为便于学生教学信息员进行奖励，鼓励学生教学信息员实名反映问题，同时指明班级、课程等具体信息。学生教学信息员信息来源及反馈方式：学生教学信息员信息来源渠道有个人观察形成的意见、其他学生要求代为反映的意见和主动向其他同学征询的意见；学校教学督导组每学期定期召开学生教学信息员座谈会收集意见，同时在教务系统中开设学生教学信息员邮箱，随时接收学生教学信息员的反馈意见；学校教学督导组指定专门人员接收和督办学生教学信息员的反馈信息。

学生教学信息员工作保障措施主要有：学校教学督导组将学生教学信息员的意见向相关教学部门反馈时，不得透露提出意见的学生教学信息员的姓名。教学管理人员和教师不得对学生教学信息员提出的意见和建议进行报复。学校教学督导组每学年对学生教学信息员的工作进行一次总结，根据学生教学信息员提供信息的数量和质量评定优秀学生教学信息员，学校对优秀学生教学信息员颁发证书和奖品。

在成立学生教学信息员队伍的 2013 年，学校分别在两个校区召开了六次学生座谈会，广泛征求学生对学校教学工作的意见与建议；跟进学生反映的问题，了解整改情况；对学生教学信息员的职责与要求、管理与奖励等条例进行了宣讲；对教务管理系统中的学生信息平台的使用方法进行了培训与说明；整理了学生教学信息员提出的意见，汇编成册发给学校领导及主要的管理部门。除了在座谈会上表达意见与建议外，通过教务管理系统的信息平台，学生教学信息员提供了 160 条有效信息。在学生提交的信息中，有 42 条（占总量的 26.3%）是对教师教学的评价，既有批评，也有表扬与肯定。评价的内容主要包括教学的内容安排、教学的技能技巧、教学的方法以及对学生的态度、为人师表的表现等。评价信息中，肯定、表扬教师的有 29 条，占教师评价信息的 69%；批评教师或希望教师在某方面有所改进的有 13 条，占教师评价信息的 31%。从信息中可以看到，无论对教师做何种评价，都能以实例说明，分析较为客观。即使是指名批评教师，学生们的态度亦比较诚恳，有一定的说服力。

2014 年 3 月，为进一步加强学生教学信息员工作，学校决定表彰工作出色、成效显著的学生教学信息员。根据《广东第二师范学院学生教学信息员制度实施办法（试行）》，结合 2013 年度学生教学信息员收集学生意见、反馈教学信息、协助教学管理、出席工作会议等方面的工作情况和表现，学校高教研究与评估中心评议决定，对高敏等 26 名同学予以 2013 年度"优秀学生教学信息员"的表彰。希望受表彰的同学再接再厉，继续为学校教学质量保障工作作出应有的努力，同时号召全体同学向他们学习，激发同学们的主人翁意识，积极参与教学质量保障和建设工作，为推进学校发展作出贡献。

2015 年伊始，学校教学督导组就与教务处及各教学部门领导抽调人员组成考场巡视组，对学校两校区 2014—2015 年度第一学期期末考试进行了 16 场巡视，配合学校加强考风建设，对存在突出问题的地方提出警告，加以教育，冀能改进。

其后，学校教学督导组一如既往地组织例行教学检查，如组织开学初、节假日教学检查，学校则结合教师职称申报，或者有针对性开展听课，特别是对那些网上评教排名稍后的课程重点关注，将教学督导员安排到各系听课，与系（部）教学督导员共同完成对部分教师的听课评价。相关工作有序开展，保障教学活动按质按量有效进行。

综上所述，教学督导制度的创新对教学质量、课程建设起到了积极有效的作用。

第二节　学士学位授予权评审

一、学校迎接学士学位授予权评审工作的开展

学校自 2010 年成功改制为普通高校后，经过四年发展，在 2014 年 4—5 月间，将接受广东省学位委员会对学校进行学士学位授予权单位评审和改制后首批五个本科专业的专业评审。

为全面启动迎接学士学位授予权评审（以下简称"迎评"）的准备工作，2013 年 1 月 5 日，学校召开了迎评启动会。会议由曾小龙副校长主持，学校评建工作领导小组成员和首批接受学士学位授予权评审的五个专业所在系的领导班子成员参加会议。广东金融学院校长助理范忠宝教授应邀作专题辅导报告。范教授的发言从学士学位授予权评审的制度、阐释、实践三个方面展开，内容翔实，分析透彻，对学校的迎评工作具有重要的指导意义。随后，肖建彬校长作了迎评动员讲话。肖校长围绕为什么要做、做什么和如何做三个方面，明确了学士学位授予权评审工作的目标、任务和要求。曾小龙副校长就如何按照省教育厅的要求做好学校 2011 年本科教学质量年度报告发布工作作了布置。最后，谢练高书记作总结讲话。谢书记指出，迎评工作时间紧迫，任务重要，他要求学校和各部门在工作中要认真学习、加强领导、深入宣传、精心组织、抓好落实。通过迎评工作促进学校本科教学工作水平的提高。

之后，为充分做好迎评工作，根据学校申报学位授予权评审工作的计划安排，2013 年 3 月 18 日上午，曾小龙副校长带领学校教务处、高教研究与评估中心和首批申报学士学位授予权系（院）的负责人一行十人到北京理工大学珠海学院参观学习。

北京理工大学珠海学院副院长陆晨、教务处处长孙洪波、副处长何海燕等热情接待了学校到访人员。曾副校长首先介绍了参观学习的目的，陆副院长全面介绍了他们学校学士学位授予权评审工作的基本情况，随后学校人员分头到该校教务处和二级学院参观。北京理工大学珠海学院迎评工作之经验，对学校学位授予权评审申报工作具有十分重要的借鉴作用。

2013 年 6 月 18 日，学校在综合楼 C304 召开了学位评审工作推进会。会议由曾小龙副校长主持。首批接受学士学位授予权评审专业的系（院）领导就专业授予权评审的准备情况作了汇报。会上，肖建彬校长与各位系主任（院长）签订了学士学位授予权评审责任书。最后，谢练高书记作了重要讲话。谢书记指出，此次会议内容丰富，主题鲜

明，充分肯定了会议的重要意义，强调要以评促建，提高学校本科教学的办学质量。同时，谢书记还提出了三点工作要求：①深刻认识评审的重要性和必要性，进一步增强工作的责任感和紧迫感；②各部门要紧密合作，相互配合；③有关部门要加强工作指导、检查，抓好落实。

二、各系（院）迎评工作

在学位评审工作推进会后，首批接受学士学位授予权评审专业的系（院）结合迎评指标体系，扎扎实实开展工作，为成功完成评审工作奠定了良好的基础，兹分述如下。

（一）中文系迎评工作

2013年6月初，中文系即按照学校部署迅速成立了迎评工作领导小组，由系主任（也是专业负责人）熊国华教授亲自挂帅、统筹全局，陈涵平副主任具体负责、组织协调，并建立了由系班子牵头、教研室主任负责、全体教职工参与的迎评工作体制。随后多次召开专门会议，认真学习评审指标，对照要求寻找差距，分解任务责任到人，逐项跟踪严抓落实。在强调分工负责的基础上又重视相互配合、资源共享。由于做到了事事有人做、人人有事做、件件抓落实、处处求精细，从而使中文系迎评工作始终有序、有效地展开。在迎评过程中不但没有对正常的教学秩序造成丝毫冲击，还借此机会抢救或整理出了许多原始而珍贵的教学资料，为今后进一步规范教学管理积累了经验。

在具体开展迎评工作之初，中文系领导班子通过深入研究还形成了这样一个共识：通过迎评工作，既要非常圆满地通过学士学位授予权评审，还要借此机会将中文系师资水平推上一个新台阶，力争尽快打造一支适应人才培养模式改革创新的高水平师资队伍。为此，中文系采取了下列举措：

一是营造全员参与的氛围。迎评工作是一项涉及全系事业整体发展的系统工程，它包括中文系办学思路与现状的概括与梳理、专业简况表的撰写、支撑材料的搜集与分类等重要工作，具体分解下来任务很多。对此，中文系要求全系教职工人人都要参与进来，个个都要接受任务。这种"全民动员"的方式，既摊薄了迎评工作的压力，有效发挥了集体的力量，又使全系教职工都有机会全面了解迎评工作的内涵，进而掌握上级部门对学校事业发展的具体要求和专业发展的准确方向。此外，中文系在准备撰写《广东省普通高等学校申请新增学士学位授予专业简况表》（以下简称"简况表"）的时候，还专门召开全系教师研讨会，就简况表的各项内容进行讨论、形成共识。当简况表最后通过学校审评、形成定稿后，中文系又在全系教师会议上进行宣讲，尤其是将中文系专业当前发展的优势、亮点、特色以及存在的不足和问题向教师们讲深讲透。通过这些途径，让全系教师能够充分了解本专业发展的现状与态势，了解本系人才培养模式改革的目标与任务，了解每位教师所担任的课程在人才培养方案中的定位与功能。有了这些了解，全系教职员工就能心往一处想，劲往一处使，就能形成事业发展的强大合力。

二是有意识地培养年轻教师。近两年来，中文系新进了13位年轻教师，他们是中文系的新生力量，也是事业发展的希望。让他们深度参与迎评工作，推动他们迅速成长，也是中文系的一个重要举措。在迎评工作中，中文系将全系教师业务档案的创建、品牌打造与特色专业建设的情况汇总、支撑材料目录的设计与呈现等重要且带有全局性的工作，都交给年轻教师来做，以便他们尽快了解情况、熟悉业务、把握方向，为今后进一步发展打好基础。由于中文系将迎评工作当作了一个重要的学习机会和锻炼平台，引领全系教师全员参与，确实让教师们尤其是新教师对中文系近几年的变化以及未来发展的方向有了更准确的认识，在教育思想和人才培养理念上有了新的提升，从而大大扩展了迎评工作的效能。

在涉及事业发展的考核要求方面，中文系严格按照学校部署和有关迎评工作要求，紧密结合学校及中文系的"十二五"规划，切实对照相应评审指标体系，在人才培养模式改革、师资队伍建设、教学质量提升、教师综合评价机制改革、教学制度建设等方面开展工作并取得了良好的效果。在人才培养模式改革方面，中文系根据学校办学定位，提出"面向农村、面向山区、面向中小城市、面向基础教育、着力培养优质语文教师"的培养目标，紧扣"应用性、师范性、人文性、创新性"来调整和优化人才培养方案，开展课程体系改革，打造了"创意写作训练"和"春花诗韵"文学作品朗诵会这两个品牌，构建了"以项目联动促进人才培养"的育人机制，从而凝练出鲜明的办学特色；在师资队伍建设方面，中文系在短短三年内在内部培养了4位博士，从外部引进了13位年轻博士，使全系专任教师的高职称比和高学历比均位列学校前茅，甚至达到重点高校的同类水平；在教学质量提升方面，中文系建立了"学生评教、督导监控、领导听课、教师评议"四合一的管理体系，结合教师考核评价机制改革，全方位、多层面推动课堂教学质量的提升；在教师综合评价机制改革方面，中文系紧紧把握"教学科研相互促发、齐头并进"的原则，合理设定评价指标和权重，大幅度增加量化考核分量，并切实将评价结果与评优选好、奖酬金发放直接挂钩，大大激发了全系教师教学和科研的热情；在制度建设方面，中文系陆续制定了《中文系教师听课制度》《中文系学生写作训练指导规范》《中文系教授岗位职责实施细则》《中文系青年教师培养方案》《中文系教师教学质量量化评价方案》《中文系学生考勤通报制度》等，这些制度的创立与实施，迅速提升了中文系教学规范化水平。

上述工作的及时开展和明显成效，为迎评工作奠定了坚实的基础，也成为汉语言文学专业建设的亮点和特色，受到了评审专家的充分肯定和高度赞扬。在评审专家入校评估的两天中，专家们对中文系为迎评所做的充分准备和高效组织十分认可，专家组组长纪宗安教授还在意见反馈会上对中文系的迎评工作和师生们的良好表现特别予以表扬。

（二）教育学院迎评工作

教育学院高度重视应用心理学专业建设，紧密围绕"以评促改、以评促建、以评促管、评建结合、重在建设"20字方针，积极启动以评促建工作，先后在教师和学生中间召开多次评审工作动员会。通过宣传和动员，本专业全体师生对以评促建的意义有了更深刻的理解。心理学系还积极组织师生，广泛开展专业建设规划、人才培养方案的讨论，并根据讨论的结果重新梳理、编写人才培养方案、教学大纲及教学日历等教学管理制度文件；积极开展集体备课、听课、评课活动；进一步建设和完善专业功能场所及配套设施，扩展和完善专业见习、实习基地建设，形成了大力推进专业建设的良好氛围。

教育学院强调以规划引领专业建设和专业发展，先后制定教育学院"十二五"发展规划和应用心理学专业"十二五"发展规划，明确了专业建设的目标、思路和主要任务，为专业发展提供了明确指引。同时精心准备，提前一年组织教师学习《广东省普通高等学校学士学位授权专业评审指标体系（试行）》，着手简况表的填写，及时查漏补缺，准备相关支撑材料；提前两个月开展预评审，邀请华南师范大学、中山大学、广州大学心理学知名教授组成预评审小组，并根据预评审提出的整改意见，及时改进；提前一周成立学院迎评工作组，明确分工，落实责任，有条不紊地推进迎评工作。

在迎评工作中，教育学院动员全院教师积极参与迎评工作，为评审专家提供快捷、便利的工作、生活条件，营造热情、温馨的迎评氛围。教育学院迎评工作获得评审专家的高度认可。

（三）生物系迎评工作

为确保生物科学专业迎评工作顺利开展，生物系成立了由袁学文、唐以杰、吴映明、胡继飞四位系领导班子成员组成的领导小组，同时组建具体工作小组，由吴映明担任评估工作办公室主任。吴映明负责分解评审体系工作，将这些工作化整为零，分配给领导小组和工作小组的每位成员，做到具体工作有专人负责，具体事项责任有分工领导承担，确保整个评审工作从人力资源上较好调配与动作。同时，生物系组织动员全体教师进入迎评工作状态，确立评审工作在全系工作中的重要作用，使全体教师重视工作并积极参与、配合评审工作。

系里对具体工作进行部署，安排全体教师填写个人专业简况表，收集全体老师的科研项目、论文、教改项目等业绩条目；要求全体教师填写个人业绩档案表，收集全体教师的学历、学位、职称、教师资格证及获奖情况等材料，为建立支撑材料作充分准备。生物系学习广东省学士学位评审体系指标并建立支撑材料目录，这是迎评工作中建立支撑材料的重要环节。系里为支撑材料归档，建立了档案盒，为每个支撑材料的档案盒写编号和内存资料清单，为根据清单建立教学与科研等材料确立工作事项。

为营造良好的评审氛围，生物系重点做好两项工作：一是确定了五块宣传栏并明确了各宣传栏的内容，分别是教师风采栏、学生活动栏、生物系简介及师资栏、科研业绩栏、实验室专栏，为落实宣传的资料收集、排版等工作，各宣传栏都有专人负责；二是做好环境整洁工作，对评审会议室、实验室及整个生物楼环境进行清理杂物，包括生物楼六楼天台的杂物。生物楼从1987年生物系落成交付使用后就没有进行过大规模的清理，积压了大量的破损花盆等杂物，经过彻底清理，为评审工作营造了良好整洁环境。

自2013年4月11日接到专家组将于16—17日到学校进行学士学位授予权评审工作的通知后，生物系领导小组和工作小组于当天下午召开紧急工作会议，布置各项工作，包括生物专业评审会议室布置、接待人员落实、支撑材料最后审定、生物系实验室环境卫生等，规划了专家考察生物系实验室路线，并由吴映明负责指引专家考察和解说。在生物楼大厅安排了学生插花作品，营造热烈氛围，同时彰显生物专业重视培养学生实验操作和创造能力的培养理念，受到评审专家的一致好评。

（四）数学系迎评工作

数学系是学校最早成立的系之一，从师资、教学水平等各方面来看都具备学士学位授予的条件。此次迎评过程中，数学系严格执行学校和评审中心的安排和要求，将评审工作进行分解，专人专项负责，评审期间数学系各位教师加班加点，积极准备。

数学系不满足于一般性地完成各项工作任务，而注重完成任务的质量。系领导反复修订简况表，并对迎评材料做了多次检查，评审需要的主报告、PPT 演示文稿、展示板、附件、支撑材料都力求做到最好，经得起检查。评审专家到校前五天数学系收到学校通知，要求数学系在花都校区迎评。之后五天（含周末），数学系系领导和系行政人员每天都加班，整理、清点、搬运材料，布置花都校区会场。数学系实事求是的工作作风，赢得了评审专家的信任与肯定。

（五）美术系迎评工作

美术系迎评工作也开展得有声有色。美术系全系动员，人人参与，迎评准备工作有序展开。自《广东第二师范学院学士学位授予权评审工作方案》公布以来，美术系按照评审指标体系和有关规定，以高度的紧迫感、使命感和责任感，认真予以贯彻，把迎评工作转化为提高教学水平、管理水平、科研水平、人才培养水平的过程，一一进行动员和部署。

首先成立评审工作专项领导小组，及时召开会议，做好准备，对有关评审工作的相关资料的收集、整理以及文件归档和制度建设等工作专门进行了时间安排、组织分工。同时，系里对各教研室在迎评工作中的具体任务作了明确要求，分别设立简况表填写、支撑材料建档、信息统计、各项管理、考核制度、汇报材料写作等分工小组，明确各自的工作职责，层层抓落实，将工作任务责任到人。美术系根据《广东省普通高等学校学士学位授权专业评审指标体系（试行）》中的一级、二级指标及主要观测点的顺序逐级建档。建立支撑材料整理监控体系，对材料质量进行严格把关，力求做到编目清楚、整齐美观、检索方便、便于查找。分派材料保管人，对材料的名称、来源都要求做到心中有数，熟悉材料的陈列位置和内容。在教育厅专家组进校评审期间，要确保专家调用材料方便、快捷、准确无误。系里及时传达学校、教务处、评审工作组组织的座谈会、现场汇报会的工作内容，组织相关教师熟悉与掌握评审工作的流程。在专家组进校前，积极进行模拟演练，请来兄弟院校领导模拟现场评审答辩会，听取意见，总结经验，做到评审工作人人心中有数。同时，全系积极开展教学工作的检查，深入了解教学运行状况，改进教学工作中存在的不足，促进教风与学风建设，提高教学管理水平和教学质量，检查期间，系领导深入教学第一线听课、检查及指导教学工作，广泛听取各教研室及教师们教学与教学管理工作的意见和建议。将检查工作落到实处，为教学工作平稳而有序的进行提供了可靠的保障。

美术系教学科研成果展是此次评估工作不可或缺的一个组成部分。美术毕竟是视觉艺术，师生的水平要靠具体真实的作品来加以体现，因此对教学科研成果展览工作考虑得比较周密，成立了迎评展览工作组。结合从前改制评审所总结的经验，领导亲自抓，并提前在海珠校区进行了预展，临近评审时全系动员，几乎每天都在加班加点，将作品分批拉到花都校区，对获奖作品、荣誉证书、论文期刊、著作、教材、奖杯等实物材料都一一进行了归类与展示，终使展览获得成功，得到了专家组和学校领导的一致肯定。此外，为了完成好这次迎评工作的自评报告和 PPT 幻灯片汇报材料，实事求是地汇报美术系的办学方向、师资队伍、教学研究、教学管理、科研成果等内容，力求准确有效地在专家莅临本系视察中客观如实地反映美术系的情况，在 PPT 演示文稿及幻灯片制作上，美术系反复进行修改，不断充实和细化，直至完善。

通过此次评审，美术系全面回顾和总结了多年来的教学工作，进一步端正了办学指导思想，明确了办学思路和今后努力的方向。

三、取得学士学位授予权单位资格

2014 年 4 月 16—17 日，广东省学位委员会组建的以庾建设为组长的评审专家组一行 25 人，来校对学校申请新增学士学位授予单位和五个学士学位授予权专业进行实地评审。评审专家组听取了肖建彬校长及五位申报专业负责人分别对学校整体建设情况、专业建设情况的汇报，对学校主要教学科研设施及公共服务体系进行考察，审阅支撑材料、随机听课和考察有关专业教学仪器、设备，分别召开师生座谈会。

在 4 月 17 日下午的通报会上，评审专家组宣布：同意广东第二师范学院新增为学士学位授予权单位，同意广东第二师范学院应用心理学、数学与应用数学、生物科学、汉语言文学、美术学五个专业新增为学士学位授予专业。2014 年 5 月 6 日，广东省学位委员会下达粤学位〔2014〕3 号文，正式批准广东第二师范学院为学士学位授予权单位，批准汉语言文学、美术学、应用心理学、数学与应用数学、生物科学五个本科专业为学士学位授予专业。

学校取得学士学位授予权单位资格，标志着学校成功改制后向全日制普通高等学校又迈出了重要一步，为今后的学科、专业建设奠定了坚实的基础。

按照《广东省普通高等学校学士学位授权审核工作暂行办法》（粤学位〔2014〕2号）、《广东省学位委员会办公室关于做好 2015 年新增学士学位授予专业备案工作的通知》（粤学位办〔2015〕4 号）文件精神，学校制定了《广东第二师范学院新增学士学位授予专业审核办法（试行）》（广东二师〔2015〕26 号），并据此开展了 2015 年新增学士学位授予专业审核工作。

2015 年 1 月 14 日，学校布置任务；2015 年 1 月 20 日之前，部门布置任务；2015 年3 月 20 日，各有关专业提交简况表的电子稿至高教研究与评估中心，高教研究与评估中心统一打印送评审专家。3 月 23—27 日按专业召开专家评审会，专家以校外专家为主。专家评审会程序为：专家听取专业负责人作汇报（控制在 30 分钟以内）并进行提问，汇报要点为简况表各项目，各项目突出成绩、问题、对策；专家查阅档案材料和考察实验室，档案材料包括试卷，见习、实习报告及其他教学管理档案，召开碰头会议作出评审意见；召开评审专家反馈会。此后，在 4 月 10 日之前，部门修改简况表并打印，按照学校学位委员会人数打印份数，并送高教研究与评估中心，供学位评定委员会委员评审使用。其后，在 4 月 13—17 日，学校召开学位委员会进行投票评审，会议程序为：各专业汇报评审，重点汇报专家评审意见和今后整改措施，每个专业 20 分钟；学位委员在听取汇报和审阅简况表的基础上投票表决；学位评定委员会主席宣读表决结果。4 月 20 日之前，各部门根据学位委员会的意见修改简况表并提交电子文稿至高教研究与评估中心。4 月底，高教研究与评估中心公示材料并办理备案手续。

2015 年 6 月，学校收到《广东省学位委员会关于公布 2015 年广东省普通高校新增学士学位授予专业的通知》（粤学位函〔2015〕6 号），获悉 2015 年全省 31 所院校组织了本校新增学士学位授予专业评审，经过省学位委员会审核确认，各校共有 85 个专业获得新增学士学位授予专业备案，其中包括学校公共事业管理、思想政治教育、英语、物理学、应用化学和体育教育六个专业。至此，学校已有 11 个专业获得学士学位授予权。

第三节　教学工作状态评估

为贯彻教育部《关于普通高等学校本科教学评估工作的意见》（教高〔2011〕9 号）和《广东省人民政府办公厅转发省教育厅关于以协同创新为引领全面提高我省高等教育质量若干意见的通知》（粤府办〔2012〕103 号）文件精神，结合学校实际，学校决定进行教学状态评估。2014 年，学校出台了《广东第二师范学院院（系）教学工作状态评估办法（试行）》（广东二师〔2014〕5 号），根据此文件精神和学校年度工作计划，学校决定在 2014 年 9 月份开展 2013—2014 学年度院（系）教学状态评估工作，并制订了 2013—2014 学年度院（系）教学状态评估实施方案。

事实上，早在 2003 年 9 月 10 日，学校就已公布实施《广东教育学院系级教学工作评估方案（试行）》，该方案明确规定，系级教学工作评估要本着"以评促改、以评促建、评建结合、重在建设"的原则，进一步端正办学指导思想，改善办学条件，加强教学基本建设，强化教学管理。对照学校新出台的《广东第二师范学院院（系）教学工作状态评估办法（试行）》（广东二师〔2014〕5 号），可以看出，在教学评估的原则精神上，新的评估办法对旧的评估办法有所继承。但是，世异时移，新的教学评估办法是针对学校办学指导思想和办学定位迥异于 2010 年以前的学校实际情况而制定的，在学校已经成功从成人高等师范学院转制为普通高等师范院校后，其办学方针、办学重点、办学风格无疑发生了较大变化，新的评估办法量体裁衣，针对目前学校教学实际情况而出台，自然与旧的评估办法在观测点的设置上、指标体系的细密程度上甚至评估程序、操作方式（每年进行）、奖惩措施（加大奖惩力度）等方面都具有自身鲜明的特点，具体体现在如下方面：

一、设立评估领导小组和评审专家组

新的教学工作状态评估方案规定，设立评估领导小组，组长为肖建彬，副组长为曾小龙，组员为陈爱葵、姚晓南、黄文、陈木海、黄朝文、刘小琥、毕振力、陈彩燕、贾汇亮。成立评审专家组，有专业建设评审组，对各部门提交的《专业发展规划及实施情况自评报告》进行书面评审；有规章制度评审组，对各部门的规章制度进行书面评审；有教学档案及教学过程原始资料评审组，对各部门的教学档案包括试卷等原始资料进行现场抽查评审。同时，设立材料汇总及分数统计组，组长为陈爱葵、毕振力，组员为张定辉、叶俊锋、李紫红、左岚、李泽民、何盛、庞彩娇、庞文霞、梁少敏、曾新妍。

二、评估工作阶段

评估工作阶段划分为数据收集和材料准备阶段（9月1日至9月15日），评审专家组评审阶段（9月16日至9月22日），分数汇总结果公示、接受申诉（9月23日至9月29日），提交学校校长办公会议审核通过（9月30日）。

数据收集内容及分工如下：

教学部门（＊为思政部不需要提供的项目）提供专业发展规划及实施情况自评报告；＊内容包括："十二五"专业规划及专业规划的执行情况；专业开设的师资保障，学年度内教师平均开课门数；各开办专业课程的资源共享情况；人才培养方案的完善过程；专业定位和培养特色；存在的问题及改进策略；本部门已经公布并执行的规章制度一套；实习基地及其利用一览表；＊教研活动情况一览表；教师发表教研教改文章一览表及复印件；院（系）部领导听课及教学检查活动一览表；外聘教师一览表；学生参加校外学科竞赛获奖清单及证明材料复印件；＊学生发表论文复印件；＊本学年度开课选用教材封面及含图书在版编目（CIP）数据页的复印件，同时注明使用课程名称、任课教师、开课班级、开课时间；＊学生见习总结；学生实习报告，部门实习总结；＊本部门教学档案；装订成册的两个学期末考试试卷；本部门承担培训任务统计表。

教务处负责提供如下资料：两个学期课表；两个学期调、停课统计；未及时录入成绩的科目及教师姓名清单；专业必修课成绩表；正方系统学生考勤数据；学期教学计划调整清单；教务系统未体现课程排课表（包括实验课）；受处分学生清单；四、六级考试成绩数据，英语专业考级数据；两个学期实际选用的教材清单；学年度出版教材教辅资料目录；各部门结项和在建的校级及省级以上精品课程清单；校及省级以上教改项目；校及省级以上教学团队；校、省级重点学科立项清单。

高教研究与评估中心负责提供如下资料：系（部）督导员听课统计；院（系）部领导对学生教学信息员意见反馈情况。科研处负责提供如下资料：各部门人均科研积分；各部门各级各类科研立项清单；各部门横项科研经费到账清单。团委负责提供校外文体、艺术比赛获奖清单。招生就业处负责提供各部门2014届毕业生就业率统计（截至2014年8月31日）。体育系负责提供体质测评成绩统计（统计学年度各部门参加测评百分比，通过百分比）。

评估工作的原则是为实现院（系）教学工作状态评估的客观、公正，对教学部门提交的报表和原始资料进行公示，所有评价项的计分依据给出说明，匿名公布所有专家打分结果。

评估项目的取舍如下：由于管理基础薄弱和部分教学部门尚未有首届本科毕业生等原因，对"毕业论文"一级指标项、"师资"项目部分二级指标、实验室建设、实验设备管理、实验课程开设、实验室开放等二级指标及部分观测点（课程网上运行、双语课程开设、试题库建设）暂不列入本次评估内容，待具备条件时再纳入评价范围。

由上可知，教学状态评估的对象是开办专业和承担全日制教学的公共教学部门。教学状态评估的范围以教学工作为主，兼顾科研、就业等与教学相关的工作，是一种以教学为中心的综合性评估。教学状态评估是学校教学质量监控体系的组成部分，是促进人才培养质量提升的重要手段。通过评估引入竞争和激励机制，促进教学部门自我约束、自我完善、自我发展，推进教学管理工作的规范化、制度化和科学化。教学状态评估坚持客观、公正、可操作和常态化的原则，实行过程性评价和终结性评价相结合，定性考核与定量考核相结合，科学性与导向性相结合。

三、教学状态的评估机构与评估程序

教学状态评估以一个学年为一个评估周期。每学年的教学状态评估工作在下一个学年的 9 月至 10 月进行。

学校成立教学状态评估领导小组，组长由校长担任，副组长由主管教学的副校长担任，成员包括高教研究与评估中心、教务处、人力资源处、科研处和招生就业处负责人。领导小组负责评估方案的审定和确定受评部门反馈意见的处理原则，并对评估结果进行初步审核。

学校成立教学状态评估工作组，工作组组长由高教研究与评估中心负责人担任，高教研究与评估中心、教务处、人力资源处、科研处、招生就业处各指派一名工作人员。评估工作组负责评估方案的制订、数据采集、分数汇总统计和评估报告的撰写。评估工作组在完成统计工作后，将各部门得分和计分依据进行公示，公示期为五个工作日。受评部门在公示期内提出书面申诉，评估工作组汇总申诉意见并提交评估领导小组讨论。校长办公会议听取评估汇报并审批评估结果。

四、教学状态评估评价指标与计分方法

教学状态评估评价指标由教学建设、教学运行与质量控制、人才培养效果三个模块构成，模块内的指标分为必评指标、抽评指标和专项评审指标。专项评审指标每两年进行一轮评审，评审结果不计入教学状态评估结果。抽评指标划分为若干个组，对同一组内的指标，原则上各年度抽取不同的指标进行评价，但也可根据评估问题进行连续抽取。评估尽量采用客观数据为评价依据，确实无法采用客观数据的，采用主观评价，所有主客观数据都以量化数据呈现。

量化数据主要有如下几种形式：①对于鼓励性指标，采用加分赋值；②对于禁止性指标，采用扣分赋值；③规定明确标准的指标，按照未达到的比例或根据未达到或超出范围扣分；④有直接统计数据的指标，采用统计数据；⑤主观评价指标，采用 A、B、C、D、E 进行等级评价，统计时分别赋值 5、4、3、2、1，以此计算平均得分。对于上

条所列举的办法产生的原始数据，在计分时转换为标准正态分布的标准分。各部门分数计算过程为：根据各观测点的得分和权重计算指标的得分；根据指标的得分和权重计算出大类得分；根据大类得分和权重计算出部门得分。

五、教学状态评估奖惩办法

学校对教学状态评估得分排名予以公告，并对总分前六名的教学部门给予奖励，思政部的各项参评指标在全校各部门相应指标得分排序在前六名时，给予专项奖励。获得第一名的部门为一等奖，奖金15万元；获得第二、三名为二等奖，奖金各10万元；获得第四、五、六名为三等奖，奖金各3万元。奖励经费用于教学工作建设和个人工作奖励。排名最后的两个二级教学部门，须制订整改措施，并取消部门各类评先资格，取消部门领导班子成员当年度考核评优资格。

在组织专项评审、部门自评和数据收集的基础上，评估统计组计算出部门得分并予以公示；在公示期间，部分受评部门提交了补充和说明材料，学校教学状态评估领导小组召开会议明确了处理办法，评估统计组根据教学状态评估领导小组确定的处理办法再次核分，并提交校长办公会议讨论形成评估结果，具体见表7-6：

表7-6 教学部门得分汇总一览表

序号	项目	计分	教育	政法	中文	外语	数学	物理	化学	生物	计算机	体育	美术	音乐	思政
1	专业建设	40.0	37.1	22.0	28.9	21.8	24.4	25.0	29.9	30.5	23.4	29.1	24.8	24.3	—
2	部门规章制度建设	6.0	5.4	5.4	5.3	5.2	4.9	5.3	5.2	5.2	5.3	5.2	5.2	4.9	5.2
3	教学档案管理	6.0	4.5	3.6	6.0	2.8	3.7	4.2	1.0	4.2	3.4	1.8	4.4	5.7	5.8
4	教学团队	10.0	2.0	10.0	10.0	2.0	2.0	2.0	4.0	4.0	2.0	2.0	4.0	2.0	4.0
5	外聘教师管理	3.0	3.0	3.0	3.0	3.0	3.0	3.0	3.0	3.0	3.0	3.0	3.0	3.0	3.0
6	教研活动	6.0	6.0	6.0	6.0	6.0	6.0	6.0	6.0	6.0	6.0	6.0	6.0	6.0	6.0
7	教研教改立项	7.0	2.6	2.4	6.0	1.2	3.8	3.4	2.6	1.8	7.0	2.4	4.2	5.2	3.2
8	教研教改论文	7.0	2.1	4.7	0.0	6.0	5.7	0.0	2.7	1.1	7.0	7.0	1.7	1.4	4.1
9	实习基地建设	10.0	10.0	10.0	10.0	10.0	10.0	10.0	10.0	10.0	10.0	10.0	10.0	10.0	—
10	精品课程建设立项	10.0	6.0	4.0	4.0	4.0	2.0	2.0	0.0	0.0	4.0	4.0	0.0	2.0	0.0

（续上表）

序号	项目	计分	教育	政法	中文	外语	数学	物理	化学	生物	计算机	体育	美术	音乐	思政
11	教材出版	5.0	0.0	2.0	4.0	2.0	2.0	2.0	2.0	4.0	4.0	2.0	2.0	2.0	2.0
12	教材选用	5.0	5.0	5.0	5.0	5.0	5.0	5.0	5.0	5.0	5.0	5.0	5.0	5.0	5.0
13	文体活动与学科竞赛	18.0	12.0	15.0	18.0	15.0	15.0	12.0	12.0	12.0	12.0	18.0	18.0	18.0	—
14	学生发表论文	5.0	0.0	1.0	0.0	5.0	1.0	1.0	1.5	0.5	0.0	0.0	0.5	4.0	—
15	排课规范	10.0	10.0	10.0	10.0	10.0	10.0	10.0	10.0	10.0	10.0	10.0	10.0	10.0	10.0
16	系统外课表提供	5.0	5.0	5.0	5.0	5.0	5.0	0.0	0.0	5.0	5.0	5.0	5.0	5.0	5.0
17	教学计划调整	10.0	10.0	10.0	10.0	10.0	10.0	10.0	10.0	9.0	10.0	10.0	10.0	8.0	10.0
18	实习/见习	20.0	10.0	10.0	10.0	10.0	10.0	10.0	10.0	10.0	10.0	10.0	10.0	10.0	—
19	教师调、停课	15.0	9.0	13.2	10.5	14.5	12.7	13.1	13.5	14.6	14.6	15.0	15.0	14.2	15.0
20	命题、阅卷、试卷装订	24.0	16.4	16.6	22.5	19.3	18.6	17.9	15.0	15.7	18.4	15.0	16.4	16.0	24.0
21	平时成绩占课程考核比例	8.0	6.0	8.0	5.0	6.0	8.0	7.0	5.0	7.0	7.0	5.0	5.0	5.0	—
22	成绩录入及时、更改	8.0	5.0	7.5	5.5	4.5	2.0	7.5	3.5	5.5	6.0	6.5	1.0	8.0	
23	毕业审核	5.0	5.0	5.0	5.0	5.0	5.0	5.0	5.0	5.0	5.0	5.0	5.0	5.0	—
24	成绩表交教务处存档	5.0	2.5	0.0	5.0	2.5	0.0	5.0	0.0	2.5	2.5	0.0	2.5	5.0	0.0
25	部门组织教学检查	2.0	2.0	2.0	2.0	2.0	2.0	2.0	2.0	2.0	2.0	2.0	2.0	2.0	2.0
26	对学生意见反馈	1.0	1.0	1.0	1.0	1.0	1.0	1.0	1.0	1.0	1.0	0.0	1.0	1.0	1.0

（续上表）

序号	项目	计分	教育	政法	中文	外语	数学	物理	化学	生物	计算机	体育	美术	音乐	思政
27	教学督导完成同行评价	3.0	1.0	2.7	2.0	1.1	1.4	2.2	1.1	1.6	1.2	0.8	0.7	1.6	2.1
28	教师对学生考勤	8.0	6.0	7.0	8.0	7.0	6.0	8.0	7.0	7.0	8.0	5.0	5.0	5.0	8.0
29	教师教学事故	2.0	2.0	2.0	2.0	2.0	2.0	2.0	1.0	2.0	2.0	2.0	1.0	2.0	2.0
30	学生考试作弊	5.0	4.7	4.7	5.0	5.0	5.0	5.0	4.6	5.0	4.9	4.3	5.0	4.3	—
31	学生出勤率抽查结果	5.0	4.5	4.0	4.3	4.4	4.4	4.4	4.3	4.7	4.0	4.0	3.7	3.4	—
32	学生体质测试参加率	2.0	1.8	1.6	1.7	2.0	1.9	1.4	1.0	1.5	1.2	2.0	2.0	1.4	—
33	学科建设	10.0	0.0	0.0	0.0	0.0	0.0	0.0	0.0	0.0	0.0	0.0	0.0	0.0	
34	科研积分	40.0	25.9	12.9	12.4	5.2	40.0	14.2	23.0	10.1	34.0	8.6	9.2	10.2	11.8
35	承担培训任务	5.0	5.0	0.4	0.9	0.6	1.3	0.1	0.2	0.1	0.2	2.0	0.9	0.1	—
36	学生初次就业率	8.0	7.3	7.4	7.5	7.2	7.1	7.0	7.1	6.6	7.7	7.7	7.1	7.0	—
	总分	339.0	235.8	225.1	241.5	213.3	241.9	213.7	209.2	213.2	246.8	210.4	206.3	217.7	129.2

据上表，可知此次教学评估前六名的教学系及得分为：第一名，计算机科学系246.8分；第二名，数学系241.9分；第三名，中文系241.5分；第四名，教育学院235.8分；第五名，政法系225.1分；第六名，音乐系217.7分。根据相关条例，计算机科学系获得一等奖，奖金15万元；数学系和中文系获得二等奖，奖金各10万元；教育学院、政法系和音乐系获得三等奖，奖金各3万元。思政部获得专项奖励，奖金2万元。

学校要求各院（系），特别是化学系和美术系要针对存在的问题进行整改，取消化学系和美术系各类评先资格，取消这两个部门领导班子成员2014年度考核评优资格。

此次评估过程中，专家提出了很多建议，具体见表7-7：

表7-7 整改建议汇总一览表

序号	整改内容	教学部门	教务处（其他职能部门）
1	专业建设	结合社会需求、学科基础、师资和办学条件规划新专业，避免以专业作为方向	加强专业开办的规划、把关，以资源共享为目标进行专业部门布局的整合，研究解决以专业作为方向的措施
2	部门管理制度建设	以教学管理制度建设为抓手，推进部门工作	
3	部门教学档案管理	领导重视，落实人员，明确制度，明确收集范围和标准	明确标准，加强对档案管理人员的培训
4	命题、阅卷、试卷装订	领导把关，组织本部门的自查	明确试卷装订标准，引进试题库管理系统
5	课程考核方式与课程成绩构成	根据课程内容合理界定课程考核方式，强调过程考核，平时成绩体现在成绩表中	人才培养方案中应当明确课程考核方式，明确实验环节、过程考查和期末考试各项在课程总成绩构成中的比例
6	作业、实习报告等课程考核资料的保存	将此类资料与试卷一样，作为教学档案的组成部分	明确要求，加强业务指导
7	教师调、停课	高度重视，维护教学计划的严肃性	确保调整信息记录准确，做到监控全覆盖，定期公布调、停课信息
8	教师进行学生考勤统计	将此项工作提高到学风管理的高度认识	提供技术保障，将系统考勤信息与学生工作人员共享，建立学生出勤的预警机制
9	教学日历的提交方式	作为教学计划的组成部分，高度重视	明确必须在教务系统上传，供学生、管理人员和教学督导员随时查阅
10	分组课、场地课课表的提交与发布	力争在系统中编排，无法实现时及时上报	推进在系统中编排，无法编排时及时上报并在教务处网站发布
11	教务管理人员配备		根据学生人数和专业数量明确配备标准（人力资源处）
12	制定全校统一实验室资产管理制度		学校明确任务部门

六、本轮评估中存在的其他问题及改进思路

（一）评估指标体系的设计

学校教学部门评估指标体系参考部分院校的做法，具有一定程度的开创性。通过此次评估过程产生的体会是，因追求评估指标体系全面和细致，增加了实施的难度，某些指标在评价过程中较难操作。建议在此次评估的经验基础上，减少可操作性差的指标，使评估指标体系聚集于教学管理，通过评估工作推进教学管理，确保教学工作的中心地位落到实处。

（二）评估信息收集的渠道

此次评估过程中采用了四种信息收集方式，一是由教务处和评估中心提供（大多来自教务管理系统），二是由其他相关部门提供（招生就业处提供就业信息、团委提供学生获奖信息），三是由教学部门提供，四是组成专家组检查或书面评审。根据此次的经验，以后的评估应当更多地采用教务处信息，特别是教务管理系统信息。今后应当进一步建设和升级教务管理系统，对教务管理系统的信息进行统计分析，用大数据推进质量管理。教务管理系统无法提供的信息，主要通过现场检查得出，减少或避免由教学部门提供信息。

（三）学校教学评估体系的思考

开展学生学习评估项目方面，院（系）教学状态评估更多的是评价导向。目前在部分院校已经开展的一类针对学生学习的评估具有诊断导向，能够帮助学校管理部门和教师有针对性地开展教学活动。这类项目有清华大学教育研究院主导的"中国大学生学习与发展追踪研究"（China College Student Survey，CCSS）项目，此项目始于 2009 年，到2013 年已经有 75 所高校参与。经济合作与发展组织（经合组织）和欧盟推出了高等教育学习成果评估（AHELO）、培育优质教学（FQT）、多维度全球大学排行（U-Multirank）三个项目，这些项目反映了国际质量保障的共同趋势，体现了国际高等教育改革的主流方向：一是更加强调以学生发展为本位。这不仅反映在 AHELO 项目直接评价学生的学习成果上，U-Multirank 项目之中也强调"教与学"和学生满意度的调查；二是更加关注教学质量的生成过程，FQT 项目注重"培育优质教学"，AHELO 项目侧重于测试学生应用所学知识解决实际问题的能力，U-Multirank 项目强调"教与学"活动本身；三是更加突出从多视角看待大学质量。U-Multirank 强调对大学多种功能要从多维度进行评价，特别注重大学到底给学生带来了哪些变化和为社会作出了什么贡献。

参与和开展认证性评估方面，我国于 2013 年加入《华盛顿协议》，以此为契机，教育部高等教育评估中心引导高校进一步加大工程教育改革发展和质量提升工作力度，积极宣传工程教育认证，推动工程教育改革。此外，国内外许多高校开始通过 ISO9000 标准的贯彻（简称"贯标"）和认证来提高自身的工作质量及教育服务质量，实践证明是有成效的。与校内评估相比，外部认证的指标体系更为成熟，因为取得公认，能够产生更好的宣传效应。

第四节　各种教学管理制度的出台

为保障教学有序、有效地进行，学校出台了各种教学管理制度。

一、学籍管理方面

制定了《广东第二师范学院全日制学生管理规定》《广东第二师范学院专插本学生学籍管理规定（试行）》《广东第二师范学院全日制学生转专业暂行管理办法》《广东第二师范学院学士学位授予暂行办法》。

二、教务管理方面

为了规范学分制管理，根据《广东省普通高等学校学分制管理规定》和《广东省成人高等教育学分制管理暂行规定》的精神，结合学校 2010 年改制为普通本科师范院校的具体情况，对《广东教育学院学分制实施办法》（2005 年 11 月修订）进行修订，并将文件名改为"广东第二师范学院学分制实施办法（修订）"。根据学校现行分配制度，为理顺关系，简化程序，制定《广东第二师范学院公共必修课课酬划拨办法》。为规范考试试卷的批改，制定了《广东第二师范学院试卷批改基本要求（试行）》。为了规范考试管理，严肃考试纪律，强化诚信教育，维护考试的公平和公正，根据教育部《普通高等学校学生管理规定》精神，参照《国家教育考试违规处理办法》，结合学校的实际情况制定了《广东第二师范学院学生考试违规处分条例》。为了适应学校教育改革和中学师资培训发展的需要，加强师资队伍的建设，增强全体教师的工作责任心，确立正常的教学秩序，使教学和教学管理工作科学化、规范化，提高教学质量，制定了《广东第二师范学院教师教学工作规程（试行）》。为保障教学计划的执行，维护正常的教学秩序，制定了《广东第二师范学院教师调课管理办法（修订）》《广东第二师范学院教室管理办法（修订）》《广东第二师范学院课程代码编码规定（试行）》《广东第二师范学院考试试卷命题工作规范（试行）》《广东第二师范学院教学事故认定与处理条例》。为规范公共选修课（以下简称"公选课"）的教学管理，加强公选课课程建设，提高公选课教学质量，根据《广东第二师范学院学分制实施办法（修订）》的相关规定，制定了《广东第二师范学院公共选修课管理办法》。

三、教学质量管理方面

制定了《广东第二师范学院专业建设管理办法（试行）》《广东第二师范学院课程建设管理暂行办法》《广东第二师范学院教材建设与管理办法（试行）》《广东第二师范学院教学研究项目管理条例（试行）》《广东第二师范学院教学督导工作管理办法》《广东第二师范学院院（系）教学工作状态评估办法（试行）》。

四、实践教学管理方面

制定了《广东第二师范学院"大学生创新创业训练计划项目"管理办法》《广东第二师范学院"大学生创新创业训练计划项目"工作方案》《广东第二师范学院校外实践教学基地建设与管理办法（试行）》《广东第二师范学院实验教学管理规定（试行）》《广东第二师范学院综合性、设计性实验认定管理办法》《广东第二师范学院教育实习工作规定》《广东第二师范学院本科学生课外创新实践学分实施细则（试行）》《广东第二师范学院本科生毕业论文（设计）管理办法（试行）》《广东第二师范学院优秀毕业论文（设计）评选实施办法（试行）》。

五、其他方面

为了全面贯彻国家的各项教育法规，适应高等教育改革和发展的需要，加强对学校教学工作的指导，提高人才培养质量，学校设立教学指导委员会。教学指导委员会是对学校的教学工作进行指导、监督、审议、评估、调研和咨询的专门机构，为此，制定了《广东第二师范学院教学指导委员会章程》。

根据《中华人民共和国学位条例》和《中华人民共和国学位条例暂行实施办法》的有关规定，设立广东第二师范学院学位评定委员会和分委员会。学位评定委员会是学校决定授予或撤销学位和审议有关学位工作的权力机构。学位评定委员会和分委员会的工作宗旨是贯彻执行国家有关学位政策和法规，规范学位授予行为，保证学位授予质量，为此，制定了《广东第二师范学院学位评定委员会章程》。

设置二级学院，是学校"十二五"战略重点之一，也是调整优化校内机构的重要举措。二级学院的设置，有利于加强学科与专业的整合力度，有利于进一步理顺校、院（系）两级管理关系，推进管理重心适度下移，加大二级学院在组织教学、科研、学科建设、队伍建设、学生管理与服务、自主经费的分配与使用以及人员聘任、考核、奖惩等方面的权力和责任，增强二级学院的办学活力及自我发展、自我约束的能力。为规范二级学院设置，特制定《广东第二师范学院二级学院设置办法》。为进一步加强教研室的建设和管理，充分发挥其在教学、教研和教改，以及科研活动中的组织和管理作用，根据《高等学校教学管理要点》的有关规定，结合学校实际，特制定《广东第二师范学院教研室建设与管理办法（试行）》，以上制度文件的制定有效保证了学校教学工作的正常秩序和合理开展。

第八章

学校社会服务工作的新局面

第一节　培训工作的新突破：
全方位、多层次、多种类的培训格局

师资培训是广东第二师范学院事业发展的重要工作，是学校几十年来赖以生存发展的基础事业，也是学校最为鲜明、突出的办学特色。2002年学校改制工作启动时，国家教育部、广东省教育厅领导均寄望学校能保持这一优势特色。因此，学校建校60年来始终坚持这一办学方向和特色，始终秉持加强师资培训和干部培训作为学校培训工作的主要内容，服务社会、服务广东省基础教育，辐射全国，在取得良好的经济效益、社会效益的同时也赢得了良好的声誉。尤其是近十年来，随着改制成功，学校承担国家级培训任务迅速增加、培训模式不断创新、培训规模迅猛发展，学校已经成为省内外乃至全国影响力大增的教育培训单位。

一、培训业务的新突破：培训处的成立与工作拓展

为了把培训业务做强做大，学校根据形势发展的要求，独立设置了培训处，集中力量，集中资源统筹学校的师资培训、干部培训和各类社会培训工作。2006年3月23日，中共广东教育学院委员会下发《关于成立学院培训处的通知》（粤教院党〔2006〕11号）。根据学校培训工作任务发展的需要，经学校党委会议研究决定成立培训处。机构设置如下：培训处与广东省中小学校长培训中心办公室合署；培训处下设三个科——干部培训科、师资培训科、职业技术培训科，原教务处培训科的干部全部划归培训处。培训处的设立使学校培训工作迈入上规模、创新模式的快车道。

2006年学校完成了广东省基础教育新课程实验研修培训2 648人，高中新任教师培训856人，中小学骨干教师培训318人，教师转岗等培训500多人次。

2007年由于学校的校舍等资源比较紧张，培训工作遇到了前所未有的困难。培训处和相关的学系、部门共同努力，想方设法克服困难，积极拓展教师培训领域，开展了多种类型的教师培训项目，获得了较好的社会效益和经济效益：①在省教育厅教育装备中心的支持下，学校积极开拓了实验教师培训领域。举办了五期普通高中实验教师培训班，共培训普通高中实验教师（含实验管理员）662人。②举办了首期佛山市普通高中实验教师培训班，共培训实验教师107人。此次培训是省级培训和区域培训相结合的一种创新培训模式，把实验教师省级培训的经验与佛山市实验教学的实际情况结合起来，针对性非常强，同时也扩大了实验教师培训的成果。③举办了全省高中新任教师培训班，共培训高中12个学科新任教师940人。④受省教育厅教研室的委托，举办了有183人参加的第二期中小学教学研究"十一五"规划课题主持人和教研骨干研修班，对推动广东省中小学教师教研能力的不断提升有着重要的意义，得到教育厅刘育民副厅长的充分肯定，他建议每年举办一期。⑤承担了11个学科550名中小学骨干教师的省级培训任务。⑥积极开拓职业技术培训。为提高学校普高学生的就业竞争力，培训处积极联系开

展相关职业资格考证工作，当年累计有"中国商业技师协会全国办证中心""广东省农业厅职业技能培训鉴定中心""全国心理咨询职业资格考评委员会广东省鉴定中心"等机构在学校设点开展职业培训、考证工作。⑦外事培训也拓展了新的业务范围。在省教育厅和英国驻广州总领事馆文化教育交流处的支持下，学校利用自身在对外汉语教学方面的优势和经验，由学校外事办牵头，学校对外汉语培训交流中心主办了"2007年中英合作英语助教汉语言文化培训班"，学员由英国助教（共10人，占本年度该项目总人数的53%）组成。

2008年，培训工作积极拓宽教师培训领域，进一步凸显学校办学特色。举办了中小学骨干教师省级培训、全省高中实验教师培训、全省高中新任教师培训等共65个项目（其中，省级项目45个，与东莞合作项目12个，各系自主开发的专题项目8个），共培训6 207人次。另外，学校还承办了省教育厅组织的第五届广东省中小学音乐、美术教师基本功比赛，得到省教育厅领导的充分肯定。

2009年，通过积极开拓，传统培训领域得到进一步拓展和提升，包括名校长工作室、名教师工作室、高中教师远程职务培训、校本培训等多个新项目得以启动。这一年培训工作的特点有：一是规模大，其中培训教师70 367人次，超额完成了年初设定的增长30%的目标；二是项目多，其中体育教师培训、骨干教师培训、班主任培训和实验教师培训已经成为品牌项目。这些特点进一步彰显出学校在全省基础教育培训中的创新能力和地位。另外，学校培训处抓住教育发展的需要，与广东省教育基金会合作，及时推出革命老区、边远山区农村小学校长培训项目，有效地推动了义务教育的均衡发展。

2010年，继续扩大培训规模，创新培训模式。先后在学校广州南站地区教育实验区、学校番禺附属中学和潮州、云浮、罗定、佛山南海、肇庆高要、梅州等地举办"名师大讲堂"；召开校本培训广州现场会、深圳研讨会；完成了广东省首批45名"名教师工作室"的挂牌，启动了500名骨干教师进入工作室培训；普通高中教师网络培训项目规模扩大。2010年共培训159 721人次，培训经费总额1 934.7万元，比上一年增长464万元，增幅为31.5%，超额完成了原计划提出的增幅30%的目标。

2011年，积极迎接新的挑战，加强质量管理，培训工作获得了较好的社会效益和经济效益。培训人数再次超过15万人次；培训经费总额2 300多万元，比上年增长了21.43%，超额完成了原定15%的增长目标。培训工作的亮点主要体现在以下几个方面：争取到一项幼儿园教师培训的国培计划项目；校本培训成功推出"宝安教师培训模式"，把"示范带动、区域联动"效应落在实处。

2012年，成功申报并获得"国培计划"——示范性集中培训项目培训机构资质，形成了国培、省培、市培、校培并举的良好格局。承担多项"国培计划"项目和省、市"百千万人才培养工程"项目，全面提升了学校执行重大项目的能力。这一年，培训规模再创新高，共举办校长、教师培训班150多个，培训人数超过20万人次，经费总额5 893万元，比2011年分别增长30%和150%。

2013年，共举办中小学校长、教师培训班100多个，培训人数达177 710人次，培训经费为7 340.259 7万元，与上年同期相比，虽然培训人数下降了11.82%，但培训收入却增长了 23.39%，逐步实现了从外延式培训向内涵式发展的转型。主办"南粤名师大讲堂"，以点带面，引领基础教育的发展。组织了多名省内名师和专家到学校番禺附属中学进行了"有效课堂教学策略"等专题研讨，还举行了九个学科共九场名师大讲堂活动，共有 1 200 多名中小学教师参与活动。

2014 年，在国家级、省级、市级、区级培训工作上均有所突破和创新，全年培训人数达 25 万人次，成为全省乃至全国培训规模最大的院校之一。

2015 年上半年，举办各种培训班 93 个，培训人数达 34 556 人次。其中，校长部举办 16 个校长培训班，共面授培训 706 人次；教师部举办培训项目 40 多个，培训 9 872 人次。

二、干部培训工作的新发展：广东省中小学校长培训中心

广东省中小学校长培训中心原名为"广东省中小学校长培训指导中心"，1991 年由原广东省教育厅根据制度化中小学校长培训的需要而建立，中心办公室设在广东教育学院。2004 年 4 月，省教育厅下发粤教继〔2004〕5 号文，决定将原广东省中小学校长培训指导中心更名为"广东省中小学校长培训中心"（简称"中心"），中心挂靠广东教育学院（即现广东第二师范学院）。

中心自组建以来，在省教育厅特别是省教师继续教育指导中心的直接领导和具体指导下做了大量工作，包括完善校长任职资格培训、校长提高培训及校长高级研修培训三类培训体系，成功探索出了校长跟岗实践培训、校长工作室入室培养等多种创新培训模式；积极投入建设并维护广东省中小学校长培训网站，建立并不断更新校长培训信息库、培训资源库等。

2005 年，为进一步加强中小学校长培训工作的针对性和实效性，为中小学校长培训的实践锻炼提供实践场地和载体，中心协助教育厅遴选并经专家评议审定，最终确定了全省 40 所中小学校作为首批校长培训实践基地。在省教育厅的大力支持下，中心组织成立了中小学校长培训专家指导委员会。为发挥中心对全省校长培训工作的信息功能，经教育厅批准，中心主办的广东省中小学校长培训网站正式开通。中心成功举办各类校长培训班，并承办了首届"泛珠三角区域中小学校长论坛"。

2006 年，为进一步推动校长培训工作，促进校长专业成长，中心制定了客座教授聘用办法，并为 20 名中小学校长颁发了客座教授的聘书。中心组织了广东省首批欠发达地区 29 名中小学校长赴广东省中小学校长培训实践基地进行挂职锻炼。启动了广东省市县（区）教育局长的培训，中心承办两期广东省市县（区）教育局长培训班，全省共109 名主管基础教育的局（副）长参加了培训。校长培训领域继续拓宽，校长培训模式不断创新。完成了 1 126 人次的校长（含民办学校校长、民办幼儿园园长）任职资格培训、提高培训；中英合作校长培训项目保持了良好的发展势头，完成了两批共 44 位中学校长赴英国培训；与英国驻广州总领事馆文化教育交流处联合举办了中英校长论坛，扩大了校长培训的国际交流；与省教育厅合作，成功举办了粤澳校长论坛；承办了广东省中小学法制副校长培训班，培训 404 人。

2007 年，中心承办了全国校长培训工作第九次年会暨教育行政干部培训研讨会。举办市县区校长培训机构的管理人员和专任教师培训班，提高培训管理者和培训者的素质。中小学校长实践锻炼成为 2007 年全省校长培训的一个亮点。当年组织的广东省中小学校长实践锻炼活动包括省内挂职锻炼和省外跟岗学习两大类别，共有 79 名校长接受了实践锻炼模式的培训。同时选派 37 名珠三角地区的校长赴江苏和浙江进行跟岗学习。参加实践锻炼的校长们普遍感觉收获很大，各地教育局向省教育厅反馈此项目的积极成果，时任教育厅厅长罗伟其对本项目给予充分肯定，指示 2008 年要进一步扩大此项目的培训规模。全年各种层次和类型的校长培训规模达到 1 054 人次。

2008 年，完成各类校长培训 2 083 人次。主要项目有：①组织 60 名山区（农村）校长到广东省中小学校长培训中心实践基地挂职学习。②启动山区（农村）初中校长提高培训项目。广东省第一期农村校长提高班有 149 名初中校长参加了培训，效果良好。③积极探索农村校长队伍建设新模式。义务为阳春市教育局组织全市中小学校长提高班，培训 500 人，义务组织阳春市 30 名中小学校长到广州、深圳等地跟岗学习。④挂职锻炼项目进一步扩大，除了江苏、浙江外，增加了上海、湖北等地作为挂职培训和异地合作培训的新地区，组织 123 名校长到江苏、北京等地参加异地跟岗学习。⑤组织 23 名校长到英国剑桥国家校长培训学院进行培训，开拓国际视野，学习先进的办学理念。⑥做好校长常规培训。有 159 名参加任职资格培训，120 名参加提高培训，150 名参加高级研修培训，209 名民办学校校长任职资格培训，承担各地委托培训校长 709 人。⑦进一步扩大校长实践基地，广东省中小学校长培训实践基地学校的数量由原来的 40 所增加到 71 所。

2009 年，中心成功启动广东省革命老区、边远山区村小校长素质提升工程，该项目由省教育厅和省教育基金会共同实施，计划用三年时间，分期分批对革命老区、边远山区县农村村小校长进行轮训。义务支持农村山区县的培训工作，对阳春市 500 名教导主任、德育主任进行专题培训，并在阳春市建立三所促进教师专业发展实验学校。全省 10 所中小学校长培训实践基地被教育部挂牌命名为"教育部—中国移动校长影子培训项目"中西部校长培训实践基地，首批入粤参加影子培训的 40 多名校长分别来自陕西、四川、广西、甘肃、重庆、青海等地。

2010 年，全省首批中小学校长工作室培养工程正式启动，省教育厅批准了 33 个"中小学校长工作室"主持人，启动了 100 名优秀校长进入工作室培训，充分发挥工作室平台作用，加快培养一支适应素质教育要求、有教育家素养的中小学校长队伍。为完善中小学校长工作室培养机制，中心组织首批工作室主持人赴北京进行交流考察活动。

2011 年，中心全年组织校长共 1 908 人次参加了各类培训，其中，460 名农村地区的中小学校长赴广东省中小学校长培训实践基地进行挂职锻炼，200 名中小学校长到江苏、浙江、山东、北京等地进行异地跟岗学习。同时，受江苏省教育厅的委托，组织了 142 名江苏省骨干校长赴珠三角 22 所基地学校进行跟岗学习。京、苏、粤中小学校长混合跟岗培训，开拓了校长培训跨区域互动成长的新领域。

2012 年，共举办 24 个培训班，培训 2 100 人次。组织 62 名校长工作室主持人及培养对象赴澳大利亚、法国、北欧、东欧等国家和地区教育培训和考察学习，进一步开阔了视野，启迪了智慧。

2013 年，来自东西部 12 个省的 49 名中小学校长到学校参加教育部—农村校长助力工程培训项目。继续执行实施"教育部—中国移动校长影子培训项目"，组织了来自广西、海南、云南三省 50 名中小学校长赴珠三角基地学校进行跟岗学习。首批广东省校长工作室百人培养工程圆满收官，并遴选出 35 名优秀学员。中心成功主办了 2013 年中美校长论坛，8 所美国大学及中学校长、部分省校长工作室主持人和实践培训基地校长、学生代表等 180 余人参加了此次盛会。

2014 年，中心以提升中小学校长能力建设为重点，以促进学校内涵式发展为核心，以提高教育质量、促进全省教育均衡发展为根本，共举办校长培训班 12 个，培训 1 176 人次。

2015 年，经教育部评审通过，中心成为全国首期 8 个中小学名校长领航工程培养基地之一。中小学校长任职资格培训新模式取得新的阶段性成果——《广东省中小学（含中等职业学校）校长任职资格培训指导意见》颁布实施，为规范广东省中小学校长任职资格培训，提高中小学校长队伍的整体水平起到了重要作用。省教育厅批准并公布了广东省第二批中小学校长工作室主持人名单，充分发挥名校长引领示范作用。

十年来，中心不断摸索完善广东省中小学校长培训模式和方法，构建了行之有效的多层次的培训平台：任职资格培训、省内挂职学习——培养合格校长的有效平台；提高研修、省外跟岗学习——校长提高培训的有效平台；高级研修、校长工作室培养、赴英培训——培养优秀校长和教育家型素质校长的平台。通过多方面努力，中心在推动广东省中小学校长培训工作，打造品牌方面作出了积极的贡献，进一步提升了广东省中小学校长培训工作在全国范围的知名度和影响力。

三、师资培训工作的新起点：广东省普通高中教师职务培训项目协作组

2008 年，广东省教育厅制定和印发了《关于进一步加强我省高中教师继续教育工作的意见》，明确了高中教师培训的职责分工，对创新培训内容和形式、建立高中教师培训机制、落实高中教师培训措施提出了明确的要求。按照省教育厅文件的精神，培训工作由广东第二师范学院（原广东教育学院）、华南师范大学、广州大学、深圳大学、韩山师范学院、岭南师范学院（原湛江师范学院）、佛山科学技术学院、肇庆学院、惠州学院、嘉应学院、广东石油化工学院（原茂名学院）、韶关学院这 12 所高校共同承担。在广东省普通高中教师职务培训项目协作组（由 12 所高校培训部门负责人组成）的组织协调下，各高校密切合作，共同研制培训方案、确定培训内容、组织培训学习活动。

2009 年，广东普通高中教师职务培训工作正式启动，省教育厅牵头成立了广东省普通高中教师职务培训项目协作组。高中教师职务培训工作的培训目标是以更新高中教师专业知识结构和提高学科教学质量为主线，通过培训帮助教师提高学科素养和教学业务水平，更新教育理念，增强解决实际问题的能力；课程结构为"三大专题、两大类课程"；培训内容为语文、数学、英语、物理、化学、生物、政治、历史、地理、音乐、

美术、体育、通用技术、信息技术、综合实践 15 个学科及通识课程；培训专家组以华南师范大学、广东第二师范学院、广州大学、深圳大学的专家教授为主体，组成了 50 多人的专家团队，承担开发制作地方课程、组织骨干培训者备课活动、引领培训学习过程、总结分析培训经验等工作，解决了远程培训最为困难的学科课程与专业引领问题；培训辅导教师团队以 12 所高校的学科教师为主体，按照培训方案和实施计划进行了教学组织、学习辅导、交流研讨等培训工作；引入全国中小学教师继续教育网作为培训平台，保障了培训工作的顺利开展。广东省 2009 年普通高中教师职务培训于 6 月 15 日至 7 月 15 日开展，共培训了全省普通高中学科教师 48 204 人。

2010 年培训时间为 11 月 1—30 日，来自全省 18 个地市、629 所高中学校的 43 542 名高中教师参加了培训，合格率达到 98.42%，优良率达到 74.30%。

2011 年，根据《广东省教育厅关于大力加强"十二五"中小学教师培训工作的意见》（粤教继〔2011〕22 号），加强了对中小学教师培训工作的指导力度。2011 年培训时间为 11 月 15—25 日，全省来自 22 个地市及包括华南师范大学附属中学、广东省实验中学这两所学校在内的 752 所高中学校的 41 747 名学员上网注册学习，注册率为 99.54%；合格人数为 40 489 人，合格率达到 96.99%；优秀人数为 15 733 人，优秀率为 37.69%。本次培训投放平台的课程模块共 217 个，是广东省学科专家团队自主开发或精选来自全国继教网的优秀资源，其中广东专家团队新开发课程模块 89 个。

2012 年，《广东省人民政府关于全面实施"强师工程"建设高素质专业化教师队伍的意见》（粤府〔2012〕99 号）、《广东省"强师工程"实施方案》（粤教师〔2012〕10 号）发布，对广东省教师培训工作作出规划和指示，进一步推动了广东省高中教师职务培训项目的开展。根据高中教师的培训时间需求，高中教师职务培训从 2012 年开始每年举办两期，并开始开发符合广东教育情况的课程，每年向项目专家组征集广东课程。2012 年第一期培训时间为 7 月 1—15 日，全省来自 17 个地市，包括华南师范大学附属中学在内的共 481 所高中学校参加，14 021 名学员上网注册学习，注册率为 99.74%；共有 13 699 名学员参训合格，合格率为 97.7%，优秀率 31.11%。第二期培训时间为 11 月 1—30 日，全省共有 22 个地市及包括华南师范大学附属中学、广东省实验中学在内共 471 所高中学校的 25 788 名学员通过注册，参与了学习。合格人数为 25 499 人，合格率达 98.88%；优秀学员人数为 7 960 人，优秀率为 30.87%。

2013 年，项目组引入竞争机制，增加了中国教师教育网作为培训平台，并开发了培训效果调查问卷，对培训效果进行调查分析，对培训工作进行总结和归纳，为此后的培训工作提供经验借鉴。当年第一期培训时间为 7 月 1—21 日，全省 14 个地市的 536 所高中学校共 33 978 名高中教师报名参加培训，实际上线 36 198 人；共 33 573 名学员经考核合格，合格率为 92.75%，优秀率 34.37%。第二期培训时间为 11 月 1—30 日，全省来自 21 个地市及包括华南师范大学附属中学、广东省实验中学在内的 536 所高中学校共 29 106 名高中教师报名参加培训，实际上线 27 673 人，共 27 097 人合格，合格率为 97.92%，优秀率为 40.88%。至此，连同"基于项目的学习"（PBA）全年参加培训 14 431 人，2013 年高中教师培训参加培训学员总计 78 302 人。

2014 年，第一期培训时间为 7 月 1—15 日，全省 15 个地市及包括华南师范大学附属中学在内共 44 613 名高中教师报名，实际上线 43 135 人；共有 42 723 人取得合格，合格率为 99.04%，优秀率为 36.08%。自 2009 年该项目正式启动以来，当年第一期的合格率为历年最高。第二期培训时间为 11 月 1—30 日，来自全省 19 个地市包括华南师范大学附属中学、广东省实验中学在内的共 410 所高中学校的 26 001 名高中教师报名，实际上线人数26 529人，共 26 254 人合格，合格率为 98.96%，优秀率为 36.56%。全年合计 68 977 人合格，连同"基于项目的学习"（PBA）全年参加培训 10 661 人，2014 年高中教师培训参加培训学员总计 80 325 人。

2015 年，第一期培训时间为 5 月 5—29 日，全省 15 个地市以及包括两所省属高中学校在内共 37 530 名学员报名，最终上线 36 541 人，上线率为 97.36%。36 418 名学员合格，合格率达到了 99.66%。15 761 名学员考核达到优秀，优秀率为 43.13%。

经过七年的课程建设与探索，广东省普通高中教师职务培训在课程类型上逐渐形成了专题讲座与名师课堂两类课程类型与相应的内容要求，培训向国培靠拢，课程内容与国培课程标准的三大维度接轨，形成了"三大维度、两类课程"的新型课程结构模式。通过培训，帮助参加培训的学员提升专业理论、师德修养；拓宽学科视野，更新和扩展学科知识；提高教育教学和教学研究能力，发挥其应有的示范引领作用。通过培训，进一步提高广大教师实施新课程的能力，推动广东省高中课程改革向纵深方向发展。

四、校本培训的新开拓：广东省中小学校本培训项目管理办公室的设立与成效

为了进一步推进广东省中小学校本培训工作，2009 年省教育厅教师继续教育指导中心指导成立了广东省中小学校本培训项目管理办公室（以下简称"项目办"），该办公室设立在学校。

2009 年 2 月，根据《关于开展首批广东省中小学教师继续教育校本培训示范校评选工作的通知》（粤教继〔2008〕29 号），认定广州市东风西路小学等 371 所学校为首批广东省中小学教师继续教育校本培训示范学校。项目办通过科研课题指导、校本培训现场会、校本示范学校研修班、校本培训网上指导交流等形式，加强校本培训示范学校之间的学习交流研讨，促进示范校创新校本培训新思路，增加示范校之间的经验交流，逐步探索出示范带动的有效途径。

2013 年，在省教育厅教师继续教育指导中心的指导下，项目办与中国教师研修网合作，建立并完善广东省校本培训示范学校网络研修项目平台，提供优质课程和资源，实现网络研修和校本培训整合培训。同时，项目办建立广东省中小学校本培训 QQ 群，及时发布校本培训工作相关信息，推动各示范校实现实时交流以及资源共享。项目办也建立校本培训专家资源库，为校本培训工作的开展提供智力支持，利用专家到校现场诊断的方式，提供学校现场指导。另外，规范对校本培训示范校的管理，按时进行考评表彰工作。

2015 年，为贯彻落实国务院《乡村教师支持计划（2015—2020 年）》，大力提升乡

村教师的教育教学能力，进一步缩小城乡教育的差距，促进优质均衡发展，决定371所校本培训示范校以结对子的方式，由示范学校带动乡镇学校，开展研训用一体的网络研修活动。

项目办校本培训工作充分体现了"示范带动、区域联动、全面推动"的特点，解决了五个建设问题——平台、课程、模式、骨干、种子，充分发挥示范校的区域带动作用，给予学校充分自主空间，充分发挥信息技术的优势、线上线下相结合，利用分析数据提供支持，达到全面推进广东省校本培训工作开展的目的。

五、师训模式的新探索：省级中小学教师发展中心的创建

广东第二师范学院省级中小学教师发展中心（以下简称"省级中小学教师发展中心"）是省教育厅于2014年12月22日公示成立的、面向全省重点建设的中小学教师发展中心。省级中小学教师发展中心专注于全省中小学教师持续发展需要和专业能力的提升，以中小学教师（校长）专业标准为依据，以整合大教育优势资源为基础，以推动建设市、县教育实验区为抓手，重点建构涵盖教师教育资源、教师（校长）培训与指导、教师与学校发展测评三大功能的新体系，最终形成职前职后有机衔接、师范院校—地方教育行政部门—中小学校有效联动的省级中小学教师发展中心。该中心将凭借雄厚的师资力量及先进的教育理念，推进中小学教师教育专业的发展，提升中小学教师队伍的整体素质。

（一）省级中小学教师发展中心建设内容

开展各级委托的教师发展诊断、制定区域教师发展规划；制定教师培训机构、课程与师资认定标准；研究教师能力测评工具、推动教师发展质量监测与评价；开展教育政策与制度实施效果研究，打造教师专业发展研究智库。

（二）省级中小学教师发展中心组织框架

基于"多功能""大视野"和"高效能"原则，该中心于2015年3月搭建了学校层面的组织框架，成立了由"一组三会"和"一室三部"构成的组织架构，以确保中心职能和建设目标落到实处。组织架构由决策层和执行层组成，其中，决策层由"一组三会"构成，学校成立由校领导和相关部门负责人组成的领导小组作为最高决策机构，领导小组下设"三会"：一是理事会，由本校、教育行政部门和中小学校三方代表组成，负责评议和协调；二是政策研究委员会，由专业人士组成，负责提供决策咨询，主要为理事会和领导小组服务；三是学科指导委员会，由学科专家组成，负责指导学科培训工作，主要为下属"三部"服务。

执行层由"一室三部"构成：一是办公室，挂靠培训处，负责综合协调，检查督导；二是基础教育资源开发与咨询部，依托图书馆基础教育资料中心和远程教育网进行建设，由国际教育学院、图书馆和远程教育中心三家组成的专责小组负责；三是教师培训与指导部，依托学校各二级教学部门和各项目机构，由培训处负责统筹和组织实施；三是教师专业能力研究与测评部，以教育学院专家为主体，依托校内外专业力量开展研

究，依托远程教育中心开展在线测试服务，由教务处、教育学院、教育发展力研修学院、远程教育中心组成的专责小组负责。

六、网络培训的新理念：依托互联网快速发展的远程教育中心

2004 年，教育部颁发《中小学教师教育技术能力标准（试行）》；2005 年，教育部发布《关于启动实施全国中小学教师教育技术能力建设计划的通知》（教师〔2005〕5号），决定全面启动中小学教师教育技术能力建设培训。

2006 年，广东省发布《关于启动实施广东省中小学教师教育技术能力建设项目的通知》，计划用三年时间完成中小学教师教育技术能力建设培训。为了推进教育技术项目在广东省的顺利实施，省教育厅设立广东省中小学教师教育技术能力建设项目办公室（以下简称"省项目办"），挂靠广东第二师范学院（原广东教育学院），与计算机科学系合署办公，负责组织全省中小学教师教育技术能力建设培训，同时承担英特尔未来教育项目广东省执行机构的职责。

2009 年 6 月 5 日，经学校院长办公会议审议决定，省项目办单独设置、独立运作。

2010 年，省项目办成为教育部—微软（中国）"携手助学"项目广东省执行机构。

2010 年 11 月 19 日，经校长办公会议研究决定，设立广东第二师范学院远程教育中心（以下简称"远程教育中心"），与省项目办合署办公。远程教育中心负责筹建学校远程教育网、开展中小学教师远程教育业务，并在全省范围内组织实施英特尔未来教育项目、教育部—微软（中国）"携手助学"项目。

2011 年，远程教育中心被教育部认定为教育部—乐高"技术教育创新人才培养计划"区域性培训基地，成为乐高项目广东省执行机构。

2013 年 10 月，教育部颁发《关于实施全国中小学教师信息技术应用能力提升工程的意见》（教师〔2013〕13号），决定开展全国中小学教师信息技术应用能力提升工程，通过新一轮教师培训，提升教师信息技术应用能力、学科教学能力和专业自主发展能力，建立教师主动应用机制，促进信息技术与教育教学的融合。

2014 年，广东省正式启动"提升工程"，设立工程办，挂靠广东第二师范学院，并由远程教育中心承担"提升工程"具体实施工作。

经过多年运作，远程教育中心已建有专业的培训管理、培训师资、资源开发与技术研发团队。基于中小学教师远程培训经验的积累和对教育个性化需求的不懈探索与研究，远程教育中心开发了一系列拥有自主知识产权的核心技术平台和优质培训课程，能独立或同时提供硬件与网络环境、远程培训应用系统开发、数字化教育资源开发、培训管理与支持、运行维护和客服支持等服务，为中小学教师提供了全方位的继续教育学习与支持服务。

截至 2015 年，远程教育中心已构建起纵深化的教师培训业务体系，包括教育部权威培训项目、省级教师培训项目，并为各地市、区县打造优质培训项目。主要有：广东省中小学教师教育技术能力建设培训项目、英特尔未来教育项目、教育部—微软（中国）"携手助学"培训项目、教育部—乐高"技术教育创新人才培养计划"培训项目、广东

省农村中小学教师置换培训项目、广东省小学全科骨干教师培训项目、广东省中小学骨干教师科研能力提升专项培训项目、广东省"提升工程"骨干培训者及学科教师培训项目、"名校长、名教师、名班主任"培养工程、班主任业务能力提升项目等。基于自身的核心技术平台、优质培训课程以及完善的培训管理与客户服务，远程教育中心在教师远程培训上成效显著，在全省21个地级市及顺德区广泛开展培训，并逐步承担全国范围内的教师远程培训项目，已完成各项培训110万人次。

远程教育中心的课程建设近年来也取得长足的发展，建成了完善的远程培训资源开发、评审与管理机制，并积极整合优秀资源，走共同发展之路，在课程与资源建设上与美国培生（Pearson）教育集团、丹麦乐高（Lego）集团、英特尔公司（Intel）、微软公司（Microsoft）、中国语言资源开发应用中心研究院、北京师范大学、华东师范大学等开展深度合作。远程教育中心现建有500多门课程，其中自主开发课程400多门，累计超过15 000学时，能向教师提供"自主性、开放性、菜单式"的海量课程。

受省教育厅的委托，远程教育中心开始承担广东省中小学教师继续教育管理信息系统的开发工作，并于2011年试行。广东省中小学教师继续教育管理信息系统主要包括信息管理系统、远程培训系统、个人中心和资源评审系统，实现全省基础数据统一管理、培训项目统一管理、继续教育学时统一管理，是广东省教育信息化管理的重要组成部分。

为实现广东省"提升工程"的信息化管理，以广东省中小学教师继续教育管理信息系统为基础，按教育部及广东省"提升工程"领导小组的要求，远程教育中心开发了"提升工程"信息化管理公共服务平台，实现"提升工程"项目组织统一管理、项目资源统一管理、学员能力测评统一管理，并通过平台对培训机构实行绩效评估，实现培训成果统一管理。

以广东省中小学教师继续教育管理信息系统为基础，远程教育中心建成了完善的数字化学习体系，为中小学教师个人学习搭建了包括个人中心、测评系统、选课系统、课程超市、学习平台、教师工作坊、校本培训社区、区域研修社区、教务管理系统在内的九大学习系统，服务于教师专业发展。

近十年来，远程教育中心主要的培训项目有：

（1）广东省中小学教师教育技术能力建设培训项目。2006—2014年，远程教育中心以远程培训的形式，在广东省范围内开展教育技术培训，共培训61.7万人次，覆盖广东省21个地市及顺德区，完成广东省教育技术能力培训任务。在项目实施过程中，鼓励教学实践应用，积极推动项目成果应用。通过举办教师教育技术项目教学应用创新竞赛，开展创建教育技术示范区和示范校活动，促进培训成果的推广和应用。

（2）教育部—微软（中国）"携手助学"培训项目。教育部—微软（中国）"携手助学"培训项目旨在充分发挥微软的技术优势，以《中小学教师教育技术能力标准（试行）》为依据，配合《全国中小学教师教育技术能力建设计划》的实施，通过教育技术能力培训有效提高中小学教师教育技术应用能力，促进信息技术在教学中的有效运用，提高广大教师实施素质教育的能力水平。

2010年，远程教育中心开始承担广东省微软项目教师培训任务，对广东省学科教师与信息技术教师采用30天网络模式进行培训，2010—2014年，共计培训32 113人。

（3）英特尔未来教育项目。英特尔未来教育项目是英特尔公司为教师专业发展而开发的课程，旨在帮助教育工作者学习如何有效地将信息技术和资源融入他们的教学中，开展以学生为中心的教学活动，从而培养学生适应21世纪发展的素养与技能，是在中国统一开展的规模最大的国际合作教师培训项目。

2004年，学校计算机科学系成为英特尔未来教育项目广东省执行机构，在全省范围内进行项目推广与教师培训。截至2014年，已在全省范围内培训超过22万人次，成为广东省教师继续教育培训中的品牌项目。在做好培训的同时，远程教育中心积极推动英特尔项目的教学应用，并取得了一系列的成果。

（4）教育部—乐高"技术教育创新人才培养计划"培训项目。教育部—乐高"技术教育创新人才培养计划"（简称"乐高项目"）是教育部与乐高集团及乐高基金会采用创新教育模式培养中小学及幼儿园教师创新教育能力的国家级培训项目。

2011年，远程教育中心被教育部认定为首批教育部—乐高"技术教育创新人才培养计划"区域性技术教育教师培训基地，作为乐高培训项目省级执行机构，在全省开展乐高教师培训项目。2014年，远程教育中心以良好的培训效果得到教育部及乐高集团的认可，被认定为教育部—乐高"技术教育创新人才培养计划"2014年度教师培训项目全国执行机构。

2015年，远程教育中心继续完善乐高项目的顶层设计，基于项目调研结果对课程及研修平台进行优化，继续开发新课程，并做好2015年全国180名骨干教师与18 000名学科教师的乐高项目培训工作。

（5）中小学教师信息技术应用能力提升工程培训。2013年，根据《教育部关于实施全国中小学教师信息技术应用能力提升工程的意见》的要求，广东省正式启动中小学教师信息技术应用能力提升工程（以下简称"提升工程"），计划到2017年底，完成全省110万中小学（含幼儿园）教师信息技术应用能力提升全员培训和测评。

2014年，远程教育中心开始承担"提升工程"省级项目，完成对广东省2 200名骨干教师的培训，其中包括"信息化课堂中的合作学习"专题培训700名，"21世纪课堂评价"专题培训700名，"基于项目的学习（PBA）"专题培训500名，"基于数据的批判性思维"专题培训300名。

"提升工程"和乐高项目完成广东省800名幼儿园及小学骨干教师培训，其中包括乐高幼儿园骨干教师培训400名，乐高小学骨干教师培训400名。

2015年，远程教育中心作为学校培训执行机构，通过竞争性申报成为"提升工程"省级项目承担单位之一，继续承担"提升工程"相关省级培训项目5个，培训人数2 000余人次。

（6）美国培生教育集团英语教师教学法TDI培训项目。英语教师教学法在线交互课程（以下简称"TDI课程"）是远程教育中心与美国培生教育集团合作的、面向英语教师的高端在线培训交互课程。该课程注重提高英语教师在听、说、读、写等英语教学方面的课堂设计能力，实现有效的英语课堂教学。TDI 课程荣获了美国 Computed Learning Center 颁发的 ESSIE AWARD 奖（Best Educational Software Award），在多个国家里被用作英语教师的权威培训课程。

TDI 课程采用"网上学习＋网上辅导＋面授"混合方式进行培训。截至 2015 年 9 月，远程教育中心共计培训 2 150 人。

七、中小学德育管理干部培训的新创造：广东省中小学德育研究与指导中心

2006 年 7 月，省教育厅为了更好地贯彻落实《中共中央国务院关于进一步加强和改革未成年人思想道德建设的若干意见》，加强和改进全省中小学德育工作，依托学校中小学德育管理干部研究与指导的有效资源，成立"广东省中小学德育研究与指导中心"（以下简称"省德育中心"）并设在学校。省德育中心成立近十年来，围绕省中小学德育管理干部专业能力提升这一主题，开展了内容丰富和形式多样的培训工作，开创了学校中小学德育管理干部培训的新局面。

2011 年 7 月，为适应广东省中小学德育管理干部专业能力提升的新形势和新要求，省教育厅调整和充实了省德育中心的领导机构和工作机构。现行组织架构和各部门的职责如下：

领导机构：
中心主任韩东才，中心主任助理王颖，中心副主任王小棉、李季、殷丽萍
工作机构：
中心办公室主任殷丽萍（兼），研究部主任李季（兼），培训部主任王蕙，家庭教育研究部主任王小棉（兼），办公室秘书梁银妹

中心成立以后，主要开展了以下培训活动：

（1）实施广东省中小学名班主任培养工程。2006 年 7 月，正式启动了广东省中小学名班主任培养工程。为实施"广东省中小学班主任能力建设计划"，培养造就一批师德高尚、专业能力强、富有教育智慧、在省内外有较高知名度和影响力的班主任工作带头人，示范、引领和带动全省中小学班主任整体工作水平提升。2006 年 7 月至 2015 年 9 月，先后承担了四批省中小学名班主任的培养工作，周期分别为 3 年、2 年、2 年和 3 年，培养人数分别为 50 人、60 人、71 人和 87 人，前三批已结业，第四批正在培养之中。

（2）实施广东省中小学名班主任工作室建设工程。2012 年 7 月，正式启动了广东省中小学名班主任工作室建设工程。为充分发挥省名班主任的示范、引领和辐射作用，进一步打造广东省中小学名班主任品牌，形成广东省名班主任工作室特色，促进全省中小学班主任队伍整体素质的提高，省德育中心承担了两批省名班主任工作室的建设工作。

2012 年 7 月至 2015 年 9 月，省德育中心先后于 2012 年和 2014 年启动了首批和第二批广东省中小学名班主任工作室的建设工作，周期为两年，主持人的人数分别为 31 人和

20人。首批主持人已通过期满考核，进入第二个建设周期，第二批工作室正在建设之中。

（3）承办广东省中小学班主任专业能力大赛。2007年7月，启动广东省中小学班主任专业能力大赛。为推动广东省中小学班主任专业能力建设计划的实施，教育厅决定举办广东省班主任专业能力大赛，以大赛的形式展示本省班主任的能力和风采，使之成为班主任专业发展的助推器，成为培养有教育智慧的班主任的舞台，也成为广东省中小学优秀班主任选拔和培育的机制。2007年7月至2015年9月，省德育中心已承办了五届广东省中小学班主任专业能力大赛。大赛的规则已确定为每两年举办一次，参赛选手来自各地市教育行政管理部门组织的逐层选拔和推荐，比赛内容和形式稳定中有创新，以适应不断变化的中小学班主任专业能力提升的要求。大赛设立综合奖、单项奖和组织奖等奖项。大赛品牌效应凸显，已经成为广东省中小学班主任学习培训和交流提高的重要平台，在全省产生了积极的社会效应。

（4）承担广东省中小学德育管理干部培训。2008年，启动了广东省中小学德育管理干部培训。为实施"广东省中小学德育骨干能力建设计划"，教育厅决定从2008年起组织开展全省教育行政管理干部、中小学主管德育校长和德育主任，以及中小学班主任培训。通过培训，提高了中小学德育管理干部的领导能力和管理水平，强化了学校德育工作实效。

2011年7月，组织了省教育行政部门主管德育工作新任负责人高级研修班，培训人数106人，研修班集中培训后，分别赴上海、江苏和湖北进行考察交流。

2011年，举办了三期省中小学德育管理干部培训班。参加的培训人员包括全省中小学德育副校长、德育主任、团委书记、级长和班主任。

2012年5月，举办了主题为"区域德育整体推进与创新发展"的乡镇（街道）德育管理干部培训班。来自全省各地的乡镇（街道）德育管理干部143人参加了培训。

2012年，举办了两期省中小学德育管理干部培训班。来自全省各地的中小学德育副校长、德育主任、团委书记、级长和班主任等500人参加了培训。

2013年6月，举办了以"新特点、新挑战、新理念"为主题的省中小学团队干部研讨学习班。来自全省教育部门、中小学校的团队干部69人参加了培训。

2014年6月，举办了省教育行政部门德育管理干部培训班。来自全省各地各级教育行政部门的德育管理干部185人参加了培训。

2015年6月，举办了省教育行政部门德育管理干部培训班，来自全省各地各级教育行政部门的德育管理干部180多人参加了培训。

此外，省德育中心通过各种形式，或专家亲自送教上门，或组织省名班主任支教，或通过现代化手段进行远程支教，加强对经济欠发达地区的中小学德育工作的指导，促进了这些地区学校德育工作的有效开展，为提高这些地区的中小学德育工作实效作出了贡献。

（5）开展广东省中小学德育课题研究与指导工作。2006年起，启动了广东省中小学德育课题研究与指导工作。为规范广东省中小学德育科研课题的管理，促进中小学德育科研工作的规范化和科学化建设，广东省教育厅决定实施中小学德育课题研究与指导工作。至今省德育中心已顺利完成了四批854个课题结题，2013年立项课题正在进行结题指导。这项工作极大地提升了广东省中小学德育管理干部的科研意识和科研能力。

（6）组织广东省中小学德育创新活动和广东省德育示范学校评估。2011年，根据《关于开展中小学德育工作绩效评估的通知》（粤教思函〔2010〕50号）、《关于开展第一批广东省德育示范学校评估的通知》（粤教思函〔2011〕25号）精神，省德育中心组织评估专家对广东30所中小学进行"广东省德育示范学校"评估，圆满完成评估任务。

2012年，根据《关于开展中小学德育工作绩效评估的通知》（粤教思函〔2010〕50号）、《关于开展第一批广东省德育示范学校评估的通知》（粤教思函〔2011〕25号）精神，省德育中心组织评估专家对广东210所中小学进行"广东省德育示范学校"评估，圆满完成评估任务。

2014年下半年，完成了省教育厅"百系列"学校德育优秀成果展示活动评审工作。组织专家完成了"教书育人"系列和"以德立校"系列的评审工作，共评出400名优秀教书育人个人及100个优秀德育案例；完成了"聚焦课堂"系列评审工作，评出100个优质中小学德育课例。

（7）搭建中小学德育工作经验宣传和推广的平台。编辑出版《广东省中小学德育（双月刊）》，每年六期。它是广东省中小学德育工作的窗口和中小学德育的学术研究园地，发挥了引领和指导本省中小学德育创新和发展的功能。同时完善广东省中小学德育研究与指导中心网站，定期对网站内容进行更新和维护，使之发挥着网络消息公告、资源共享的服务功能。

省德育中心卓有成效的工作推动了全省中小学德育工作的开展，成为全省中小学德育研究与指导的标杆。一是有效发挥了省德育中心确定的"服务基层、引领研究、指导创新"的三大功能，工作涵盖了中小学德育工作的方方面面。二是发现并培育了全省中小学德育先进典型和个人，以此带动和辐射全省中小学德育工作。三是打造出"行政力与学术力结合的试验平台、高等教育与基础教育结合的实践基地、教育科研与教学实践结合的联姻纽带、教育学科与德育教化结合"的四位一体的运作模式。该运作模式和效果得到教育部有关领导的高度认可。教育部基础教育一司于长学副司长在了解了省德育中心的运作模式和效果后，给予充分肯定和高度评价，并表示要向全国各地加以推荐和推广。

第二节 附属学校与教育实验区的创建

学校作为广东省以及国家级的中小学教师和校长培训基地，长期从事基础教育研究和中小学教师、校长的培养培训工作，几十年来，培养培训的学生学员遍布广东省各地，其中很多已成为各级教育部门领导、中小学校长、教学骨干。学校还承担了省内（含广州市）100多所中小学校的办学以及教育教学改革实验的指导工作，积累了丰富的办学经验并形成了资源丰富的教师人才库，这些都为学校办好附属学校和教育实验区打下了扎实的基础。为贯彻落实省委省政府关于加强广东省基础教育发展步伐的指示精神，为广东省经济文化发展建设作出应有的贡献，根据改制发展的目标和规划，学校在改制工作启动之时就迅速做出创办附属学校的决定。

一、附属学校蓬勃发展

早在 2002 年 11 月 28 日学院行政会议讨论了关于附属学校行动计划的问题：《广东教育学院附属中学论证研究报告》已通过论证，在所提供的几种办学方案中，接管广州市绿翠中学的方案比较可行，遂同意实施接管绿翠中学的方案，并成立实施行动小组，由李龙图副院（校）长负责。后因故未果。2004 年 4 月 26 日，学校致函广州市教育局《关于在南沙开发区创办"广东教育学院附属学校"的申请》（粤教院〔2004〕12 号）。根据学校改制发展的目标和规划，申请在南沙开发区创办"广东教育学院附属学校"。学校经反复研究论证，认为："我院外语系办学历史长，经验丰富，为我院创办一所以外语教学为特色的附属学校提供了良好的条件。"拟采取银行贷款方式解决办学资金问题，"以南沙开发区为基地，以我院为依托，以服务基础教育为目的，以外语教育为特色，创办一所高质量的附属学校（含幼儿园、中小学），无论对于开发区还是对于学校的发展，都是十分有益且必要的"。虽然上述努力最终没有成功，但为学校创办附属学校积累了一定的经验，开创了新的思路。

此后多年，学校一直在寻求适当的方式创办附属学校。改制成功后学校加快了附属学校行动计划，并积极创办教育实验区。

2010 年 5 月 7 日，学校与广州市番禺区教育局正式签署合作办学协议，将番禺区市桥第二中学更名为"广东第二师范学院番禺附属中学"（以下简称"番禺附属中学"）。番禺区市桥第二中学创建于 1996 年，经历了初中、初中职中、完全中学三个阶段。番禺附属中学创办当年，是番禺区属普通高中、广东省一级学校、广东省篮球传统项目学校、广东省基础教育综合改革试点学校和全国心理辅导特色学校。学校占地面积 82 662 平方米，建筑面积 71 211 平方米，有 60 个教学班，学生 2 972 人，教师 230 人。番禺附属中学是广州市番禺区人民政府与学校合作共建共管的普通高级中学，是番禺区人民政府进行教育管理体制改革试点的窗口，也是学校为基础教育服务、引领基础教育改革和发展的重要渠道。番禺区人民政府及其教育行政部门把番禺附属中学纳入教育发展规划，按照区属普通高级中学的建制承担办学物质条件保障、人力资源管理和其他教育行政管理责任，确保番禺附属中学具备良好的办学条件、环境及其他的发展支持。学校把番禺附属中学纳入学院办学的整体布局，为番禺附属中学的内部管理、教育教学改革以及办学水平的提升提供智力支持。2010 年 9 月 1 日，广东第二师范学院番禺附属中学正式揭牌，学校选派附属学校管理委员会办公室副主任胡展航同志，提请番禺区教育局任命为番禺附属中学校长，彭朝晖同志为番禺附属中学党总支书记。

番禺附属中学成立前，办学质量不高，学校管理比较粗放，缺乏标准化和精细化，教师队伍虽经过数次整合，仍存在很多问题。成立后，学校对番禺附属中学发展师资培训、课程与教学研究信息和咨询服务、学校规划发展建议等方面，提供强大的专业力支持，使其在推进课堂教学改革和提升教学质量等方面成效显著。

番禺附属中学建立后，学校谢练高书记、肖建彬校长、曾小龙副校长、郑炽钦副校长等领导，番禺区政府、区教育局主要领导多次到学校指导工作，并寄予厚望，使番禺附属中学在较短的时间里取得较大的成绩：通过了广东省高中教学水平评估；出色地完成了亚运足球训练场馆工作；被省教厅批准为广东省基础教育综合改革试点学校；承担着"基础教育现代学校制度建设的探索与实践""院校合作视野下高中学校教师专业化发展的实践研究"等省级研究课题；创新了中层机构设置与聘任，通过考察任命和竞争上岗重新聘任了十位正副主任；积极稳妥地推行了教师岗位设置和奖励性绩效工资的实施工作。

自2012年以来，番禺附属中学以现代学校制度建设、推进课堂教学改革和示范性高中终期督导验收为抓手，积极推进各项教育教学工作，2012年10月，番禺附属中学顺利完成国家级示范性普通高中终期督导验收，成为广东省国家级示范性普通高中。荣获广州市普通高中工作一等奖，此后多次获得这一荣誉，成为薄弱学校快速转型为优质学校的发展典范。

2013年，番禺附属中学获得广州市高考工作二等奖；体育科组被评为广州市优秀科组。

2013年1月12日，汕头市龙湖区人民政府和学校举行共建签约仪式，将汕头市龙湖区锦泰中学更名为"广东第二师范学院龙湖附属中学"（以下简称"龙湖附属中学"），这是粤东唯一一所地方与高校共建共管的公办普通完全中学（市一级学校）。2月1日，汕头市龙湖区人民政府与学校签订共建"广东第二师范学院龙湖附属中学"协议书，锦泰中学（创办于2003年8月）正式更名为"广东第二师范学院龙湖附属中学"，自2013年2月1日至2025年7月31日委托管理。

为提升学校的现代管理水平，培育优质教育资源，7月11日，举行广东第二师范学院师龙湖附属中学揭牌仪式。学校共有38个教学班，学生1 774人；教职工146人，专任教师138人，具备大学本科学历的有128人（其中全日制本科有113人），硕士研究生2人，教师学历达标率为100%；具有中级职称的78人，高级职称的30人。2013年，龙湖附属中学依托学校现代高校先进的办学理念和优质教育资源，依靠汕头市龙湖区人民政府的强力扶持，与番禺附属中学等结为学校联合体，以现代学校制度、推进课堂教学改革和省一级学校评估为抓手，积极推进各项教育教学工作，获得"语文教师专业化发展工程基地校""汕头市全民阅读活动优秀项目奖"等荣誉称号。

近年来，学校对龙湖附属中学发展中层干部队伍建设、课堂教学改革、教师评价制度改革以及学校规划发展建议等方面，提供强大的专业力支持。龙湖附属中学创立以来，教学质量稳步提升，已初步建成特色鲜明、质量优良并在全市乃至全省有影响力的一流品牌学校。

2014年学校附属学校规模实现跨越式发展：2月17日，学校创立了广东第二师范学院番禺附属初级中学和番禺附属小学；3月17日，学校创立了第五所附属学校——广州南站附属学校。

2014年12月，由于附属学校和教育实验区发展需要，学校对原广东第二师范学院附属学校管理与指导委员会进行调整，设立广东第二师范学院附属学校与教育实验区指导委员会，成员名单为：主任肖建彬；副主任曾小龙、郑炽钦；成员龚孝华（统筹）、黄可波、吴惟粤、姚晓南、胡展航、古立新、贾汇亮、吴开华。其中，教育实验区总协调龚孝华，附属学校总校长胡展航；广东第二师范学院附属学校与教育实验区指导委员会办公室主任胡展航。

2014 年 12 月 2 日，学校颁布《广东第二师范学院附属学校与教育实验区经费管理暂行办法》（简称"经费管理暂行办法"），以制度的方式规范附属学校与教育实验区的经费管理，明确、合理地规范经费的使用。经费管理暂行办法的公布，使附属学校与教育实验区经费的管理更加透明，有利于提高经费的使用效率、明确使用规范，促进附属学校与教育实验区的更快发展。

2014 年 12 月 3 日，《广东第二师范学院附属学校与教育实验区指导委员会工作条例》正式发布。设立附属学校和教育实验区是学校大力开展社会服务、提升对基础教育改革发展的引领水平的重要途径。该条例的制定有利于加强对附属学校和教育实验区的管理与指导，提升其教育质量及办学水平，更好发挥学校引领和服务基础教育改革与发展的作用。

2015 年，附属学校管委会加强了对学校附属学校的指导，附属学校教育质量稳步提升。在附属学校管委会专家的指导下，广州南站附属学校、番禺附属小学、番禺附属初级中学，本学期都开展了学校章程和学校中长期发展规划研制工作；同时，广州南站附属学校、番禺附属小学、番禺附属初级中学分别成立理事会。根据工作安排，附属学校管委会先后安排专家到龙湖附属中学开展学科调研和诊断工作、到番禺附属初级中学开展调研指导工作、到广州南站附属学校开展调研指导工作，为附属学校办学质量稳步提升提供了专家保障。

通过五年来的附属学校建设，学校已经形成了理事会领导下的校长负责制的附属学校管理模式，并建立了一整套行之有效的建立管理运行机制、沟通联络机制、保障机制和学校自主发展机制，使附属学校的发展走上了规范化的快车道。

二、教育实验区日渐兴旺

2010 年 9 月 7 日，学校首个教育实验区"广东第二师范学院广州市南站地区（番禺区石壁街）教育实验区"（简称"南站教育实验区"）签约暨挂牌仪式在番禺区石壁街道举行。南站教育实验区是学校为适应广州市番禺区石壁街的经济发展和城市化建设进程，促进石壁街教育事业的发展，积极探索高校为地方教育事业发展服务的新途径，本着平等自愿、合作互惠和共同发展的原则，经学校和番禺区石壁街道办事处双方友好协商而达成的教育合作新模式。2013 年 5 月 15 日，鉴于双方精诚合作、共谋发展，达到了预期的目标，取得了预期成效，双方第二次签订教育实验区协议书（2013 年 9 月 1 日至 2016 年 8 月 31 日），签约仪式在番禺区石壁街道举行。

2012 年 10 月 18 日，学校创建了第二个教育实验区，即揭阳市榕城教育实验区。同年 11 月 15 日，学校创建了第三个教育实验区，即云浮市郁南教育实验区。

2013 年 5 月，在学校南站教育实验区第一轮合作成果总结展示汇报会上，与会人员一致认为，三年来南站教育实验区探索了高校与地方合作推进区域教育改革发展的成功模式，在推进教育体制改革，建立现代学校制度，加强教师队伍建设，优化课堂教学改革等方面都起到了明显成效，形成了"起点高、模式新、效果好"的教育实验区发展模式，获得了"政府支持、师生认可、社会关注"的良好社会效益。

2015年初，学校先后召开教育实验区工作会议，研究决定围绕"骨干带动""教研带动"主题开展工作，促使教育实验区快速优质化。根据年度工作计划，郁南教育实验区开展了兼职教研员培养指导活动、榕城教育实验区开展了名师示范带学活动、南站教育实验区开展了骨干培养指导活动，培养了一大批骨干校长、骨干教师，促进了教育实验区教学质量的提升，构建了良好的教育实验区工作机制。

三、附属学校与教育实验区的显著成效

十年来，学校附属学校发展迅速，以番禺附属中学为附属学校的龙头，以管理与指导委员会办公室统筹指导为手段，实现学校之间资源共享，提升附属学校的办学水平，助推了合作地区基础教育优质、均衡、快速发展。当前，学校番禺附属中学已经成为薄弱学校改造并快速优质化的典范，成为番禺区现代学校制度建设的示范学校，该校现代学校制度建设实践经验，在区、市、省乃至全国均具有很高的知名度和美誉度，辐射深远。以该校实践探索为蓝本，学校附属学校总校长胡展航出版了《基础教育现代学校制度建设的实践与思考》一书，学术水平得到相关专家学者的高度赞誉。同时，学校各教育实验区围绕骨干带动、教研带动教育实验区快速优质化，成效显著；教育实验区一批骨干教师迅速成长，教育实验区教学质量稳步提升；教育实验区全体教师的小课题研究能力也得到了较高的提升。

附属学校与教育实验区的建立与快速发展，是学校贯彻立足基础教育、服务基础教育的办学理念，实践、探索高校与地方合作办学，服务地方教育、经济文化的重大举措。这些教育基地的建立和发展为学校开展系统的教育教学实验和研究提供了良好的条件，同时扩大了学校的影响力，使学校在社会效益和经济效益方面获得了双丰收。

第三节　多种基础教育研究机构的设立与成效

在改制之初，学校的定位是：改制成为一所具有干部培训、师资培训优势和师范教育特色的多科性普通本科高校，与广东省内其他师范院校一起，构建一张层级类别合理、服务区域明晰、学科覆盖齐全的教师教育网，为基础教育改革和发展提供优质服务。在学校改制过程中，上级主管部门和有关领导也屡次要求保持教育学院这一鲜明特色。教育部同意学校改制后定名为"广东第二师范学院"，也是要求保留学校立足基础教育、服务基础教育这一办学特色。因此，学校自2005年改制工作稳步推进以来，一直坚定这一办学理念，创办和创新发展了大量的基础教育研究机构，为广东省乃至全国的基础教育服务，取得了较好的社会效益、经济效益。

一、教育科学研究所

广东第二师范学院教育科学研究所（以下简称"教科所"）的前身是1955年成立的广东教育行政学院创办的教育科学研究室，"文革"期间一度停办，1984年复办。1992年以来，教科所与教育系合署办公，现设有基础教育研究中心、民办教育研究中心、心理健康指导中心、学校管理研究中心、德育研究中心等非实体性学术机构，已成为广东省一所具有较大社会影响的教育科研机构。

2010年，教科所创办的《广东基础教育研究》杂志已由双月刊改为月刊，杂志理事单位已突破150个，社会影响不断增强。由杂志提供资助的"广东教育学院教授博士文库"，组织全所具有副教授以上职称或博士学位的老师，以"教授博士文库"的形式编辑一套丛书，可以一个教师单独出一本，也可以两个教师合编一本，原则上要求入编文章是在国内外公开刊物已发表的成果。现已出版20多册。

2010年，周峰教授主持的全国教育科学"十五"规划教育部规划课题"中小学优质学校形成机制研究"的阶段成果之一"走进优质学校丛书"第二辑共13册，340万字，由江苏人民出版社出版，教育系编写的《创建优质学校的路径与方法》作为该丛书之一出版。肖建彬教授主持的"学习、践行、变革"之"校长培训丛书"，首批丛书共有8册正式启动。当年，全校共有19名教师获"科研贡献奖"，其中教科所7名教师获此殊荣；9名"科研优秀奖"，其中教科所2名。周峰教授主持的"'金种子'创新行动计划"横向合作课题，依托基础教育研究中心与英德市教育局正式签约，并进行为期三年的实验。丁静、贾汇亮、吴开华、苏鸿等老师的课题获得广东省部级立项。

2011年，教科所承担了国家级课题3项、省级课题6项、校级课题3项；公开发表论文37篇（其中11篇为核心刊物），公开出版专著、教材18部；横向课题6个项目，筹得科研经费98万元。肖建彬教授主编的"校长培训丛书"第一辑九册着手编写。周峰教授主持的全国教育科学"十五"规划教育部规划课题"中小学优质学校形成机制研究"最终成果《中小学优质学校及其创建研究》，由江苏人民出版社出版；其主编的"走进优质学校丛书"第三辑，共12册，400万字，由江苏人民出版社出版。高慎英、周峰主编的《广东学前教育发展报告（1950—2010）》，由江苏人民出版社出版。

2013年，科研项目立项共11项，其中国家级课题1项，省部级课题3项，校级课题2项，横向课题5项，筹得科研经费383.9万元；科研结项共10项。公开发表论文67篇，公开出版专著、教材14部。教科所组织基础教育研究中心、民办教育研究中心、学校管理研究中心、中小学心理健康指导中心和中小学德育研究中心五个研究中心参与学校科研成果展活动，获得一等奖2项、二等奖3项。主办第52期广东教育沙龙。先后指导省内近100所中小学开展教育科研，在优质学校创建、学校品牌管理、民办教育、学校教育评价、教师教育等领域形成了较大的影响。

二、基础教育研究中心

基础教育研究中心由教育学院周峰教授发起，基础教育研究中心经学校行政会议批准于 2002 年正式成立，挂靠教育系。基础教育研究中心属民间组织并带有探索性质，人员兼职、经费自筹、管理自主，根据《基础教育研究中心活动章程》开展活动。基础教育研究中心鼓励和支持成员申报和承担纵向或横向的科研课题，开展有偿的横向科研合作。该中心以邓小平"三个面向"为指导，以建设教育强省为己任，面向基础教育，为中小学和其他基层教育部门深化教育改革全面推进素质教育服务。依托教科所、教育系和各系教学法教师的科研力量，广泛联系院内外、省内外基础教育研究专家和中小学优秀校长和教师。

基础教育研究中心工作内容包括：指导中小学开展教育科研；帮助县镇区或学校制定教育发展规划、专项师资培训、教改成果总结和推广等。经过近十年的努力，逐步形成特色鲜明，在广东中小学界具有较大影响的教育研究基地。

基础教育研究中心现有正式成员八名，其中教授三名，副教授五名，并有来自中小学一线的兼职研究员六名。自成立以来，中心成员承担了校级、市级、省级和国家级科研课题 39 项，发表论文 125 篇，多篇论文在《教育研究》《新华文摘》《中国社会科学》等权威期刊发表，公开出版专著 7 部，主编或参编著作 54 部；由江苏人民出版社公开出版的全国教育科学规划课题"中小学优质学校形成机制研究"最终成果——"走向优质学校丛书"，出版三辑，共计 38 册。基础教育研究中心指导开展的中小学教育改革实验学校近 150 所。在英德市开展的"金种子"教师创新行动计划，在广州市花都区开展的"初中教育质量提升工程"都产生了较大影响。基础教育研究中心在素质教育理论与实践、优质学校建设、有效教学与高效课堂、教师专业成长等方面的研究，在省内外具有较大的影响，现已成为广东省基础教育研究的重要基地。

2010 年主要工作：继续指导全省 30 多所中小学开展优质学校创建工作；分别担任东莞市华侨中学、东莞市谢岗中学、番禺区石碁镇第四中学的办学顾问或开展合作科研；为番禺区北片教育指导中心制定了 2011—2015 年北片教育发展规划；为东莞市长安实验中学制定 2011—2015 年学校发展规划；编辑、出版"走进优质学校丛书"第二辑共 13 册，340 万字。

2011 年，编辑、出版"走进优质学校丛书"第三辑共 12 册，400 万字。分别担任东莞市华侨中学、东莞市谢岗中学、番禺区北片教育指导中心办学顾问。组织番禺区北片教育指导中心开展"三名"工程。为东莞市长安实验中学编纂《十载书香，步步莲花——长安实验中学校史》。在英德市开展"金种子"教师创新行动计划。与华南师范大学、广州大学、广东教育学会合作举办了半年一次的"广东教育沙龙"。周峰教授参加了在安徽师范大学举行的全国教育哲学理事会年会。

2013 年，基础教育研究中心项目与成果丰硕。丁静主编的《自主参与型班级管理模式探索》由江苏人民出版社出版。与英德市教育局合作开展"金种子"教师创新行动计划，完成 250 名中小学骨干教师的创新研修，出版了《金种子学员感悟集》。与广州市花都区教育局合作在培新中学、华侨中学、长岗中学、北兴中学开展"花都区初中教育质量提升工程"项目。中国教育学会"十二五"重点课题"自主参与型班级管理模式研究"的实验指导、组织结题。参与"广东教育沙龙"的组织工作。参与广东省中小学优质学校的创建、指导工作。配合教育科学研究所做好花都区教育局有关"农村义务教育小班化教育实验"的前期准备工作。与广东教育学会教育哲学专业委员会合作，开展中小学教育科研。

三、基础教育课程与教学研究中心

为提高学校基础教育课程与教学研究的水平，提升学校在基础教育领域的地位和影响，实现学校引领广东基础教育发展的战略目标，根据学校"十二五"规划和"2012年工作计划"提出的设立广东第二师范学院基础教育课程与教学研究中心（以下简称"课程教学中心"）的设想，经 2012 年 5 月 24 日学校校长办公会审议原则通过，2012 年 5 月 31 日学校党委会审定批准成立。2012 年 6 月 11 日，课程教学中心正式成立。课程教学中心现有专职主任 1 名，兼职学术秘书 1 名，委聘兼职教师多名。主要依靠自筹项目经费开展工作。

设立课程教学中心，目的在于整合省内部分专家、本校学科教学论专业教师、从事教师教育及课程的研究人员，进行师范专业教学法、基础教育课程与教学、教材与教学评价的理论、政策与策略研究，提高本校课程与教学论、学科教学论学术水平和教学水平，指导基础教育课程与教学实践。通过课程教学中心的设立及工作开展，促进学校开展教学改革，创新教学方法，提高课程与教学论的学术研究、师范教育教学水平和培养质量，提高师范类专业教师教育课程的实施水平，建立具有学校特色的人才培养模式。

课程教学中心承担两大基本职能：①承担学校师范教育类本科专业教师教育课程的研究及其教学指导工作；②推动基础教育课程与教学研究，为基础教育课程与教学改革和发展提供服务。根据国家对基础教育教师专业素养和教学能力的目标要求，将国内、国际课程与教学论的先进理论融入师范教育课程，并同步开展学术研究，创新课程实施理论，同时结合国家基础教育课程改革的推进，开展基础教育课程与教学改革的研究与实验，促进本科师范教育与基础教育的紧密结合、互动发展；积极加强与省教育厅等上级主管部门的联系，在上级主管部门的领导下，开展课程与教学改革的理论和实践研究，以研究成果为广东基础教育课程与教学改革提供学术支持；承担各级各类课程与教学改革研究项目；结合学校建立的教改实验区及实验学校，以课题形式开展教改实践研究，总结经验，为课程与教学改革提供实证案例；对课程与教学研究人员及中小学教师进行专题培训；提供课程与教学研究信息和咨询服务；研究开发地方和校本课程资源；开展教材研究与开发；提供教育质量评价服务等。

课程教学中心成立后成绩斐然，发表、出版了大量的论文与著作，完成了有影响力的科研项目。

吴惟粤、黄树森主编，"走进岭南文化"丛书共三册，广东教育出版社 2012 年出版。

吴惟粤的论文《寓美于教，建设阳光语文——义务教育小学语文教材新构想》（《课程教学研究》2012 年第 7 期）获得科研项目及经费。

2012 年 11 月获得省教育厅委托研究项目两项，资助经费 30 万元：

《广东省中小学幼儿园教师培训课程实施方案》研究

《广东省中小学幼儿园教师培训工作质量评估指标体系》研究

项目研究组组长（课题主持人）：肖建彬

项目研究组副组长：刘波（常务）、吴惟粤、姚晓南、龚孝华

子项目17项：

（1）中小学"百千万人才培养工程"培训课程与培训质量研究，主持人：郭凯、古立新。

（2）中小学语文教师培训课程与培训质量研究，主持人：桑志军。

（3）中小学英语教师培训课程与培训质量研究，主持人：李华。

（4）中小学数学教师培训课程与培训质量研究，主持人：李祥明。

（5）中小学思想政治教师培训课程与培训质量研究，主持人：陈俊成。

（6）中学历史教师培训课程与培训质量研究，主持人：周蕴蓉。

（7）中学地理教师培训课程与培训质量研究，主持人：武文霞、周顺彬。

（8）中学物理教师培训课程与培训质量研究，主持人：惠萍。

（9）中学化学教师培训课程与培训质量研究，主持人：张秀莲。

（10）中学生物教师培训课程与培训质量研究，主持人：胡继飞。

（11）中小学体育与健康教师培训课程与培训质量研究，主持人：李建军。

（12）中小学音乐教师培训课程与培训质量研究，主持人：陈一帆。

（13）中小学美术教师培训课程与培训质量研究，主持人：舒艳红。

（14）技术（信息技术、通用技术）教师培训课程与培训质量研究，主持人：周如旗。

（15）综合实践活动教师培训课程与培训质量研究，主持人：周可桢。

（16）教师通识培训课程与培训质量研究，主持人：苏鸿。

（17）幼儿园教师培训课程与培训质量研究，主持人：高慎英、古立新。

课程教学中心开展的基础教育指导工作包括：广州南站实验区、云浮郁南实验区、汕头龙湖实验区、揭阳榕城实验区教学指导；番禺附属中学、龙湖附属中学管理和指导；广东省校本培训示范校网络远程研修项目指导；广东省中小学新一轮"百千万人才培养工程"项目指导；广州市基础教育系统新一轮"百千万人才培养工程"项目指导。

2014年，课程教学中心主持的学科教学论丛书相关工作基本完成，13个学科的课程与教学论丛书已经全部出版。中小学幼儿园教师培训课程与培训质量研究工作课题进入结题阶段。协助高效课堂协同创新中心学科会议。同时，大规模组织学校教师去番禺进行多次调研，协助番禺区提升基础教育水平。

2015年上半年，组织高效课堂协同创新中心实地调研。推动广州市"好教师"丛书系列工作。组织专家遴选广州市"好教师"工作，并上报广州市教育局；组织"好教师"入选者相互交流学习，并邀请专家参会提出工作建议；与出版社工作人员不断沟通，推动广州市"好教师"丛书顺利进行。"广州市基础教育拔尖人才状况研究"课题获广州市教育局重大课题立项，资助经费为12万元。

四、民办教育研究中心

广东第二师范学院民办教育研究中心（简称"民办教育研究中心"）是广东目前唯一的服务全省的一个民办教育发展及其政策研究的专业机构，挂靠教育学院。民办教育研究中心主任为张铁明教授，吴回生、吴开华副教授曾分别兼副主任、主任助理。该中心办有《广东民办教育报》和广东民办教育促进网，有专兼职工作人员 10 人，各地特聘研究员 36 人。

民办教育研究中心主要研究领域在教育经济与教育战略决策理论，重点为教育产业论、教育体制与改革、教育投资策划与市场开发、民办教育法规政策与制度、区域教育发展战略、学校规划与管理制度、学校模式特色与经营，以及教育系统与教育信息理论研究。

2010 年主要开展的工作有：组织主办为全省各地民办教育机构或教育局负责人解读《广东省实施〈民办教育促进法〉办法》学习班一次，受邀到各地教育局组织的解读《广东省实施〈民办教育促进法〉办法》学习会 12 场次。由省中小学校长培训中心发文，承办了第八期民办学校校长任职资格培训班，共有 161 人参加学习。组织第八期民办学校校长培训班学员为在学校门口发生的意外事件身故家属（学校学生）捐款近 2 万元。完成了为中山、东莞的两所民办学校服务的中长期发展规划项目。根据《国家中长期教育改革与发展纲要》的要求，组织了"清理歧视民办教育政策"课题研究。协助清华大学"清华—伟新教育基金会"和中国民办教育协会中小学专业委员会，分别完成了两次全国优秀民办学校校长、教师的广东省区的评选报审工作。策划并协助广东教育学会等主办了广东省首届教育博览会。编辑出版了《广东民办教育报》20 期，免费送出20 万份到全省各学校和全国有关单位。张铁明在由省教育厅主办的学习落实《广东省实施〈民办教育促进法〉办法》研讨班上，为全省近 200 多名县（市、区）教育局长作解读《广东省实施〈民办教育促进法〉办法》学习报告。民办教育研究中心作为唯一的公办机构被广东教育学会评为"广东省民办教育突出贡献奖"单位。张铁明发表文章 7篇，获学院"广东教育学院科研贡献奖"。

2011 年，民办教育研究中心全职工作人员（含编辑部）7 人，聘特约研究员 60 多人。撰写发表了 12 篇文章，出版专著 2 部（90 万字）。主撰完成《中国民办教育的财政贡献、危机忧患及其政策建议》（8 万多字）。张铁明教授获"2011 年度广东第二师范学院科研贡献奖"。

2011 年 2 月，张铁明受邀到北京参加中国民办教育政策讨论会，并作重点发言，教育部规划司领导全部到会听取意见。5 月 9—16 日，张铁明随同全国人大常委会副委员长、民进中央主席严隽琪，全国政协副主席、民进中央常务副主席罗富和，以"完善制度环境，促进民办教育发展"为主题在江西省考察。6 月，民办教育研究中心作为主办单位之一举办"中考难点考点释疑"免费公益讲座，有 400 多学生与家长参加。与广州岭南教育集团合作，举办"民办教育政策 30 条座谈会"，全省 30 名民办校长、董事长与会。9 月 14 日，张铁明参加在北京召开的对《关于进一步促进民办教育发展的若干意见（征求意见稿）》征求意见座谈会。中国民办教育协会重点立项"中国民办教育的财政与政治贡献及政策建议"；协会拨资助经费5万元，另外筹集经费27万元。9月，主办"中国学前教育发展趋势与特色课程建设论坛"免费公益活动，全省近500家幼儿园园长与会。10月张铁明率广东民办教育董事长考察团赴北欧作私立教育考察；在广东白云学院召开"中国民办教育财政贡献专题调研协调会"，23名民办高等学校校长、董事长与会；受辽宁省民办教育协会邀请，为该省民办学校校长、董事长作"中国民办教育发展面临的挑战、机遇与政策选择"专题报告并考察三所学校。11月，民办教育研究中心作为主办单位之一，举办"民办学校聘用合同的法律纠纷问题"报告会，全省320多人参加；召开第二次"中国民办教育财政贡献专题调研协调会"，230名民办中小学校校长、董事长与会；广东教育学会民办教育专委会换届，张铁明当选为常务副理事长。12月，在珠海市召开民办学校董事长座谈会，40多家单位参加；民办教育研究中心作为主承办单位之一，举办"广东省第三届民办教育文艺大赛颁奖大会暨迎新年文艺会演"，广东省教育厅李小鲁副厅长等出席。

2013年，民办教育研究中心在各地特聘研究员66人。科研成果突出，对"中国民办教育的财政贡献及其政策建议"课题作了如下研究：①《城镇化进程中广东民办教育发展现状、特点与基本经验》，《中国城市发展报告（2012）》，本书编委会编，中国城市出版社2013年版，第259～275页。②《以公共资源扶持政策为杠杆促进民办教育发展》，《人民政协报》，2013年7月31日。③《民办教育：从"边缘革命"到国家的巨大财富》，中国民办教育协会网，2013年9月25日。④《民办教育得到政府财政支持是应有的天然权利》，《广东第二师范学院学报》，2013年第1期。⑤《民办教师尊严丧失已成为需解决的难题》，课题组（第二作者），《广东第二师范学院学报》，2013年第2期。⑥主持广东第二师范学院学报2013年《民办教育》专题栏目；撰写专题栏目主持人语。⑦编辑出版了《广东民办教育报》18期，共免费送出18万份到全省各地教育局、民办学校、幼儿园和全国有关单位。

2013年2月20日，参与主办广东民办教育发展与改革新春座谈会。2月25日，申请成立中心下属的"学校法治研究所"。3—5月，参加广东省有关民办教育法规的起草和调研工作。6月15—23日，张铁明任教育部教育体制改革试点项目评审专家，参加全国13个教育体制改革试点（民办教育）项目评审工作，并为6月24日教育部党组扩大会议汇报的材料作准备工作。6月20日，张铁明受邀在北京对温州市进一步完善民办教育国家示范试点工作的计划和新出台政策作论证评估。7月6日，主办纪念《民办教育促进法》正式实施十周年南方民办教育论坛峰会，全省各地有教育局领导、校（园）长、董事长和专家400多人参加。8月13日，受苏州市教育局邀请作有关民办教育政策趋势报告。8月30日，在省教育厅参加教育部民办教育管理办公室为《国务院关于进一步促进民办教育改革与发展若干意见（33条）》（稿）座谈会。9月29日，参加省民办教育协会关于"完善民办学校管理制度探索分类管理"意见座谈会。10月5日，以民办教育研究中心名义向国务院法制办公室发出《删去"合理回报"条款将引起国家民办教育的制度性崩溃——关于我国〈民办教育促进法〉修订的几点意见》。10月15日，受河北邯郸市教育局邀请作有关民办教育政策趋势报告。10月18日，举办为《国务院关于进一步促进民办教育改革与发展若干意见（25条）》（22稿）座谈会。同年，经学校签署同意，张铁明被教育部向国务院国家标准化管理委员会推荐成为"全国社会管理和公共服务标准化专家"人选。张铁明受邀到河源、深圳、东莞、云浮、广州、湛江等各地作有关民办教育政策趋势报告会十多场次。经由学校授权分别举办全省性幼儿园园长上岗资格培训班两期。

五、科学教育研究所

广东第二师范学院科学教育研究所（以下简称"研究所"）成立于2008年5月，是以学校物理、化学、生物等学科教学论教师为主体组成的一个非实体科研机构，挂靠在学校生物系。建所宗旨：服务于广东省乃至全国中小学科学教学，推动我国中小学科学教育的理论与实践研究。

研究所所长为胡继飞，目前有核心成员4人，其中教授1人、副教授1人、中级专业职称2人（其中1人为在读博士生）。外聘1人担任办公室主任，负责开展对外合作业务。此外，研究所还从一些市县（区）教研室和中小学聘请科学教育专家担任兼职研究员。

研究所的业务包括三大块，一是开展中小学科学（分科科学和综合科学）课程及其教学研究，二是开展高等师范院校学科教学论课程改革的研究，三是组织开展中小学科学教师培训的实践与研究。

2010年举办了两次大型活动，一次是由中山市科协和中山市纪念实验学校承办的广东省首届"争当小实验家"少年儿童科学体验活动决赛暨表彰大会，500多名中小学生和带队教师参加了物理、化学、生物和天文等不同科目的竞赛，著名科学家张景中院士应邀作为活动顾问和嘉宾出席了大会。另一次是在广东实验中学举行的广东省第二届"争当小实验家"科学体验活动辅导教师培训会议，400多名中小学科学教师参加了培训学习活动。

2010年发表论文情况：陈承声的《还原氧化铜实验成功的关键再探》，发表于北京师范大学《化学教育》2010年第2期；胡继飞的《基于远程培训的高中教师专业状态分析》，发表于陕西师范大学《当代教师教育》2010年第4期；胡继飞的《值得期待的"韦氏课程标准"》，发表于中国科学院《科学时报》2010年9月24日，此文在小学科学教育界引起较大反响。

2011年3月，胡继飞入选教育部"国培"计划专家库首批专家，成为华南地区唯一的生物学科国培专家。其著作《创新生物教学方式》入选教育部"国培"计划资源库首批推荐使用课程资源。由研究所集体申请的课题"义务教育阶段科学课程活动化教学研究"，获得中国教育学会立项。当年，第三届广东省少年儿童科学教育体验活动启动，研究所指导各地开展科学教育体验活动辅导教师培训，广州、佛山、东莞、肇庆、惠州、湛江、顺德等地组织了教师培训，共有600多名中小学科学教师参加了培训学习活动。

2012年取得的项目与成果有：高洁主持教育厅"十二五"教育规划课题"广东省高中物理数字化信息系统实验室应用研究"。胡继飞参与完成澳门特区教育及青年局委托项目"澳门初中自然科学基本学力要求",负责其中的"科学探究"和"生命科学"部分。胡继飞发表教育教学研究论文五篇(含权威和核心各一篇),其中论文《我国教师领导力现状及其影响因素的调查研究》发表在权威期刊《课程教材教法》,并被人大复印资料和《教育文摘周报》等转载。高洁发表物理学研究论文三篇和教育研究论文一篇(均为核心),其中论文《高中生物理表象思维提高策略》发表在核心期刊《教学与管理》,并被人大复印资料转载。陈承声荣获第六届广东大学生科技学术节大学生生物化学实验技能大赛本科组优秀指导教师一等奖,指导学生项目为"变废为宝之'地沟油大变身'——地沟油制肥皂"。

2012—2014 年,研究所连续承办由广东教育学会、省电教馆主办的大型科普活动项目"广东省少年儿童'小小科学家'科学教育体验活动",在省内产生了较大影响。

2014 年,高洁的论文《中学物理课堂结束环节的优化策略》,发表于《教学与管理》2014 年第 3 期。胡继飞、高洁等多次应邀为省内外高校、教研室或中小学开设专题学术讲座。研究所通过竞标成功主办番禺区中小学阅读校园及图书管理培训项目,对番禺区主管校园文化建设的领导和老师近 500 人进行了培训。

六、学校管理研究中心

广东第二师范学院学校管理研究中心(简称"管理研究中心")挂靠教育学院,是由若干资深教授和青年教师发起成立,同时吸收一些知名中小学校长参加的学术性组织,旨在加强横向联系,搭建合作平台,营造良好环境,推动学术研究,服务基础教育,促进学校发展。

管理研究中心负责人是闫德明,主要成员有熊焰、龚孝华、郭凯、贾汇亮等。

2010 年 5 月 6 日,闫德明在全院举行公开课教学观摩活动,获得好评。获得学院2010 年度教研立项课题的项目有:闫德明的"《学校管理学》网络课程开发研究",郭凯的"如何提高普高师范生教育实习质量",贾汇亮的"基于博客互动平台的教育评价学课程实施研究"。

2010 年取得的主要科研成果有:闫德明,完成书稿《如何形成学校特色——若干典型案例评析》;熊焰,完成书稿《教师校本研修操作手册》;龚孝华和贾汇亮,完成书稿《发展性学校教育评价的建构与实施》;郭凯完成书稿《中小学校园安全管理》;闫德明参赛作品《学校管理学》荣获学校 2010 年计算机教育软件大奖赛网络课程组二等奖,同时在广东省计算机教育软件评审活动中获高等教育组网络课程优秀奖。

2011 年,承担厅级课题两项,校级教研课题一项。贾汇亮主持广东省教育厅委托课题"中小学师资管理体制国际比较研究",发表论文七篇。闫德明获 2011 年广东第二师范学院科研优秀奖;贾汇亮获 2011 年广东第二师范学院科研贡献奖。12 月,中心成员五人应邀参加"阳江市阳春市中小学校长沙龙"。

2012 年 4. 月 6 日,集体成果"学校管理学"获广东第二师范学院精品课程,12 月19 日获广东省教学质量与教学改革工程项目精品资源共享课立项。省教育厅划拨经费 5万元。当年,该中心成员发表学术论文 12 篇。

2014年9月，教师教育国家级精品资源共享课"学校组织与管理"通过中期检查，2015年7月，通过终期检查，获得良好评价。

2014年主要论文见下表：

2014年主要发表论文一览表

论文名称	期刊名称	发表时间	作者
我国教学风格研究三十年：回顾与反思	广东第二师范学院学报	2014－1	闫德明
论高校专业设置预测的必要性与可行性	广东第二师范学院学报	2014－1	贾汇亮、黄崴
生物学科教育实习存在的突出问题与对策初探	广东第二师范学院学报	2014－5	陈爱葵、关见留、郭凯
中国古代官立学校学生毕业出路的探讨	广东第二师范学院学报	2014－6	熊焰、赵琦
教师教学自主权的缺失及保障	课程、教材、教法	2014－8	贾汇亮
论学校办学自主权实现的政府责任	全国教育管理学科学术专业委员会第十三届年会论文，湖南师范大学	2014－11	郭凯、闫德明
大数据时代高校信息管理体系的研究	韶关学院学报	2014－12	许统德、熊焰

除上述研究机构外，2015年10月，外语系成立了外语教育研究所。

附　录

2005—2015 年学校领导班子换届及更替情况

现任领导

王左丹　党委书记

肖建彬　党委副书记、校长

梁　英　副校长（正厅级）

林伟雄　党委副书记、纪委书记

曾小龙　副校长

张　路　副校长

刘　波　副校长

历任领导

郑炽钦　副校长　2010 年 10 月—2015 年 11 月

谢练高　党委书记　2009 年 1 月—2014 年 7 月

韩东才　党委副书记、副校长　2001—2009 年

　　　　党委副书记　2009 年 1 月—2013 年 12 月

吴富存　副校长　2003 年 6 月—2009 年 1 月

　　　　副巡视员　2009 年 1 月—2009 年 7 月

李龙图　副校长　2002 年 2 月—2009 年 5 月

钟康模　党委书记　2004 年 12 月—2009 年 1 月

刘劲予　党委副书记、校长　2000—2009 年

后　记

六十载春华秋实，一甲子桃李芬芳。2015年，是广东第二师范学院建校60周年的喜庆之年，学校专此制定了《广东第二师范学院60周年校庆工作方案》，校史写作是其中的重要内容之一。根据方案安排，由本人牵头组织校史编写，与张兴成、王曙光、郝朝帅三位同仁组成校史编写小组，于今年5月开始着手编撰工作。

2005年学校50周年校庆的时候已编撰出版过一部校史，因此本次编写主要着眼于学校新近十年的发展历程。但为了让读者对学校60年的历史有一个完整认知，我们在商定编写提纲的时候，还是决定写作绪论，对学校前50年历史作一个简要介绍。除此之外，我们在编写过程中，还力图贯彻以下几点思考：

一是围绕现代大学的四大职能来展示学校事业发展的主要实绩。众所周知，人才培养、科学研究、社会服务、文化传承创新是当代高等学校的主要任务，也是衡量高校办学水平的主要指标。因此，我们在进行历史书写时，也是有意识地紧扣这四大职能来展示学校新近十年来的发展风貌。

二是着重展示学校的改制过程以及改制以来的显著变化。如果要在学校新近十年中遴选一个最重要、最热门的关键词，"改制"一词无疑是首选。学校由成人高校改制为普通本科高校，这是过去十年中学校最重要的历史事件。改制的成功，不仅使学校在历史的风云激荡中浴火重生，开拓出全新的发展空间，同时也使学校50多年的办学基础、人文底蕴、队伍建设接受了一次全面检阅。因此，改制过程的艰难曲折，改制以后的各种新变，毫无疑问都是需要用浓墨重彩来描画的历史华章。

三是力图呈现历史事件的完整发展脉络。个人以为，没有一种历史是真正意义上的断代史，人类所有的历史都有它的前历史。尤其像我们这种书写十年历史的，更要特别注意各种重大历史事件在十年前的孕育、铺垫和逻辑基础。因此我们在编写过程中十分注意与"史前史"的联系，编者的目光不局限于新近十年，而是时时作必要的延伸拓展，力争所书写的历史事件都有较为充分的历史联系和历史因由，并尽量与前50年历史形成一个整体。

后　记

　　毋庸讳言，校史编写是一项复杂而艰巨的系统工程。本书最终得以出版，是全校上下共同努力的结果，编写小组成员只是主要的资料收集者和执笔者。在此过程中，作为学校校庆工作委员会主任的王左丹书记多次关心、督促本书的编写工作，肖建彬校长不仅亲自审定编写提纲，还拨冗为本书作序；学校每一位党政领导都对本书的初稿进行了认真审阅。尤其是曾小龙副校长，多次召集编写小组开会，确定思路，商讨提纲，交流进度，审读初稿，提出意见，并为此付出了大量心血。学校各院（系）、部门积极提供材料，许多离退休同志热心参与审稿，宣传部、档案室的同事精心选配插图。所有这些努力，都从不同方面保证了本书编写的顺利完成。在此一并致以衷心感谢！

　　本书编写分工如下：

　　陈涵平，主持全书编写，提出写作思路及编写原则，设计章节，拟定提纲，撰写前言，负责全书的统稿工作。

　　王曙光，撰写第一章、第二章、第八章。

　　张兴成，撰写第三章、第四章、第七章。

　　郝朝帅，撰写第五章、第六章。

　　与十年前编写 50 年校史相比，这次编写工作所涉及的时间跨度较短，加上学校校园网的创建、校务公开的实施、年鉴的编写以及档案工作的进步，确实为编写工作带来了很多便利。然而在刚刚过去的十年中，学校值得书写的历史事件非常丰富，而校史编写工作于今年 5 月底才开始启动，小组成员只有四人，可以说时间紧、任务重、困难多。加之水平所限，书中错漏之处在所难免，在此期盼读者诸君批评指正。

　　十年间，本人有幸两次参与校史编写，既在历史回溯中体味了学校的艰难成长，也在亲身经历中见证了学校的蓬勃发展。这两段特殊的经历，让我自身个体的生命与学校的命运联系得愈加紧密。在此，谨真诚祝愿广东第二师范学院弦歌永续、薪火长盛！

陈涵平

2015 年 11 月